首都经济贸易大学·法学前沿文库

论国有企业的国际投资法规制

张金矜　著

A Study on Regulation of State-Owned Enterprises in International Investment Law

中国政法大学出版社
2023·北京

图书在版编目（CIP）数据

论国有企业的国际投资法规制/张金矜著. —北京：中国政法大学出版社，2023.6

ISBN 978-7-5764-0930-7

Ⅰ. ①论…　Ⅱ. ①张…　Ⅲ. ①国际投资法学—研究　Ⅳ. ①D996.4

中国国家版本馆CIP数据核字(2023)第101243号

出 版 者　中国政法大学出版社
地　　址　北京市海淀区西土城路 25 号
邮寄地址　北京 100088 信箱 8034 分箱　邮编 100088
网　　址　http://www.cuplpress.com (网络实名：中国政法大学出版社)
电　　话　010-58908441(编辑部) 58908334(邮购部)
承　　印　北京九州迅驰传媒文化有限公司
开　　本　880mm × 1230mm　1/32
印　　张　10.75
字　　数　260 千字
版　　次　2023 年 6 月第 1 版
印　　次　2023 年 6 月第 1 次印刷
定　　价　49.00 元

总 序

首都经济贸易大学法学学科始建于1983年。1993年开始招收经济法专业硕士研究生。2006年开始招收民商法专业硕士研究生。2011年获得法学一级学科硕士学位授予权，目前在经济法、民商法、法学理论、国际法、宪法与行政法等二级学科招收硕士研究生。2013年设立交叉学科法律经济学博士点，开始招收法律经济学专业的博士研究生，同时招聘法律经济学、法律社会学等方向的博士后研究人员。经过30年的建设，首都经济贸易大学几代法律人的薪火相传，现已经形成了相对完整的人才培养体系。

为了进一步推进首都经济贸易大学法学学科的建设，首都经济贸易大学法学院在中国政法大学出版社的支持下，组织了这套“法学前沿文库”，我们希望以文库的方式，每年推出几本书，持续地、集中地展示首都经济贸易大学法学团队的研究成果。

既然这套文库取名为“法学前沿”，那么，何为“法学前沿”？在一些法学刊物上，常常可以看到“理论前沿”之类的栏目；在一些法学院校的研究生培养方案中，一般都会包含一门叫作“前沿讲座”的课程。这样的学术现象，表达了法学界的一个共同旨趣，那就是对“法学前沿”的期待。正是在这样的期待中，我们可以发现值得探讨的问题：所以法学界一直都在苦苦期盼的“法学前沿”，到底长着一张什么样的脸孔？

首先，“法学前沿”的实质要件，是对人类文明秩序做出了新的揭示，使人看到文明秩序中尚不为人所知的奥秘。法学不同于文史哲等人文学科的地方就在于：宽泛意义上的法律乃是规矩，有规矩才有方圆，有法律才有井然有序的人类文明社会。如果不能对千差万别、纷繁复杂的人类活动进行分门别类的归类整理，人类创制的法律就难以妥帖地满足有序生活的需要。从这个意义上说，法学研究的实质就在于探寻人类文明秩序。虽然，在任何国家、任何时代，都有一些法律承担着规范人类秩序的功能，但是，已有的法律不可能时时处处回应人类对于秩序的需要。“你不能两次踏进同一条河流”，这句话告诉我们，由于人类生活的流动性、变化性，人类生活秩序总是处于不断变换的过程中，这就需要通过法学家的观察与研究，不断地揭示新的秩序形态，并提炼出这些秩序形态背后的规则——这既是人类生活和谐有序的根本保障，也是法律发展的重要支撑。因此，所谓“法学前沿”，乃是对人类生活中不断涌现的新秩序加以揭示、反映、提炼的产物。

其次，为了揭示新的人类文明秩序，就需要引入新的观察视角、新的研究方法、新的分析技术。这几个方面的“新”，可以概括为“新范式”。一种新的法学研究范式，可以视为“法学前沿”的形式要件。它的意义在于，由于找到了新的研究范式，人们可以洞察到以前被忽略了的侧面、维度，它为人们认识秩序、认识法律提供了新的通道或路径。依靠新的研究范式，甚至还可能转换人们关于法律的思维方式，并由此看到一个全新的秩序世界与法律世界。可见，法学新范式虽然不能对人类秩序给予直接的反映，但它是发现新秩序的催生剂、助产士。

再其次，一种法学理论，如果在既有的理论边界上拓展了新的研究空间，也可以称之为法学前沿。在英文中，前沿(frontier) 也有边界的意义。从这个意义上说，“法学前沿”意味着在已有的法学疆域之外，向着未知的世界又走出了一步。在法学史上，这种突破边界的理论活动，常常可以扩张法学研究的范围。譬如，以人的性别为基础展开的法学研究，凸显了男女两性之间的冲突与合作关系，就拓展了法学研究的空间，造就了西方的女性主义法学；以人的种族属性、种族差异为基础而展开的种族批判法学，也为法学研究开拓了新的领地。在当代中国，要拓展法学研究的空间，也存在着多种可能性。

最后，西方法学文献的汉译、本国新近法律现象的评论、新材料及新论证的运用……诸如此类的学术劳作，倘若确实有助于揭示人类生活的新秩序、有助于创造新的研究范式、有助于拓展新的法学空间，也可宽泛地归属于法学理论的前沿。

以上几个方面，既是对“法学前沿”的讨论，也表明了本套文库的选稿标准。希望选入文库的每一部作品，都在法学知识的前沿地带做出新的开拓，哪怕是一小步。

喻 中

2013 年 6 月于首都经济贸易大学法学院

目　录

CONTENTS

引　言

一、选题背景及意义

（一）选题背景

长期以来，国有企业作为政府参与和控制市场的重要载体备受关注。〔1〕创设之初，国有企业是政府纠正市场失灵的主要工具，以助力国家经济发展和满足社会需要为主要目的，经营范围主要面向国内市场。〔2〕早期国有企业研究主要关注公司治理和效率问题。2008 年金融危机爆发后，来自发展中国家尤其是中国的国有企业对外投资大幅增长，引发了国际社会的广泛关注。在这一过程中，中国国有企业参与国际市场的广度和深度不断增强，表现出强大的经济影响力和竞争力〔3〕，推动了新兴经济体的崛起，甚至引发了世界经济重心的转移。诚然，国有经济是中国国民经济中的主导力量〔4〕，但是国有企业并非中国政治经济制度下的特有产物，而是普遍存在于成熟经济体与新兴经济体之中。

〔1〕 韩立余："国际法视野下的中国国有企业改革"，载《中国法学》2019 年第 6 期。

〔2〕 Cahen, F. R., "Internationalization of State-Owned Enterprises Through Foreign Direct Investment", *Revista de Administração de Empresas*, Vol. 55, 6 (2015), p. 645.

〔3〕 例如，2021 年《财富》世界 500 强企业中有 82 家中国国有企业登榜。See NiuYilin, "82 Chinese SOEs Listed Among 2021 Fortune Global 500", available at http://en. sasac. gov. cn/2021/08/03/c_ 7528. htm, last visited on 2022-2-8.

〔4〕《中华人民共和国宪法》第 7 条："国有经济，即社会主义全民所有制经济，是国民经济中的主导力量。国家保障国有经济的巩固和发展。"

事实上，国有企业参与国际投资活动并非新兴现象。在二十世纪八九十年代国有企业私有化的背景下，国有企业就开始在吸引和管理外国投资中扮演着重要角色。

国有企业对国际投资活动的深入参与及其在此过程中扮演的双重角色（即东道国国有企业和国有企业投资者），均大大增强了国有企业被卷入国际投资争端的可能性。随着越来越多与国有企业相关的案件进入国际投资仲裁，如何适用国际投资法规制国有企业也开始成为投资仲裁的争议焦点和国际投资协定（International Investment Agreements，IIAs）缔约实践中不可回避的议题。

据笔者统计，截至 2022 年 2 月，至少存在 21 起国有企业投资者作为申请方的国际投资仲裁案件，其中有 14 起是在 2009 年之后提起的。而与东道国国有企业相关的案件至少存在 57 起，其中有 29 起案件是在 2009 年之后提起的。〔1〕当然，国有企业卷入投资争端的案件数量远不止如此。一方面，有很多案件正在酝酿之中〔2〕，另一方面，也存在很多未公开或私下和解的案件。可以预见到，未来会有更多与国有企业相关的案件被诉诸投资仲裁。据本书考察，既有案件与国有企业相关的争议往往聚焦于身份问题，涉及国有企业公平竞争问题的案件尚不多见。〔3〕

就国有企业公平竞争问题而言，西方发达经济体通过发展国有企业国际规则来规制国有企业，以期消除国有企业的“因公优势”，如 2018 年 12 月 30 日生效的《全面与进步跨太平洋伙伴关系协定》(*Comprehensive and Progressive Agreement for Trans-Pacific Part-*

---

〔1〕 相关案件详见附录。

〔2〕 See Jack Ballantyne, “Counsel in Place for New Crimea Claim”, available at https://globalarbitrationreview.com/article/counsel-in-place-for-new-crimea-claim, last visited on 2022-2-8.

〔3〕 详见本书第三章。

nership, CPTPP）和2018年11月30日签署的《美墨加三国协议》（*The United States-Mexico-Canada Agreement*, USMCA）均纳入了专门规制国有企业的独立章节。2019年3月11日，在法国巴黎举行的经济合作与发展组织（Organization for Economic Co-operation and Development, OECD）第五届投资条约年会以“投资条约和公平竞争环境”（Investment Treaties and Level Playing Fields）为主题，专门设置了“国有企业、公平竞争和投资条约”这一分议题，旨在探索投资条约在实现不同所有制企业公平竞争中的可能作用。2020年12月30日中国与欧盟谈成的《全面投资协定》（*Comprehensive Agreement on Investment*, CAI）是首个系统纳入国有企业公平竞争规则的国际投资协定。

由上可见，国有企业和国际投资法在身份认定和公平竞争两个维度产生了交集。在国际投资法规制语境下，就两个议题的关系而言，国有企业的身份认定是传统问题且是国际投资争端解决机制规制国有企业的起点；国有企业的公平竞争是近几年国际投资缔约实践的热点议题。有鉴于此，本书拟按照议题的发展程度，依次探析国际投资法在上述两个议题中规制国有企业之现状及潜能。反过来，以点带面探析国有企业影响并塑造未来国际投资法体系之可能。最后，结合上述分析，本书致力于在国际投资法规制语境下，为中国及其国有企业提出因应之策。

（二）选题意义

本研究具有重要的理论意义。国际投资法的主旋律从过去的“南北矛盾”转为当今的“公私冲突”[1]，以平衡投资者保护和东道国利益为依归。国有企业“亦公亦私”的主体身份、在国际

[1] 单文华、张生：“从‘南北矛盾’到‘公私冲突’：卡尔沃主义的复苏与国际投资法的新视野”，载《西安交通大学学报（社会科学版）》2008年第4期。

投资活动中的双重角色及其引发的特殊担忧均加剧了国际投资关系的复杂性。国有企业卷入投资争端也引起人们对 IIAs 的规制范围和国际投资争端解决机制的释法能力之反思。随着国有企业私有化改革和国际化进程的持续推进，未来会有越来越多的国有企业参与到国际投资活动中，并成为争端当事方。本书结合国有企业引发的两个核心担忧，从实然层面探索国际投资法规制国有企业主权身份和不公平竞争优势的既有实践，再结合国际投资法的发展探析其规制国有企业之可能。这对于推动国际投资法体制的可持续发展、构建公平合理的国际投资法治环境具有重要的指导意义。

本研究也具有重要的实践价值。一方面，从某种程度上说，当前国际法规制国有企业的本质是对国家资本主义或“国家主导经济模式”的规制。本书以国有企业为研究对象，揭示其在国际投资法中已经受到的规制及未来规制可能，在一定程度上也可映射出国际投资法对其他国家实体如主权财富基金（Sovereign Wealth Funds，SWF）、国家控制企业甚至国家影响企业等的规制态度与趋势走向。另一方面，于中国而言，国有企业虽然并非中国的“专利”，但是中国的国家主导经济模式及其国有企业在国际投资市场中的迅速崛起，引起了美欧等西方国家的高度重视。例如，在美国主导下出台的 CPTPP 和 USMCA 中的“国有企业章节”常常被视为“打压”中国国有企业，抑或“钳制”中国经济发展的歧视性规制方案。不仅如此，国有企业也成为《跨大西洋贸易与投资伙伴关系协定》（*Transatlantic Trade and Investment Partnership*，TTIP）中美双边投资条约（Bilateral Investment Treaties，BIT）的核心议题，并被纳入中欧 CAI。[1]在“一带一路”

〔1〕 中欧双方经过 2019 年 12 月 16 日第 25 轮至 2020 年 7 月 24 日第 31 轮的 7 轮集中谈判，就国有企业公平竞争规则达成一致。

背景下，与中国作为“双重身份”大国相一致，中国国有企业既可作为东道国国有企业，也可作为外国投资者参与国际投资。国际投资法之于国有企业的规制关系到中国国有企业及中国经济的未来发展。

有鉴于此，本书拟从国有企业参与国际投资的双重角色出发，结合国际投资法的发展，分别从参与国际投资的东道国国有企业和国有企业投资者两个维度研析既有规制实践，并探析未来规制可能。一方面，借此探知“国有制”在国际投资法规制中的角色；另一方面，反思国际投资法面对“国有企业”“公平竞争”等新议题时的规制能力和规制效果。更为重要的是，本研究将通过案例梳理和规则研析揭示中国国有企业及中国政府可能面临的国际投资法规制风险，并据此为未来中国参与投资协定磋商和投资争端解决程序提供智力支持。

二、文献回顾与综述

（一）国内研究现状

通过梳理中文文献资料可知，国际投资法对国有企业的规制是近几年国内学界研讨的新兴议题。在国内研究中，虽然有关国际投资活动中国有企业问题的探讨早已存在，但是主要聚焦于东道国外资安全审查制度的研判。[1]自 2012 年以来，有关国有企

[1] 参见蒋姮、伍燕然：“外国投资国家安全审查：美国的新举措及其借鉴”，载《国际经济合作》2007 年第 9 期；张广荣：“外资并购中的‘国家安全’法律问题研究——基于我国企业境外资源能源类、高新技术类投资并购受阻的思考”，载《国际贸易》2008 年第 9 期；刘俊海：“中国企业赴美并购的法律风险及其防范对策”，载《法学论坛》2012 年第 2 期；徐维余：“外资并购安全审查法律比较研究”，华东政法大学 2010 年博士学位论文；王淑敏：“国际投资中‘外国政府控制的交易’之法律问题研究——由‘三一集团诉奥巴马案’引发的思考”，载《法商研究》2013 年第 5 期；屠新泉、周金凯：“美国国家安全审查制度对中国国有企业在美投资的影响及对策分析”，载《清华大学学报（哲学社会科学版）》2016 年第 5 期。

业国际规则的研究开始出现在以“竞争中立规则”和“CPTPP国有企业章节”为主题的文献资料中，但是与国际投资相关的内容并非其研究重点。[1]而在以“中美 BIT 谈判”和“中欧 BIT 谈判”为主题的研究中，虽包含国有企业规则的探讨，但相关内容很少得到系统性展开。[2]概言之，囿于投资缔约实践和争端解决实践，国内学界对于国际投资法语境下的国有企业问题研究始终“不温不火”。直至 2016 年“北京城建诉也门政府案”仲裁庭作出关涉中国国有企业投资者的属人管辖权裁决，2020 年 12 月 30 日中欧 CAI 国有企业规则达成，学界才开始聚焦于相关实践，就国际投资争端解决和国际投资协定规制国有企业的身份问题、公平竞争问题展开深入分析。

就研究视角而言，长期以来国际法语境下的国有企业研究很少使用“规制”语词，随着国有企业国际规则的发展，以“规制”为视角展开的研究日渐丰富，既包括宏观层面的整体性分析[3]，

---

[1] 参见王婷：“竞争中立：国际贸易与投资规则的新焦点”，载《国际经济合作》2012 年第 9 期；唐宜红、姚曦：“竞争中立：国际市场新规则”，载《国际贸易》2013 年第 3 期；包晋：“TPP 中的竞争中立议题：反对意见及可能的解决方案”，载《武大国际法评论》2015 年第 1 期；刘瑛：“《跨太平洋伙伴关系协定》国有企业章节的中国应对”，载《东方法学》2016 年第 5 期。

[2] 江清云：“中欧双边投资协定谈判的现状、问题与应对”，载《德国研究》2014 年第 4 期；祁欢、阎聪：“2012 美国 BIT 范本对中美 BIT 谈判之影响的再研究”，载《山西大学学报（哲学社会科学版）》2015 年第 1 期。据本书考察，以国有企业为核心的研究仅可见于孔庆江：“中美 BIT 谈判中的国家主导经济议题研究及我国的对策”，载《政法论坛》2014 年第 6 期；刘向东：“中欧双边投资协定谈判中涉及中资企业公平竞争问题及应对建议”，载《全球化》2018 年第 2 期。

[3] 韩立余：“国际法视野下的中国国有企业改革”，载《中国法学》2019 年第 6 期。该文从实然层面系统性梳理了国际法规制国有企业的范式和内容，并从应然层面提出国有企业规制的基本原则和中国方案。沈伟、方荔：“从接受到‘接合’：国有企业国际规制的中国话语转变”，载《国际经济法学刊》2022 年第 1 期。

也包括微观层面聚焦于特定对象[1]、具体规则的研析。[2]在既有研究的启发下，笔者认为有必要从规制视角系统性探析国际投资条约和国际投资争端解决机制对国有企业的规制现状与规制可能。

就相关主题的著作而言，2010年出版的《中国投资者海外投资法律保障与风险防范》和2014年出版的《中国国有投资者参与国际投资的规则研究》与本研究较为相关。在前者的研究中，由于国有企业在中国海外投资者的主体构成中占据绝对支配地位，涵盖了部分与国有企业相关的分析。[3]后者的研究则是国内学者首次以国有企业投资者为特定研究对象，从东道国法制、母国法制和国际法制三个层面系统性分析了国有企业投资者在“走出去”过程中面临的内外部法律问题。[4]然而，囿于彼时有限的投资仲裁案例和缔约实践，国际法制层面的分析有待进一步丰富。

就国际投资仲裁层面的研究而言，自2017年起国内学者针对国有企业投资者的诉请资格研究迎来小高潮[5]，而关于东道

〔1〕 车路遥：“针对国有企业海外投资的规制性特殊安排：原理分析与路径重构”，载《国际经济法学刊》2020年第1期。

〔2〕 蒋奋、周威：“CPTPP对国有企业的补贴规制与中国因应”，载《浙江大学学报（人文社会科学版）》2021年第6期；刘彬、魏薇：“中欧投资协定‘涵盖实体’条款研究——兼析中国加入CPTPP的相关挑战”，载《武大国际法评论》2021年第6期。

〔3〕 梁咏：《中国投资者海外投资法律保障与风险防范》，法律出版社2010年版。

〔4〕 黄志瑾：《中国国有投资者参与国际投资的规则研究》，人民出版社2014年版。

〔5〕 余莹：“国际投资新规则对我国国企海外投资的限制及对策研究”，载《当代经济》2020年第2期；刘雪红：“‘国家资本主义论’下的国企投资者保护——基于投资协定革新的视角”，载《法学》2018年第5期；陈嘉、杨翠柏：“国际投资仲裁中的国有企业投资者地位认定：构造、趋势与因应”，载《现代经济探讨》2018年第6期；刘雪红：“论国有企业私人投资者身份认定及启示——以ICSID仲裁申请人资格为视角”，载《上海对外经贸大学学报》2017年第3期；梁一新：“论国有企业在ICSID的仲裁申请资格”，载《法学杂志》2017年第10期。2018年就此主题研究产生了多篇硕士论文，如黄立萍《论国有企业在国际投资仲裁中的诉请者地位》、任智信《ICSID仲裁中的国有企业主体资格研究》等。

国国有企业不法行为引发国家责任的研究相对较少。[1]就国际经贸规则层面的研究而言，CPTPP 中的国有企业章节自出台以来一直是学界的研究热点[2]，但是有关 CPTPP 国有企业章节的研究多为国际贸易法层面的分析，很少关注国际投资法问题[3]，既未深入分析 CPTPP 国有企业章节对于参与国际投资的国有企业的规制方式、规制依据和规制效果，也未明晰国有企业章节与投资争端解决机制之间的关系。随着 2021 年 9 月中国正式提交加入 CPTPP 的申请，可以预见未来关于 CPTPP 中国有企业规则的研究热度会持续升温，研究内容会更加深入。在中欧 CAI 国有企业规则谈成之前，据笔者统计只有少数文章聚焦于中欧 BIT、中美

---

〔1〕 张金矜："论 IIAs 中'国有企业行使政府授权'条款对国家责任范围的限缩"，载《国际经济法学刊》2021 年第 4 期；王少棠："国家与国有企业关系——论归因规则在国际投资仲裁中的适用"，载《北京仲裁》2019 年第 2 期；陈嘉："国际投资仲裁下国家对国有实体违约的责任承担"，载《中国流通经济》2018 年第 8 期；崇雨晨："国际投资仲裁中企业行为归因于国家的认定标准及其实践——以 White Industries Australia Limited v. Republic of India 案为视角"，载《北京仲裁》2016 年第 4 期。

〔2〕 陈汉、彭岳："TPP 关于国有企业的规则研究"，载《北京化工大学学报（社会科学版）》2018 年第 1 期；杨秋波："国企条款透视：特征、挑战与中国应对"，载《国际商务（对外经济贸易大学学报）》2018 年第 2 期；刘笋、许皓："竞争中立的规则及其引入"，载《政法论丛》2018 年第 5 期；余烨："TPP 国有企业的定义对中国国企分类改革的启示"，载《长安大学学报（社会科学版）》2017 年第 4 期；韩立余："TPP 国有企业规则及其影响"，载《国家行政学院学报》2016 年第 1 期；刘瑛："《跨太平洋伙伴关系协定》国有企业章节的中国应对"，载《东方法学》2016 年第 5 期；冯辉："竞争中立：国企改革、贸易投资新规则与国家间制度竞争"，载《环球法律评论》2016 年第 2 期；漆彤、窦云蔚："论《跨太平洋伙伴关系协定》国有企业透明度规则"，载《武大国际法评论》2016 年第 2 期；赵海乐："是国际造法还是国家间契约——'竞争中立'国际规则形成之惑"，载《安徽大学学报（哲学社会科学版）》2015 年第 1 期；等等。

〔3〕 据笔者考察，只有这一篇与国际投资法密切相关，即毛志远："美国 TPP 国企条款提案对投资国民待遇的减损"，载《国际经贸探索》2014 年第 1 期。

BIT 谈判中的国有企业议题展开分析。[1] 2020 年 12 月 30 日中欧 CAI 出台后，其中的国有企业规则开始获得学者广泛关注，新近文章对此作出了更加细致的分析和深入探讨。[2]

综合来看，近几年国内学者开始在国际投资法语境下对国有企业展开较为深入的研究，但是既有成果主要限于国有投资者在国际投资仲裁中的身份认定和中欧 CAI 国有企业规则探讨，尚未形成体系化研究，未能揭示国际投资法规制国有企业的全貌。

（二）国外研究现状

与国内研究相比，国外学者更早关注到国际投资法中的国有企业问题，视角更为多元，成果也更为丰富。与国内学者重点关注于中国国有投资者在国际投资法中的地位和保护不同的是，国外学者对于国有企业在国际投资中的两种角色均展开了较为深入的理论和实践分析。

第一，就东道国国有企业而言，学者们对“归因”（attribution）理论由浅入深、渐成体系的分析，为国际投资法解决国有企业的身份问题提供了理论依据。就著作而言，在 2010 年，由詹姆斯·克劳福德（James Crawford）等学者编著的《国际责任法》一书即从宏观国际法层面探讨了《国家对国际不法行为的责任条款草案》（联合国国际法委员会颁布，简称《ILC 草案》）

[1] 刘向东：“中欧双边投资协定谈判中涉及中资企业公平竞争问题及应对建议”，载《全球化》2018 年第 2 期；孔庆江：“中美 BIT 谈判中的国家主导经济议题研究及我国的对策”，载《政法论坛》2014 年第 6 期。

[2] 刘彬、魏薇：“中欧投资协定‘涵盖实体’条款研究——兼析中国加入 CPTPP 的相关挑战”，载《武大国际法评论》2021 年第 6 期；荆鸣：“《中欧全面投资协定》的公平竞争规则：关切、安排与应对”，载《中国流通经济》2021 年第 3 期；叶斌：“《中欧全面投资协定》与监管权：战略机遇及外部风险”，载《国际法研究》2021 年第 6 期；等等。

中的归因规则，涉及对国有企业行为归因的分析。[1]2012 年，由卢卡·史其可（Luca Schicho）撰写的《国际投资法中的国家实体》一书，聚焦于参与国际投资活动的国家实体，具体分析投资仲裁庭对《ILC 草案》中相关归因规则的适用。[2]2014 年，阿尔伯特·巴迪亚（Albert Badia）在《国际投资仲裁中刺破国有企业面纱》一书中认为，《ILC 草案》中的归因规则存在不足之处，需要将国内法中的"刺破法人面纱"原则纳入归因标准。[3]2018 年，恰巴·科瓦奇（Csaba Kovács）在《国际投资法中的归因》一书中，进一步探索《ILC 草案》之外的归因依据（如 IIAs 中的归因规则）和归因情形（国际不法行为的归因、国际合法行为的归因、国有企业诉诸仲裁的归因和归因的程序问题）。[4]就期刊论文而言，外国学者及时追踪投资仲裁的最新发展动态，结合案例作出详尽分析。[5]

第二，就国有企业作为投资者而言，研究成果也颇为丰富。早在 2006 年就有学者关注到国有企业作为投资者在投资仲裁中

〔1〕 James Crawford et al. eds., *The Law of International Responsibility*, Oxford University Press, 2010.

〔2〕 Luca Schicho, *State Entities in International Investment Law*, Nomos Publishers, 2012.

〔3〕 Albert Badia, *Piercing the Veil of State Enterprises in International Arbitration*, Wolters Kluwer Law & Business, 2014.

〔4〕 Csaba Kovács, *Attribution in International Investment Law*, Wolters Kluwer, 2018.

〔5〕 Giulio Alvaro Cortesi, "ICSID Jurisdiction with Regard to State-Owned Enterprises-Moving Toward an Approach Based on General International Law", *The Law and Practice of International Courts and Tribunals*, Vol. 16, 1 (2017); C. de Stefano, "Adel A Hamadi Al Tamimi v. Sultanate of Oman: Attributing to Sovereigns the Conduct of State-Owned Enterprises: Towards Circumvention of the Accountability of States Under International Investment Law", *ICSID Review-Foreign Investment Law Journal*, Vol. 32, 2 (2017); M. Al-rashid, U. Bardyn and L. Golendukhin, "Investment Claims Amid Civil Unrest: Questions of Attribution and Responsibility", *BCDR International Arbitration Review*, Vol. 3, 2 (2016).

的主体资格问题。[1]

其中，卡尔·P. 萨文特（Karl P. Sauvant）教授可谓这一领域的先行者，在他 2008 年编著的《新兴市场跨国企业的崛起：威胁还是机遇?》一书中，学者们就中国、巴西、印度等发展中国家对外投资的模式和增量进行了宏观分析，对比了来自新兴经济体的跨国企业与 30 年前发达国家跨国企业之差异，并且分别从东道国立场和母国立场分析了新兴经济体中跨国企业的影响。[2] 2012 年萨文特教授又聚焦于主权投资问题，在他领衔编著的《主权投资：担忧与政策回应》一书中，学者们在分析 SWF 和国有企业主权投资的兴起及其所引发的东道国担忧的基础上，在部分章节就是否需要为国家控制实体起草专门的规则进行了讨论。[3] 2014 年萨文特教授又从母国措施和竞争中立视角对国有企业投资者问题展开分析。[4]不仅如此，自 2010 年以来，由萨文特教授主编的《哥伦比亚国际直接投资展望》(*Columbia FDI Perspectives*) 杂志，持续关注国有企业投资者问题，多次刊载相关英文评论及相应的中文译文。萨文特教授在这一领域的研究成果为后续研究提供了宏观的视野和前沿的视角，但是他的研究更偏重政策层面的分析，在法律规范与理论研究方面稍显不足。

就国有企业投资者的国际法分析而言，可见于 2016 年《国际投资争端解决中心评论》（简称《ICSID 评论》）第 31 卷中国

---

〔1〕 Nick Gallus, "State Enterprises as Organs of the State and BIT Claims", *Journal of World Investment and Trade*, Vol. 7, 5 (2006), pp. 761–779.

〔2〕 Karl P. Sauvant ed., *The Rise of Transnational Corporations from Emerging Markets: Threat or Opportunity?* Edward Elgar Publishing, 2008.

〔3〕 See Karl P. Sauvant, Lisa E. Sachs and Wouter P. F. Schmit Jongbloed, *Sovereign Investment: Concerns and Policy Reactions*, Oxford University Press, 2012.

〔4〕 See Karl P. Sauvant et al., "Trends in FDI, Home Country Measures and Competitive Neutrality", in Andrea K. Bjorklund ed., *Yearbook on International Investment Law & Policy 2012–2013*, Oxford University Press, 2014.

有企业专栏的8篇文章。该专栏编者指出，国有企业投资是否以及在多大程度上受到IIAs的规制仍然是一个具有挑战性的问题，这涉及国有企业在投资争端解决机制中的地位和IIAs给予国有企业的实体保护或规制。[1]其中，很多学者的观点和视角都极具启发性。例如，有学者指出，现代国有企业和国有企业活动似乎注定要挤压外国投资法的许多原则和界限，与此同时，国际投资法和投资仲裁机制可能证明是对国有企业监管对策的一种宝贵的"制衡"[2]；有学者就主权投资者诉诸投资仲裁可能引发的政治风险进行了分析[3]；有学者提出投资仲裁庭在考察国有企业投资者的诉请地位时，不仅要考虑国有企业的活动本质，也要考察国有企业的活动目的[4]；有学者指出，IIAs可以应对国有企业投资引发的国家安全风险和歧视等担忧[5]；有学者就《综合经济与贸易协定》（*Comprehensive Economic and Trade Agreement*，CETA）中国有企业条款和加拿大国内投资法案之间的关系展开具体分析[6]；有学者针对中国国有企业投资者面临的东道国规

---

〔1〕 Lu Wang and Norah Gallagher, "Introduction to the Special Focus Issue on State-Owned Enterprises", *ICSID Review-Foreign Investment Law Journal*, Vol. 31, 1 (2016).

〔2〕 Paul Michael Blyschak, "State-Owned Enterprises in International Investment", *ICSID Review-Foreign Investment Law Journal*, Vol. 31, 1 (2016).

〔3〕 Lauge N. Skovgaard Poulsen, "States as Foreign Investors: Diplomatic Disputes and Legal Fictions", *ICSID Review-Foreign Investment Law Journal*, Vol. 31, 2 (2016).

〔4〕 Mark Feldman, "State-Owned Enterprises as Claimants in International Investment Arbitration", *ICSID Review-Foreign Investment Law Journal*, Vol. 31, 1 (2016).

〔5〕 James E. Mendenhall, "Assessing Security Risks Posed by State-Owned Enterprises in the Context of International Investment Agreements", *ICSID Review-Foreign Investment Law Journal*, Vol. 31, 1 (2016); Lu Wang, "Non-Discrimination Treatment of State-Owned Enterprise Investors in International Investment Agreements?", *ICSID Review-Foreign Investment Law Journal*, Vol. 31, 1 (2016).

〔6〕 Kevin Ackhurst, Stephen Nattrass and Erin Brown, "CETA, The Investment Canada Act and SOEs: A Brave New World for Free Trade", *ICSID Review-Foreign Investment Law Journal*, Vol. 31, 1 (2016).

制展开了有关分析。[1]近几年，学者开始更加关注特定中外IIAs中的国有企业问题[2]，也有学者试图探讨地缘政治[3]、竞争法[4]和竞争中立[5]与国际投资仲裁之间的关系。

第三，就国有企业的国际法规制问题的系统性分析而言，主要集中于国际贸易法领域，如发表于2017年的《规制看得见的手：贸易协定中国有企业规则的发展》[6]《揭示被遗忘的TPP章节：第17章作为国有企业未来国际贸易规则的范本》[7]，以及2016年发表的《国际经济法中的国有企业规则：我们的方向正确吗?》[8]等文。

由上可见，外国文献中关于适用国际投资法、国际贸易法规

---

〔1〕 Paul Rose, "US Regulation of Investment by State-Controlled Entities", *ICSID Review-Foreign Investment Law Journal*, Vol. 31, 1 (2016); Norah Gallagher, "Role of China in Investment: BITs, SOEs, Private Enterprises, and Evolution of Policy", *ICSID Review-Foreign Investment Law Journal*, Vol. 31, 1 (2016).

〔2〕 Alicia Carcía-Herrero and Jianwei Xu, "How to Handle State-Owned Enterprises in EU-China Investment talks", available at http://bruegel. org/2017/06/how-to-handle-State-Owned-enterprises-in-eu-china-investment-talks/, last visited on 2020-6-19.

〔3〕 Anatole Boute, "Economic Statecraft and Investment Arbitration", *University of Pennsylvania Journal of International Law*, Vol. 40, 2 (2019).

〔4〕 Tamada Dai, "Discriminatory Application of Competition Law and International Investment Agreements", *Economics*, 2015.

〔5〕 Carlo de Stefano, "Competitive Neutrality of SOEs in International Investment Law (July 2018) ", available at http://dx. doi. org/10. 2139/ssrn. 3209867, last visited on 2018-7-1.

〔6〕 See Minwoo Kim, "Regulating the Visible Hands: Development of Rules on State-Owned Enterprises in Trade Agreements", *Harvard International Law Journal*, Vol. 58, 1 (2017).

〔7〕 See Raj Bhala, "Exposing the Forgotten TPP Chapter: Chapter 17 as a Model for Future International Trade Disciplines on SOEs", *Manchester Journal of International Economic Law*, Vol. 14, 1 (2017).

〔8〕 See Ines Willemyns, "Disciplines on State-Owned Enterprises in International Economic Law: Are We Moving in the Right Direction?", *Journal of International Economic Law*, Vol. 19, 3 (2016).

制国有企业的资料较为丰富，但少有研究从国际投资法与习惯国际法、国际贸易法的互动维度，探析国有企业可能受到的国际投资法规制。

上述已有的中英文学术成果均为本书的研究奠定了坚实的基础。

三、研究内容和研究方法

（一）研究内容

本书以“论国有企业的国际投资法规制”为研究主题。广义上说，国际投资法既包括国内法（如美国 2018 年 8 月 13 日正式生效的《外国投资风险评估现代化法案》和我国 2019 年 3 月 15 日通过的《中华人民共和国外商投资法》），也包括 IIAs 和国际投资争端解决机制。与国有企业相关的国内法规制具有较长时间的立法历史和制度实践，相关研究已经较为成熟。与之相比，IIAs 和国际投资争端解决机制对于国有企业的规制实践方兴未艾，因此有必要展开系统性研究，探求国有企业在 IIAs 和国际投资争端解决机制中已经受到的规制或可能面临的规制风险。在本书中，国际投资法规制是指适用 IIAs 或国际投资争端解决机制规范东道国国有企业的不法行为和限制国有企业投资者的权利或追究其责任。有鉴于此，本书的研究范围主要集中于 IIAs 和国际投资争端解决机制对于以东道国实体和外国投资者两种角色参与国际投资的国有企业的“身份问题”和“公平竞争问题”的规制。当然，鉴于既有规范对于上述问题规制存在交叉性且国际投资法并非孤立体系（isolation），本书也会涉及国内法和国际贸易法的分析。

（二）研究方法

本书主要采用案例研究法和规范分析法。首先，就案例研究法而言，笔者认为，国际投资仲裁案例是国际投资法研究的“灵魂”。因此，本书通过研读 ICSID、瑞典斯德哥尔摩商会仲裁院（The Arbitration Institute of the Stockholm Chamber of Commerce，SCC）、国际商会（International Chamber of Commerce，ICC）等仲裁庭发布的投资仲裁裁决，系统性梳理和总结投资仲裁庭的推理逻辑和解释思路，结合国有企业的特质进行类比分析，预测国际投资法规制国有企业之可能。其次，就规范分析法而言，由于国有企业于国际投资法而言是一个较新的主体，少有 IIAs 条款对国有企业的身份和公平竞争问题进行专门规制。本书将 IIAs 与《ILC 草案》中的归因规则、自由贸易协定（Free Trade Agreements，FTAs）中的国有企业公平竞争条款分别进行协同分析，探析上述外部规则对国际投资法规制国有企业的可能影响，以及国有企业规制对国际投资法的重塑可能。此外，本书还涉及历史研究方法，特别是关于国有企业的发展史和国有企业公平竞争条款在早期美国 BITs 中的历史存在。就前者而言，有助于理解国有企业是一个由古至今持续存在的主体；就后者而言，有助于预测未来将国有企业公平竞争条款纳入投资争端解决之可能。

四、本书创新点与难点

本书的创新之处主要体现在以下两方面：

第一，国有企业作为国际经贸规则中的“新议题”，近几年引发理论界和实务界的广泛关注，但是既有研究主要集中于 FTAs 中的国有企业章节，从国际投资法规制视角的分析尚不多见。本书围绕国有企业以两种角色参与国际投资所引发的身份认定和公平竞争问题，就国际投资法规制国有企业展开以点带面的研究。

第二，就本书第三章的研究主题而言，即如何利用国际投资法规制国有企业的公平竞争问题是 2019 年 OECD 投资条约年会的研究主题。虽然当前绝大多数IIAs尚不存在专门规制国有企业公平竞争问题的条款，但是中欧双方经过2019年12月16日第25轮至2020年7月24日第31轮的七轮集中谈判，已就国有企业公平竞争规则达成一致并纳入中欧CAI文本中。中欧CAI何时生效尚不得而知，但是中欧CAI国有企业规则作为中国对国有企业公平竞争问题首次作出的国际承诺，必然会对未来CETA中国有企业规则的塑造及IIAs中国有企业规则的纳入产生范本效应，未来在IIAs中纳入相关条款只是时间问题。本书将通过追溯历史，考察相关的国际投资仲裁实践，预测未来IIAs中国有企业公平竞争条款的可能形式、性质，及其对东道国国有企业和国有企业投资者“因公优势”的规制效果。

由于国有企业公平竞争问题对于国际投资法研究来说是新兴议题，直接相关的理论研究和文献资料相对较少，这也构成本书的研究难点。此外，正如有学者在相关研究中所指出的一样，鉴于国有企业在历史、组织、职能和运营方面存在较大差异，国际投资法也处于“碎片化”样态，两者又同时处于发展和变化之中。在国有企业活动与国际投资法交叉之处，可能会出现无法预知的紧张关系，许多问题都需要结合具体情况具体分析。本书的研究难免具有推测性、选择性或不完整性。[1]

---

〔1〕 Paul Michael Blyschak, “State-Owned Enterprises in International Investment”, *ICSID Review-Foreign Investment Law Journal*, Vol. 31, 1 (2016).

第一章
国际投资法规制国有企业之现实背景与理论基础

论及国际投资法对国有企业的规制，首先需要以历史为视角，系统性梳理国有企业的缘起背景，探析其存在基础，分析法律文件，揭示国有企业内涵之发展历程。其次结合国有企业参与国际投资的两种方式，阐释其可能引发的担忧。最后有必要深入剖析适用国际投资法规制国有企业的必要性与可能性，为第二、三章节的展开提供逻辑框架和理论基础。

第一节　国有企业的历史存在及内涵演变

本书虽然以参与国际投资的国有企业为研究对象，但是相关研究必须建立在充分了解国有企业的历史发展、存在基础和内涵演变的基础之上。

一、国有企业的历史沿革

国有企业的产生方式有两种：一是私人企业的国有化，二是由政府直接创设。[1]国有企业从产生至今，在国际社会中的角色

---

〔1〕 例如：2005年委内瑞拉政府控制了32个之前由私人控制的油田，并且在糖加工产业、零售业和通信产业创设了新的国有企业；2006年玻利维亚对国内的油气资源进行了国有化。

发生了很大的变化。[1]回顾国有企业的产生及发展历程可以了解不同时期国有企业的样态演变进程，并揭示历史上及当前国有企业的规制重心与规制范式的扩张。

（一）国有企业的产生

现代国有企业产生于17世纪至18世纪西方国家工业革命时期。随着资本主义工商业的发展，这些国有企业以服务交通运输、城市建设和管理以及军工生产需要为主要使命。虽然这一时期西方国有企业的数量在不断增多，但是发展非常缓慢，在国民经济中仅占据很小的份额。不同于由资产阶级缔造的西方国有企业，东方现代国有企业的创设者是封建王朝。这些国有企业的创建以服务国家军事目标为主要任务。例如，日本在旧幕府时期以"富国强兵"为目的创办了工矿、铁路等国有企业。中国的现代国有企业产生于晚清时期，创办的主要是军工企业，如江南制造总局、金陵制造局、天津机器局等。[2]

（二）国有企业的发展高潮

20世纪30年代经济大萧条和第二次世界大战后，国有企业迎来了发展高潮。这一阶段国有企业的发展可归结为四个原因：其一，1929年经济危机导致资本主义国家深陷"经济大萧条"。为应对经济危机，美欧等资本主义经济体利用国有企业刺激和指导经济，支持或接管失败的私人企业。[3]这一时期与资本主义

---

〔1〕 Karl P. Sauvant, Lisa E. Sachs and Wouter P. F. Schmit Jongbloed, *Sovereign Investment: Concerns and Policy Reactions*, Oxford University Press, 2012, p. 9.

〔2〕 王金存：《破解难题：世界国有企业比较研究》，华东师范大学出版社1999年版，第8—11页。

〔3〕 Karl P. Sauvant, Lisa E. Sachs and Wouter P. F. Schmit Jongbloed, *Sovereign Investment: Concerns and Policy Reactions*, Oxford University Press, 2012, p. 9.

经济崩溃形成鲜明对比的是经济长势较好的社会主义国家〔1〕，因此掀起了欧洲的国有化浪潮。〔2〕其二，1945年二战结束后，各国根据“战后共识”（postwar consensus）作出了“福利国家”（welfare state）承诺，支持国家干预经济。〔3〕在欧洲和日本战后重建及发展中国家工业化发展中，国有企业发挥出重要作用。〔4〕其三，苏联将“国有制”作为共产主义意识形态的一部分，其在经济建设方面的成就吸引了许多国家的效仿和追随，如东欧、印度和埃及等国家。〔5〕其四，自然资源国有化也构成国有企业的发展动因。一方面，战后刚从殖民统治状态下解放出来的发展中国家，试图通过对境内原宗主国企业的国有化来巩固主权，如1930年玻利维亚将其境内石油产业国有化。〔6〕随后，1962年联合国大会第17届会议通过的《关于自然资源永久主权的宣言》，为发展中国家在自然资源领域设立国有能源企业（如国家石油公司）以及将该领域的外国投资国有化提供了国际法依据。〔7〕例如：20世纪70年代，玻利维亚、哥伦比亚等国设立国有企业进入铀矿开采领域；印度尼西亚国有企业进入渔业和自然资源加工产业；印度尼

〔1〕 Alvaro Cuervo-Cazurra, *State-Owned Multinationals: Governments in Global Business*, Palgrave Macmillan, 2018, p. 12.

〔2〕 Enrico Perotti, “State Ownership: A Residual Role?”, Global Corporate Governance Forum, 2003.

〔3〕 D. Fraser, “The Postwar Consensus: A Debate Not Long Enough?”, *Parliamentary Affairs*, Vol. 53, 3 (2000), p. 348.

〔4〕 Karl P. Sauvant, Lisa E. Sachs and Wouter P. F. Schmit Jongbloed, *Sovereign Investment: Concerns and Policy Reactions*, Oxford University Press, 2012, p. 9.

〔5〕 王金存：《破解难题：世界国有企业比较研究》，华东师范大学出版社1999年版，第35页。

〔6〕 Alvaro Cuervo-Cazurra, *State-Owned Multinationals: Governments in Global Business*, Palgrave Macmillan, 2018, pp. 14-17.

〔7〕 M. Sornarajah, *The International Law on Foreign Investment*, Cambridge University Press, 2010, p. 40.

西亚和一些非洲国家的自然资源行业也出现了跨国企业与东道国国有企业合资的模式。[1]在石油部门，行业规范由生产分享协议取代特许协议，据此东道国的国有石油公司享有石油的所有权和控制权，而外国企业仅享有参与权。[2]

这一时期，国有企业在西方发达市场中的比重明显升高。国有企业不再是私人经济的补充，开始成为政府引导和调节整个国民经济发展的重要力量。同时，国有企业涉猎的领域愈发广泛，他们不仅继续在公用事业和石油等自然资源中占据主导地位，也开始出现在电影院、卡车运输公司、造纸厂或烟草公司等行业。[3]

这一时期也是中国国有企业（准确说是"国营企业"）的高速发展时期。[4]1949年的中国是一个经历百年动荡、百废待兴的极度贫困国家。在没有私营经济和组织机构能够担当建设国家经济重任的背景下，国有企业作为由国家完全所有、政府部门直接管理的组织形式承担起建设中国经济的重任。[5]在计划经济模式和社会主义改造的推动下，中国国有企业开始迅速扩张，并成为中国社会主义经济的重要组成部分。[6]中国国有企业的产生方式主要源于三种模式：一是没收或接管官僚资本，将其直接转化为国有企业；二是对民族资本主义工商业进行改造，先把私人企业

---

〔1〕 Malcolm Gillis, "The Role of State Enterprises in Economic Development", *Social Research*, Vol. 47, 2 (1980), pp. 287-288.

〔2〕 M. Sornarajah, *The International Law on Foreign Investment*, Cambridge University Press, 2010, p. 40.

〔3〕 Alvaro Cuervo-Cazurra, *State-Owned Multinationals: Governments in Global Business*, Palgrave Macmillan, 2018.

〔4〕 不但资本归国家所有，同时还由国家直接经营。

〔5〕 樊纲、尼古拉斯·霍普："国有企业在中国经济中的角色"，载 https://www.chinausfocus.com/2022/china/index-page_ id=1447.html，最后访问日期：2013年4月1日。

〔6〕 李政："中国国有企业改革的历史回顾与评析"，载《政治经济学评论》2008年第2期。

改造为公私合营企业，再把公私合营企业改造为国有企业；三是国家投资兴建大批国有企业，主要在飞机、汽车制造业，冶金和矿山设备制造业等基础工业领域。[1]

表 1-1　中华人民共和国成立后至改革开放初期国有企业在中国国民经济中的比重[2]

年份	工业总产值（亿元）	国有企业所占比重（%）	集体企业所占比重（%）	个体企业所占比重（%）	其他经济类型企业所占比重（%）
1952 年	349	41	3	21	35
1957 年	704	54	19	1	26
1962 年	920	88	12		
1965 年	1 402	90	10		
1970 年	2 117	88	12		
1975 年	3 207	81	19		
1980 年	5 154	76	24		

（三）国有企业的私有化改革浪潮

1979 年当选英国首相的撒切尔夫人开启了国有企业私有化改革大幕。在接下来的 8 年中，50 多个国家都在抛售国有资产，不仅包括西德、加拿大、日本等富裕的发达国家，而且包括斯里兰卡、墨西哥等贫穷的第三世界国家，既包括资本主义国家，也包括社会主义国家。[3]国有企业的低效性和业绩方面不尽如人意是私有化改革的主要原因。大量证据显示，当政府以防止裁员、刺

〔1〕参见章迪诚：《中国国有企业改革简史》，中国工人出版社 2020 年版，第 3—17 页。

〔2〕参见国家统计局：《中国统计年鉴 1996》，中国统计出版社 1996 年版。

〔3〕James Cooper, *Margaret Thatcher and Ronald Reagan: A Very Political Special Relationship*, Palgrave Macmillan, 2012, p. 157.

激雇佣、寻租〔1〕、扶持失败企业、阻止竞争或奖励亲信为由对国有企业进行干预时，大大降低了企业的效率。同时，国有企业的预算软约束、垄断权力和政治驱动会导致其习惯性忽略外部政策环境的变化，缺少外部竞争压力使国有企业业绩受损。〔2〕当国家治理机制薄弱时，上述现象更为严重。此外，于市场经济国家而言，国有企业规模的大幅扩张，已成为其难以承受之负担，并引起了私人企业和资本家的高度不满，因此国有企业无效论的主张甚嚣尘上。由于政府对国有企业进行救助和改革不见成效，于是政府开始清算表现最差的企业，并将其他国有企业私有化，切断对国有企业的政府补贴和保护。〔3〕

20世纪90年代初，苏联解体进一步加速了国有企业私有化改革进程。在这一时期，实行计划经济的国家开始纷纷向市场经济转型。〔4〕在国内层面，苏联开始将旧的社会主义和马克思列宁主义的国有企业私有化，支持经济部门的完全私有化。拥有大量公共经济部门的其他国家也进行经济调整，寻求产业私有化，以更好地融入当时的全球私人市场经济建设。〔5〕在国际层面，经济合作与发展组织（OECD）、世界银行、国际金融公司等国际组织

〔1〕 寻租（rent seeking）是指，采取行贿、受贿等手段，利用权力来寻求对市场的干预，从中获取不正当经济利益，是一种严重的腐败行为。

〔2〕 李后建、张剑：《企业创新驱动影响因素实证研究》，西南财经大学出版社2016年版，第47页。

〔3〕 参见王金存：《破解难题：世界国有企业比较研究》，华东师范大学出版社1999年版，第93页。

〔4〕 Alvaro Cuervo-Cazurra, *State-Owned Multinationals：Governments in Global Business*, Palgrave Macmillan, 2018.

〔5〕 Larry C. Backer, "Sovereign Investing in Times of Crisis：Global Regulation of Sovereign Wealth Funds, State Owned Enterprises and the Chinese Experience", *Transnational Law & Contemporary Problems*, Vol. 19, 1（2009）, p. 180.

纷纷出台与国有企业改革相关的指引并提供帮助〔1〕，通过将国有企业私有化同国有企业所有权和治理结构改革相结合的方式，对国有企业低效性和政治化的运营目标进行改进〔2〕，并取得了一定的改革成效。〔3〕

1978 年中共十一届三中全会以后，中国也开启了国有企业改革历程。在 1978 年之前中国的“国有企业”都是“国营企业”，即国家不仅拥有企业的所有权，还拥有企业的经营管理权。在改革过程中，这些企业的经营权与所有权分离，企业性质也由“国营”改为“国有”。〔4〕

由上可见，传统国有企业的运营主要面向国内市场且经济表现不尽如人意。〔5〕这一时期对于国有企业的政策干预和规制范式主要以“自由化”和“私有化”为导向，关注于国有企业的内部治理缺陷和低效性问题，主导规制框架强调将国家的“所有者”职能与“监管者”职能相分离。〔6〕

---

〔1〕 例如，巴基斯坦、埃塞俄比亚、塔吉克斯坦等国为提高国有企业的绩效或实现国有企业的私有化，向世界银行寻求国际援助。See “World Bank Group Support for the Reform of State-Owned Enterprises, 2007-2018”, available at http://documents.worldbank.org/curated/en/107181548340490150/World-Bank-Group-Support-for-the-Reform-of-State-Owned-Enterprises-2007-2018, last visited on 2018-12-20.

〔2〕 Hans Christiansen and Yunhee Kim, “State-Invested Enterprises in the Global Marketplace: Implications for a Level Playing Field”, OECD, 2014.

〔3〕 Alvaro Cuervo-Cazurra et al., “Governments as Owners: State-Owned Multinational Companies”, *Journal of International Business Studies*, Vol. 45, 8 (2014), p. 921.

〔4〕 Deborah Healey, “Competitive Neutrality and Its Application in Selected Developing Countries”, UNCTAD Research Partnership Platform Publication Series, 2014, p. 35.

〔5〕 Max Büge et al., “State-Owned Enterprises in the Global Economy: Reason for Concern?”, available at https://voxeu.org/article/State-Owned-enterprises-global-economy-reason-concern, last visited on 2022-2-2.

〔6〕 Mikko Rajavuori, “State Ownership and the United Nations Business and Human Rights Agenda: Three Instruments, Three Narratives”, *Indiana Journal of Global Legal Studies*, Vol. 23, 2 (2016), p. 668.

（四）21 世纪的新型国有企业

尽管国有企业历经了几十年的私有化改革，但是当前政府在很多关键产业仍然是企业的主要所有者。无论是在高收入国家、新兴经济体、中等收入国家，还是在低收入国家，国有企业仍然存续甚至呈现出扩张态势。[1]据 2017 年 OECD 统计数据显示，在 30 多个 OECD 成员国中，共有 2467 家国有企业组合投资，估值超过 2.4 万亿美元，雇员超过 920 万人。在中国，中央政府的投资组合包括 51 341 家国有企业，估值 29.2 万亿美元，雇员超过 2000 万人。[2]国有企业存续的原因之一在于，国有企业仍然是发达国家尤其是那些不愿意创设国有企业的国家（如美国）应对金融危机的重要工具。[3]新兴经济体和发展中国家国有企业数量的激增是国有企业存续及扩张的另一重要原因，这也是全球经济重心转移以及新兴和发展中经济体实力增长的结果。[4]

21 世纪改革后的新型国有企业的一个重要特点是，表现形式多元化。随着国家资本与私人资本相结合，在政府作为完全股权持有者（国有独资企业）这一传统模式基础上，发展出政府作为多数股权持有者（国家控股企业）和政府作为重要少数股权持有者（国家参股企业）等多种形式。例如，根据 2012—2013 年的福布斯 2000 强上市公司的数据显示，政府持有少数股权（股权

〔1〕 "State-Owned Enterprises", available at https://www.ifc.org/wps/wcm/connect/topics_ext_content/ifc_external_corporate_site/ifc+cg/topics/State-Owned+enterprises, last visited on 2022-2-1.

〔2〕 "The Size and Sectoral Distribution of State-Owned Enterprises", OECD, 2017, p. 13.

〔3〕 Larry C. Backer, "Sovereign Investing in Times of Crisis: Global Regulation of Sovereign Wealth Funds, State Owned Enterprises and the Chinese Experience", *Transnational Law & Contemporary Problems*, Vol. 19, 1 (2009), p. 118.

〔4〕 Julien Chaisse, "State Capitalism on the Ascent: Stress, Shock, and Adaptation of the International Law on Foreign Investment", *Minnesota Journal of International Law*, Vol. 27, 2 (2018), p. 342.

少于50%但是至少持有10%股权，或者享有同等控制权）的国有企业共有25家。其中既包括发达国家的国有企业，如德国大众集团、法国巴黎银行（BNP Paribas）、日本电信电话公司（NTT）等，也包括来自新兴经济体的企业，如中国招商银行、巴西淡水河谷公司（Vale）、印度巴帝电信（Bharti Airtel）等。[1]这也推动了国有企业定义的精细化发展。不仅如此，国有企业在不同国家的角色也有所不同。例如：国有企业在有些国家占据主导地位（predominant），如玻利维亚、古巴和阿联酋；国有企业在有些国家具有战略性重要地位（strategic and important），如孟加拉国、中国、巴西、印度、印度尼西亚、伊拉克、菲律宾和斯洛文尼亚等。而国有企业在有些国家则没那么重要，如比利时、博茨瓦纳、日本、荷兰、瑞士和英国。[2]

21世纪国有企业的另一个重要特点是国有企业投资者的兴起。所谓国有企业投资者，也可称为国有跨国企业，是指开展海外投资活动的国有企业。虽然早在20世纪20年代就已经存在国有企业投资者，但是在20世纪70年代之前，国有企业跨国投资的现象较为罕见。即便到了1981年，在美国的外国直接投资中也只有5%来自国有企业。[3]截至2010年，全球范围内至少存在650家国有跨国企业，以及8500家外国附属公司（包括这些国有企业的子公司、分公司等）。[4]2017年国有跨国企业的数量增至

〔1〕 Hans Christiansen and Yunhee Kim, "State-Invested Enterprises in the Global Marketplace: Implications for a Level Playing Field", OECD, 2014, p. 8.

〔2〕 MA Xili, "Advancing Direct Corporate Accountability in International Human Rights Law: The Role of State-Owned Enterprises", *Frontiers of Law in China*, Vol. 14, 2 (2019), p. 266.

〔3〕 Alvaro Cuervo-Cazurra, *State-Owned Multinationals: Governments in Global Business*, Palgrave Macmillan, 2018, p. 10.

〔4〕 UNCTAD, *World Investment Report* 2011, 2011, p. 28.

近1500家，他们的外国附属机构超过了86 000家。[1]2020年国有跨国企业的数量达到约1600家。[2]国有企业的全球性扩张表明，国有企业私有化改革并未导致国有企业数量减少。[3]更值得注意的是，国有企业海外投资数量的大幅增加不仅限于中国等发展中国家国有企业的海外扩张，也得益于欧盟国有企业的全球化发展。[4]例如，根据联合国贸易和发展会议（United Nations Conference on Trade and Development，UNCTAD）报告，2010年来自欧盟、中国、马来西亚、印度和俄罗斯的国有跨国企业数量分别为223家、50家、45家、20家、14家[5]；2016年数量分别增至420家、257家、79家、61家、51家。[6]近几年，发达国家国有跨国企业跨境并购总额从2019年的290亿美元激增至2020年的520亿美元，而发展中国家国有跨国企业跨境并购总额则呈现出连年减少的态势。[7]

然而，来自发展中国家的国有企业投资者明显获得更多关注，并常常被置于“新兴国家资本主义”的语境下讨论。[8]有学者将“新兴国家资本主义”定义为中国、印度和巴西等新兴国家

---

〔1〕 UNCTAD, *World Investment Report* 2017, 2017, p. 30.

〔2〕 UNCTAD, *World Investment Report* 2021, 2021, p. 28.

〔3〕 Roberto Echandi and Pierre Sauvé eds., *Prospects in International Investment Law and Policy: World Trade Forum*, Cambridge University Press, 2013, p. 51. 该学者指出，算上国有企业的子公司，国有企业的数量并没有显著减少。

〔4〕 Id., pp. 52-53.

〔5〕 UNCTAD, *World Investment Report* 2011, 2011, p. 29.

〔6〕 UNCTAD, *World Investment Report* 2017, 2017, p. 31.

〔7〕 UNCTAD, *World Investment Report* 2021, 2021, p. 28. 发展中国家对外并购总额2017年、2018年、2019年和2020年分别为1220亿美元、510亿美元、370亿美元、240亿美元。

〔8〕 See Julien Chaisse, “State Capitalism on the Ascent: Stress, Shock, and Adaptation of the International Law on Foreign Investment”, *Minnesota Journal of International Law*, Vol. 27, 2 (2018), p. 344.

利用公共机构和私人企业之间正式或非正式合作关系发展经济的模式。它的核心支柱是战略性和选择性地引进外国直接投资和对外直接投资以促进国家经济发展。[1]这些国有企业的全球化发展也引起发达国家的政治、经济和安全担忧，并试图通过发展国内法（如美国《外国投资与国家安全法》、欧盟《外国政府补贴条例》）、国际软法规范（如《OECD国有企业公司治理指引》）以及国际经贸规则规制国有企业的政治目标和不公平竞争优势。

二、国有企业的存在基础

根据上文国有企业的发展历程可知，虽然私有化和改革导致国有企业大幅缩水，一些国有企业转型为完全独立的私人企业或被出售给私人投资者，有的国有企业甚至倒闭，然而国家所有制并未结束。在很多情况下，政府仍然保留了私有化公司中的部分股权或控制权，通过合资企业或股票市场出售股份与各种机构和私人投资者分享企业所有权。本部分拟探析国有企业的境内外存在基础，以揭示国家所有制的存续原因。

（一）国有企业的境内存在基础

长期以来，国有企业具有较强的“内向性”。[2]其设立和运营的原因可能归结于如下四类中的一个或多个：一是经济原因，如市场失灵、经济发展、危机救助；二是政治和意识形态原因，如共产主义；三是军事目标，如武器制造；四是为实现社会目

[1] Andreas Nölke ed., *Multinational Corporations from Emerging Markets: State Capitalism 3.0*, Palgrave Macmillan, 2014, p. 4.

[2] 王绛：“国有企业要加快国际化经营步伐”，载 http://www.eeo.com.cn/2019/0629/359946.shtml，最后访问日期：2022年2月20日。

标，如就业。[1]

首先，就经济目标而言，国有企业被视为政府弥补市场失灵、应对危机的重要工具。这也是国有企业产生的传统理论之一。[2]在经济学中，企业的国家所有制往往被认为是解决市场失灵的方案之一。当市场无法有效分配产品或资源使之实现福利最大化时，政府利用税收、监管或直接所有权等一系列手段进行干预来解决低效问题。其中，实施最后一种手段的结果就是创设国有企业。各国为应对经济危机采取的国有化措施即为典例。在1873年经济危机时期，德国重工业遭受重创，于是德国政府自1879年开始推行铁路国有化政策。[3]2008年金融危机也在西方国家掀起了新一轮的国有化浪潮。例如，美国政府为救市，斥资购买房地美、房利美、花旗集团的股票。但有时，这种国有企业只是一种应急性或临时性的存在，例如在危机过后美国政府就会卖出股份并退出市场。

其次，就政治目标而言，国有企业源于共产主义和社会主义的意识形态，这也是国有企业产生的传统理论之二。[4]根据1867年马克思在《资本论》及马克思、恩格斯在1848年《共产党宣言》中提出的观点，公民是公司和土地的合法所有者，国家以国家公民的名义成为公司的事实所有者。因此，国有企业的创建和私人企业的国有化，是政府对私人所有者以牺牲工人为代价积累

〔1〕 See Pier Angelo Toninelli ed., *The Rise and Fall of State-Owned Enterprise in the Western World*, Cambridge University Press, 2000, pp. 5-8.

〔2〕 Alvaro Cuervo-Cazurra et al., "Governments as Owners: State-Owned Multinational Companies", *Journal of International Business Studies*, Vol. 45, 8 (2014), p. 921.

〔3〕 Alvaro Cuervo-Cazurra et al., "Governments as Owners: State-Owned Multinational Companies", *Journal of International Business Studies*, Vol. 45, 8 (2014), p. 921.

〔4〕 Alvaro Cuervo-Cazurra et al., "Governments as Owners: State-Owned Multinational Companies", *Journal of International Business Studies*, Vol. 45, 8 (2014), pp. 921-922.

财富这种不公正现象的回应。与共产主义相比，更为温和的是社会主义意识形态。社会主义国家创设国有企业可能是源于财产由国家代表人民所有的理想信念，其在监管私人企业的同时催生了国有企业。[1]二战后到20世纪80年代私有化改革之前，苏联和中国等社会主义国家的国有企业通常和社会主义政权的执政基础联系在一起。[2]在这一时期，英国和瑞典政府也时常会受到推崇社会主义意识形态的政党控制，他们有时认为有必要采取国有化行动，以象征性地肯定他们的意识形态。当然，绝大多数的发达国家还是坚持资本主义市场经济制度。[3]

再其次，就军事目标而言，国有企业在国防军事产业、武器制造等领域占据着主导地位。尽管不同政府依据其不同的政治战略，对具有战略价值和战略需要的国有企业的定义各不相同[4]，但无论是早先的战争时期还是当今，国有企业都在控制国家战略资源、满足军事需求的供给、增强国内军备力量中发挥出重要作用。[5]例如，日本和中国早期的国有企业就主要集中于军工产业。在西方工业革命、帝国主义战争频仍时期，军工产业也构成西方国家国有企业的重要组成部分。在二战期间，美国设立了2600多家大型国有工业企业，主要分布在军火生产、机器制造等

---

〔1〕 Alvaro Cuervo-Cazurra et al.，"Governments as Owners：State-Owned Multinational Companies"，*Journal of International Business Studies*，Vol. 45，8（2014），pp. 921-922.

〔2〕 "垄断性国有企业不需要也不能实行私有化"，载 http://www.xinhuanet.com/politics/2015-04/24/c_ 127729965.htm，最后访问日期：2015年4月24日。

〔3〕 Raymond Vernon and Yair Aharoni eds.，*State-Owned Enterprise in the Western Economies*，Routledge，2014，p. 9.

〔4〕 Alvaro Cuervo-Cazurra et al.，"Governments as Owners：State-Owned Multinational Companies"，*Journal of International Business Studies*，Vol. 45，8（2014），pp. 921-922.

〔5〕 Alvaro Cuervo-Cazurra，*State-Owned Multinationals：Governments in Global Business*，Palgrave Macmillan，2018，p. 17.

部门。[1] 当前，欧洲大部分地区的政府对国防企业的参与度非常高。例如，2011 年，在所有销售额超过 4 亿欧元的欧洲顶级国防企业中，国有国防企业的销售额占据总销售额的 20%。在这些顶级国防企业中有 1/4 为政府全资或政府多数所有，如西班牙政府全资国有船厂纳万蒂亚（Navantia）、瑞士政府全资所有的军工厂拉格（Ruag）、法国政府全资所有的军火制造商奈克斯特（Nexter）。[2]

最后，就社会目标而言，一方面，实现社会目标被视为国有企业存在的公认理由。经济社会意识形态理论认为政府需要创设国有企业，以满足社会对于公共资源需求的供给，如教育、医疗保健、公共设施等。当私人部门因为缺少资金、有能力的经理人或者必要的技术而不能或者不愿意创设预期企业时，政府就设立国有企业实现这一目标。在这种情况下，政府通过国有企业实现资源的再分配，弥补私人企业家实现社会目标的能力不足。另一方面，政府需要通过创建国有企业来助力国家发展，这也是私人企业无法实现的目标。国有企业往往被发展中国家和新独立的国

---

〔1〕 参见王金存：《破解难题：世界国有企业比较研究》，华东师范大学出版社 1999 年版，第 16 页。Kevin R. Kosar，“Federal Government Corporations：An Overview”，Congressional Research Service，2011. 根据该报告，国有企业在美国被称为联邦政府公司（federal government corporation），政府公司是由国会设立的政府机构，旨在提供面向市场的公共服务，并产生满足或接近其支出的收入。根据这一定义，目前有 17 家政府公司，包括国家铁路客运公司（AMTRAK）、美国邮政服务公司等。名单中并不包括美国的军工企业，虽然美国军工企业为私人所有，但是很大程度上受到政府决策的影响。参见张强：“政府背后的赢家 国际军工企业大揭秘”，载 http://www. xinhuanet. com/mil/2018-08/22/c_ 129937916. htm，最后访问日期：2018 年 8 月 22 日。

〔2〕 “State Ownership in the European Defense Industry：Change or Continuity?”，available at https://www. avascent. com/wp-content/uploads/2013/01/Avascent-State-Ownership. pdf. 1-3，last visted on 2021-12-4.

家视为实现经济快速增长的重要手段。[1]

（二）国有企业的境外存在基础

由上可知，国有企业的存在与运营主要是为了实现国内经济、政治、军事和社会目标。而21世纪以来，国有企业的国际化发展或说国有企业投资者的海外扩张似乎脱离了上述原始目标。本部分拟从国有企业投资者母国、国有企业投资者、国有企业投资东道国和宏观经济环境四个层面分析国有企业的境外存在基础。

1. 源于母国政府的利益推动

当前，根据学界主张，可将母国政府推动国有企业"走出去"的原因归结为政府经济利益说、政治利益说、战略目标说和国家实力说。

首先，就经济利益说而言，国有企业可以代替私人资本参与全球竞争，促进母国经济的发展。这种情形多出现在发展中国家，因为这些国家的私人资本力量较弱，难以在国际竞争中获得优势地位，所以以国有资本取而代之，可以促进国内经济发展。[2]

其次，就政治利益说而言，有学者假定母国政府可以通过国有企业投资者将其意识形态强加于东道国政府。当然，这种意识形态影响取决于母国和东道国的相对规模。规模较大、实力较强的母国政府更有能力通过国有企业将其意识形态和政治偏好强加给规模较小、实力较弱的国家政府，因为他们在支持其国有企业进行海外投资时能够施加更多的政治和经济影响力。[3]尽管本书

---

〔1〕 Pier Angelo Toninelli ed., *The Rise and Fall of State-Owned Enterprise in the Western World*, Cambridge University Press, 2000, pp. 6-7.

〔2〕 Karl Heinz Bockstiegel et al., *Arbitration and State Enterprises: Survey on the National and International State of Law and Practice*, Kluwer Publishing, 1984, p. 11.

〔3〕 Alvaro Cuervo-Cazurra et al., "Governments as Owners: State-Owned Multinational Companies", *Journal of International Business Studies*, Vol. 45, 8 (2014), p. 929.

尚未发现支持这一学说的事实性论证，但该学说无疑为东道国阻止外国国有企业投资者进入提供了有力论据。

再其次，国有企业可以实现母国控制资源和技术等战略目标的需求。与国有企业的产生原因一致，即母国政府可能认为很难通过间接影响私人企业来实现国家战略目标[1]，因此需要借助国有企业的力量来实现。这包括母国对于自然资源的控制和先进技术的渴求。例如，在20世纪中期，煤矿、石油和天然气等行业就出现了国有企业投资者的身影。近年来，能源领域仍然是国有企业投资者涉足的主要领域。母国也可能通过国有企业购买并掌握国外先进技术，并在国内经济中进行广泛传播。[2]如近年来，新兴经济体政府积极鼓励其中央国有企业加快国际扩张，以获得重要的战略资产和资源以增强国家竞争力。在母国的大力推动和优惠政策的支持下，巴西银行、中国石化、马来西亚国家石油公司和印度石油天然气公司等新兴市场国家的中央国有企业已经进入澳大利亚、美国、加拿大和西欧等遥远的发达市场。这些国有企业投资者在纽约或伦敦等遥远的金融中心建立银行业务以筹集资金，在发达经济体设立研发中心以获取技术和隐性知识，或者在这些国家开展“被动”投资，以观察其投资子公司的决策过程。[3]

最后，国家实力说是指，由于国有企业与国家之间存在“所有制”联系，他们也常常被视为国家的“化身”。母国推动国有

---

〔1〕 Kalman Kalotay, “State-Owned Multinationals: An Emerging Market Phenomenon?”, *The Journal of Comparative Economic Studies*, Vol. 13, 2018, p. 17.

〔2〕 “State-Owned Enterprises as Global Competitors: A Challenge or an Opportunity?” OECD, 2016.

〔3〕 Alvaro Cuervo-Cazurra, *State-Owned Multinationals: Governments in Global Business*, Palgrave Macmillan, 2018, p. 189.

企业“走出去”可以彰显其不断增长的政治和经济实力。[1]

2. 源于国有企业自身的内在动机

国有企业投资者的海外扩张主要源于两个内在动机。

第一，商业利润驱动。经历过改革和私有化发展的国有企业是国家资本和私人资本的混合体。私人资本的天然逐利性推动国有企业进行海外扩张以获取更大利润。例如，在发达经济体中，最活跃的国有企业投资者是大型国有公用事业公司，他们从事境外直接投资是为了利用其公司特有的优势，并在本国以外的市场上创造利润。此外，对于许多国有企业而言，国际勘探和生产可以提高企业技术和管理能力，并促进相关设施、技术和劳动力出口。国有企业进行海外投资也可以降低交易成本。例如，委内瑞拉国有石油公司（PDVSA）发现，其很难在国内提炼一定等级的原油，而通过投资美国进行炼油能力建设，可以降低成本、提高收益。[2]

第二，对企业自主权的追求。与私人企业相比，国有企业更有可能受到政府的影响和控制。因为根据资源依赖理论，当一方依赖另一方获得某种资源时，资源供给方就能够对资源获取方行使权力。而国有企业可以通过国际化的方式减少其母国政府的政治影响。国有企业投资者的管理层可以利用企业的国际扩张来摆脱政客的控制。通过在其他国家投资并从国外获得稳定的收入来源，国有企业投资者可以减少对国内资源的依赖，从而减少政府对其的控制，实现经济的自我发展。当母国政府面临预算紧张或

---

〔1〕 Ming Hua Li, Lin Cui and Jianyong Lu, “Varieties in State Capitalism: Outward FDI Strategies of Central and Local State-Owned Enterprises from Emerging Economy Countries”, *Journal of International Business Studies*, Vol. 45, 8 (2014), p. 990.

〔2〕 Alvaro Cuervo-Cazurra et al., “Governments as Owners: State-Owned Multinational Companies”, *Journal of International Business Studies*, Vol. 45, 8 (2014), p. 929.

控制国有企业支出时，国有企业管理层可寻求国际扩张，通过投资海外子公司以获得新的现金流。例如，有学者指出，巴西国有企业在20世纪70年代开始了多元化和国际化进程，以保持对政府的财政独立，并且通过海外投资，国有企业投资者的管理层可以更加自由地深化自主权。[1]

3. 源于东道国优惠政策对国有企业投资者的吸引

国有企业投资者的境外扩张也可能源于东道国的优惠政策。资料显示，国有企业的绿地投资能够改善东道国的就业环境。例如，2017年数据显示，国有企业投资者在海外的绿地投资平均每年可为东道国创造100 000多个工作岗位，2016年甚至达到了120 000个。这意味着，国有企业投资者开展的这些绿地投资往往对东道国就业环境具有特别重要的意义。[2]尤其对于发展中经济体和不发达经济体而言，他们通常欢迎外国国有企业的投资。因为这些国有企业可以帮助他们进行基础设施建设，引入先进技术，提高东道国社会的整体经济和福利水平。

4. 源于宏观外部环境的驱动

国有企业国际化发展也得益于宏观外部环境的推动。2008年金融危机背景下国有跨国企业数量的增多即为典例。其中，2008年国际金融危机使世界各国经济受到不同程度的冲击，大量私人企业也因此陷入融资困境，这也导致世界范围内的对外直接投资陷入了一段低谷期。然而，新兴经济体国家的国有企业则凭借其在融资方面的优势迎来了对外投资和跨国经营的机遇。[3]

---

〔1〕 Alvaro Cuervo-Cazurra et al., "Governments as Owners: State-Owned Multinational Companies", *Journal of International Business Studies*, Vol. 45, 8 (2014), p. 935.

〔2〕 Kalman Kalotay, "State-Owned Multinationals: An Emerging Market Phenomenon?", *The Journal of Comparative Economic Studies*, Vol. 13, 2018, p. 14.

〔3〕 Karl P. Sauvant, Lisa E. Sachs and Wouter P. F. Schmit Jongbloed, *Sovereign Investment: Concerns and Policy Reactions*, Oxford University Press, 2012, p. 109.

如上所述，从国有企业产生至今的历史发展进程可知，无论是在东方世界还是西方世界，无论是社会主义制度还是资本主义制度，无论是在发展中国家还是发达国家，国有企业都是经济发展进程中的必然存在。国有企业的国际化发展使其存在基础从“境内”扩展至“境外”。随着21世纪新兴市场国家国有企业在国际经济活动中地位的上升，规制国有企业的重心和范式也有所扩张：从传统上聚焦于国有企业公司治理缺陷和低效性问题，以“自由化”和“私有化”为导向的国内规制扩张至以新兴经济体国有企业与政府关系为重点关注对象的以“国家资本主义”为导向的国际规制。

三、国有企业法律内涵之演变

当前无论是理论界还是实务界均未就国有企业的法律内涵达成一致意见，甚至措辞都尚未统一。例如，较为常见的语词是“国有企业”（state-owned enterprises）〔1〕、“国家企业”（state enterprises）。〔2〕在国内法和国际条约中也曾出现“公营企业”（public undertakings）〔3〕和“政府企业”（government enterprises）〔4〕等表述。〔5〕在学术文献中也存在“国有化公司”（nationalized compa-

〔1〕 See CPTPP（2018），Chapter 17；OECD Guidelines on Corporate Governance of State-Owned Enterprises，2015；Investment Canada Act，1986，Section 3，etc.

〔2〕 See NAFTA（1994），Chapter 15；CPTPP（2018），Art. 1. 3；USMCA（2018），Art. 1. 4.

〔3〕 See Commission Directive on the Transparency of Financial Relations Between Member States and Public Undertakings，1980，Art. 2.

〔4〕 US-Singapore FTA（2003），Art. 12. 8（6）.

〔5〕 国内法中也存在政府投资企业、公共企业、特别公司、公营事业等表述。例如，新加坡的《公用事业法》、日本的《地方公营企业法》等。参见顾功耘主编：《当代主要国家国有企业法》，北京大学出版社2014年版，第2—4页。

nies)[1]、“国家冠军企业”(national champion)[2]、“国家控制企业”(state-controlled enterprises)[3]等表达。此外，不同国家国内法中的国有企业规定散见于不同行业的法律法规之中。[4]有的国家倾向于对国有企业作出较为宽泛的界定，1985 年生效的《加拿大投资法》第三部分即为例子。该法将国有企业定义为，“由政府或机构直接或间接控制或影响的实体……”且并未就“影响”一词进行界定。这种定义会将国有企业的范围延伸至主权财富基金(SWF)，甚至政府支持的私人实体等。[5]也有的国家并未赋予国有企业以具体内涵，如新西兰《1986 年国有企业法案》以列举的方式定义其国有企业，即“国家企业是指附录 1 中所列出的组织”，可根据国内颁布的法律规章和指令对国有企业名单进行更新。[6]由此可见，不同国家、机构、学者在不同的时

〔1〕 Paul Cohen, “Lessons from the Nationalization Nation: State-Owned Enterprises in France”, available at https://www.dissentmagazine.org/article/lessons-from-the-nationalization-nation-State-Owned-enterprises-in-france, last visited on 2010-3-3.

〔2〕 Li-Wen Lin, “China's National Champions: Governance Change Through Globalization?”, *University of Pennsylvania Asian Law Review*, Vol. 11, 1 (2017), p. 82.

〔3〕 Peter Enderwick, “International Investment by State-Controlled Enterprises: A Source for Concern?”, *Strategic Change*, Vol. 26, 3 (2017), p. 262.

〔4〕 例如，与国有企业相关规定可见于英国的《水法》、新加坡的《电力法》和日本的《邮政股份有限公司法》。参见顾功耘主编:《当代主要国家国有企业法》，北京大学出版社 2014 年版，第 131、380、448 页。

〔5〕 Thomson Reuters, “Practice Law, Glossary, State-Owned Enterprise”, available at https://ca.practicallaw.thomsonreuters.com/2-617-6855? transitionType = Default&context Data = (sc. Default) &firstPage=true&bhcp=1, last visited on 2020-3-3.

〔6〕 例如，根据《2012 年国有企业(凯维铁路控股有限公司)令》第 3 条，于 2012 年 12 月 31 日将凯维铁路控股有限公司(KiwiRail Holdings Limited)纳入附录 1。根据《2017 年废止法案》第 4(2)条，于 2017 年 6 月 3 日废止附录 1 中的泰拉林克(Terralink NZ)有限公司。See State-Owned Enterprises Act 1986, Reprint as at 24 October 2019, Schedule 1 State Enterprises, available at http://www.legislation.govt.nz/act/public/1986/0124/latest/whole.html#DLM98444, last visited on 2020-3-3.

代背景下，基于不同的立场和需求对国有企业使用的措辞和定义也不相同。这大大加剧了国有企业问题的复杂性。

鉴于本书拟从国际法视角研究国有企业，并且国际法规范可在一定程度上反映出国家间共识，本书拟以之为考察对象，理清国际法规范中国有企业定义的发展历程和发展趋势。

（一）仅提及国有企业但未作界定

多边贸易规则中虽有提及国有企业，但并未对之进行定义。

1.《关税与贸易总协定》

早在 1947 年《关税与贸易总协定》(*General Agreement on Tariffs and Trade*, GATT) 时期的"国营贸易企业"(State Trading Enterprise) 条款中即提到国有企业。由前文中国有企业的历史沿革可知，二战后世界各国正处于国有化高潮，GATT1947 作为中央计划经济体系下孕育的产物，同时适用于国有企业和私有企业。[1] GATT1947 的"所有制中性"立场符合 1970 年联合国通过的《关于各国依联合国宪章建立友好关系及合作之国际法原则之宣言》的规定，即"每个国家在选择其政治、经济、社会和文化制度上享有不可剥夺的权利，不受另一个国家任何形式的干涉。"其中，财产所有制构成国家制度选择的核心内容。GATT 规则不应限制其成员方对经济制度的选择，在私人资本和公共资本的形成和所有权方面均应保持中立。[2]

根据"所有制中性"原则，GATT1947 第 17 (a) 条中的国营贸易企业规定不仅适用于国家企业，也适用于被授予特权的企

---

〔1〕 Roberto Echandi and Pierre Sauvé eds., *Prospects in International Investment Law and Policy*: *World Trade Forum*, Cambridge University Press, 2013, pp. 54–55.

〔2〕 Julia Ya Qin, "WTO Regulation of Subsidies to State-Owned Enterprises (SOEs) —A Critical Appraisal of the China Accession Protocol", *Journal of International Economic Law*, Vol. 7, 4 (2004), p. 899.

业和享有专属权利的私人企业。[1]然而，GATT1947 并未对国营贸易企业和国家企业（state enterprise）定义。在该条款的起草阶段，国营贸易企业曾被定义为“政府对其业务行使有效控制的企业”，但是最终文本删除了该定义。[2]原因在于，起草者认为应“尽可能准确地”描述受纪律约束的企业种类。在谈判初期，谈判方的贸易代表意识到，国家贸易活动存在多样性，尚未对其形成充分认识前，最好避免在描述企业类型时采用规范性过强的表述（overly prescriptive）。[3]根据乌拉圭回合缔约方对国营贸易企业达成的“工作定义”，其约束主体范围包括“被授予包括法定或宪法权力在内的，专有权、特殊权利（special right）或特权（privilege）的政府和非政府企业，包括销售委员会……”[4]这一定义也没有具体界定政府企业、专有权、特殊权利和特权的内涵。成员方似乎有意回避对国营贸易企业作出确切定义，以便涵盖不同类型的企业。[5] 此外，在《补贴与反补贴措施协定》（简称《SCM 协定》）和《服务贸易总协定》中也均未对国有企业作出特别规定。

2.《中国入世议定书》

GATT 语境下提及国有企业的另一官方文件可见于《中国入

[1] See The General Agreement on Tariffs and Trade (GATT 1947), Art. 17. 1 (a).

[2] "Report of the Drafting Committee of the Preparatory Committee of the United Nations Conference on International Trade and Employment", STE, 1947.

[3] Andrea Mastromatteo, "WTO and SOEs: Article XVII and Related Provisions of the GATT 1994", *World Trade Review*, Vol. 16, 4 (2017), p. 606.

[4] "The Regulation of State Trading Under the WTO System", available at https://www. wto. org/english/tratop_ e/statra_ e/statrad. htm, last visited on 2020-3-2.

[5] Roberto Echandi and Pierre Sauvé eds., *Prospects in International Investment Law and Policy: World Trade Forum*, Cambridge University Press, 2013, pp. 54-55; Andrea Mastromatteo, "WTO and SOEs: Article XVII and Related Provisions of the GATT 1994", *World Trade Review*, Vol. 16, 4 (2017), pp. 607-608.

世议定书》第10条“补贴”条款。据此中国政府对国有企业的承诺包括“就实施《SCM协定》第1条第2款和第2条而言，对国有企业提供的补贴将被视为专向性补贴，特别是在国有企业是此类补贴的主要接受者或国有企业接受此类补贴的数量异常之大的情况下。”[1] 2001年美国贸易代表办公室网站在介绍《中国入世议定书》背景时提及中国对国有企业的特殊承诺，“《中国入世议定书》中的许多条款直接或间接涉及国有（和国家投资）企业。据此，中国同意，与国有企业（和国家投资企业）为商业销售或用于非政府目的而购买和商业销售以及生产商品或提供服务有关的法律、法规和其他措施将受世贸组织规则的约束。中国还同意，国有企业的采购和销售必须完全基于商业考虑，如价格、质量、可销售性和可用性，政府不会影响国有企业的商业决策。”[2] 即便如此，上述文本中未就何为国有企业作出界定。

（二）以“所有权”要素为核心的国有企业定义

以“所有权”要素为核心的国有企业定义是指国有企业的定义并未脱离“国家所有”或“所有者权益”的要求。

1. 以“所有权”要素为核心的简单定义

以“所有权”要素为核心的简单定义是指将国有企业界定为“由一方所有或通过所有者权益控制的企业”，但并未进一步细化“所有权”和“基于所有者权益控制”的内涵。这种定义模式主要可见于美国双边投资条约（BITs）和自由贸易协定（FTAs）中国有企业（state enterprise）的定义条款，即“由一方所有或通过所

---

〔1〕 参见《中国加入世贸组织议定书》（标准中文版全文）。

〔2〕 “Background Information on China's Accession to the World Trade Organization”, available at https://ustr.gov/archive/Document_Library/Fact_Sheets/2001/Background_Information_on_China%27s_Accession_to_the_World_Trade_Organization.html, last visited on 2021-12-11.

有者权益控制的企业”。[1]其实，这一表述的雏形最早可见于20世纪中期美国友好通商航海条约（FCN）的公平竞争条款。虽然FCN中并未明确提及“国有企业”语词，但是存在类似表述。例如1955年《美国FCN范本》第18.2条规定：“缔约双方承认，任何一方的公共所有或控制的贸易或制造企业在其领土内与由另一方的国民和企业私人所有和控制的企业竞争时，应维持平等的竞争条件。”[2]

20世纪90年代初，以“所有权”要素为核心的简单定义开始出现在美国与摩尔多瓦、厄瓜多尔、白俄罗斯、乌克兰、爱沙尼亚、拉脱维亚和立陶宛缔结的BITs中[3]，并被纳入后续的《美国BIT范本》[4]、BITs及FTAs缔约实践中。[5]例如，2018年生效的《全面与进步跨太平洋伙伴关系协定》（CPTPP）第1.3条和2018年签署的《美墨加三国协议》（USMCA）第1.4条均延续了这一定义，“国有企业（State Enterprise）是指，由一方所有或通过所有者权益控制的企业。”[6]

2. 以“所有权”要素为核心的复杂定义

与简单定义相比，以“所有权”要素为核心的复杂定义是指细化了“所有权”和“基于所有者权益控制”的认定标准，这种复杂定义模式源于政府在国有企业中的角色转变。[7]具体可见《OECD国有企业公司治理指引》（简称《OECD指引》）和

---

〔1〕 Estonia-United States of America BIT, 1994, Art. 1 (f).

〔2〕 Kenneth J. Vandevelde, *The First Bilateral Investment Treaties: U.S. Postwar Friendship, Commerce, and Navigation Treaties*, Oxford University Press, 2017, p. 554.

〔3〕 Moldova, Republic of-United States of America BIT (1993), Art. 1 (f).

〔4〕 See e.g., United States Model BIT 2012, Art. 1.

〔5〕 See e.g., United States of America-Uruguay BIT (2005), Art. 1.

〔6〕 CPTPP (2018), Art. 1.3; USMCA (2018), Art. 1.4.

〔7〕 参见上文“21世纪的新型国有企业”。

CPTPP/USMCA 中的国有企业定义。

（1）《OECD 指引》

2005 年《OECD 指引》将“国有企业”定义为“国家占有全部、多数所有权或重要少数所有权由国家掌握重要控制权的企业。”2015 年更新的《OECD 指引》对国有企业作出了更为详细的界定。首先，该定义承认各国关于国有企业的不同界定标准。就《OECD 指引》而言，国有企业是指依照国内法属于企业且国家对其行使所有权的任何公司实体，包括股份公司、有限责任公司和股份合伙有限公司（partnerships limited by shares）。此外，通过特定立法获得法人资格的法定公司（statutory corporations），如果运营目标和业务或者一部分业务在很大程度上具有经济性质，也应被视为国有企业。世界银行报告评论指出，OECD 选择了较窄的定义方式。[1]

接着，OECD 进一步厘定“所有权和控制权”的内涵：本指引适用于国家实际控制的企业，无论国家是通过持有多数表决股份作为最终受益出资人（ultimate beneficiary owner）进行控制，还是通过其他方式施以同等控制。“同等控制”（equivalent degree of control）存在若干不同情况，例如，国家可能只持有企业的少数股份，但可能通过法律规定或公司章程，对企业或企业董事会拥有持续控制权……“金股”（golden share）是否构成控制权，取决于其被赋予的国家权力多少。此外，即使国家仅持有少数股份，但若公司结构或持股结构（通过股东协议等方式）赋予了国

[1] “World Bank Group Support for the Reform of State-Owned Enterprises, 2007-2018”, available at http://documents.worldbank.org/curated/en/1071815 48340490150/World-Bank-Group-Support-for-the-Reform-of-State-Owned-Enterprises-2007-2018, last visited on 2018-12-20. 该报告指出：“虽然 OECD 承认国有企业存在多种定义，最广泛的定义包括‘所有通过销售商品和服务产生至少一半收入并拥有自主预算和资产负债表的自治政府实体’，但是，OECD 最终选择了较窄的定义方式。”

家实际控制权，则也应包含在《OECD 指引》的适用范围内。相反，国家通过善意监管影响企业决策的情况，一般不被视为拥有控制权。政府通过养老基金等独立资产管理机构间接持有股份低于 10%，同时既不构成控制，也不隐含长期利益诉求的实体，同样不应被视为国有企业。就《OECD 指引》而言，政府因企业破产、清算、托管或接管而在有限期间内拥有或控制的实体，一般也不被视为国有企业。不同的政府控制形式会衍生出不同的治理问题。在《OECD 指引》中，政府对企业的“所有权”（ownership）即意味着政府对企业的控制（control）。虽然与 2005 年“国有企业”的定义相比，2015 年的定义更加强调“控制权”的重要性，并且增加了“金股”控制的情形，但是“控制权”要素并未脱离“所有权”独立存在。同时，这一定义将政府基于“所有权的控制”与政府“作为监管者的监管”相区分。[1]

（2）CPTPP 和 USMCA

与先前国际经贸规则缔约实践中以所有权要素为核心的简单定义相比，CPTPP 和 USMCA 中的国有企业定义开始对“所有权”和“基于所有者权益控制”要素作出了更加细致的规定。其中，USMCA 在 CPTPP 的基础上对有关概念作出了进一步细分和澄清。这不仅增强了国有企业条款的可实施性，而且进一步扩大了国有企业的范围。

第一，量化了直接所有权和基于所有者权益控制的标准。例如，根据 CPTPP 第 17.1 条规定，“国有企业指……缔约方在该企业中（a）直接拥有 50%以上股份资本；（b）通过所有者权益控制 50%以上投票权的行使……”

第二，增加了“间接所有权”的情形与界定。USMCA 第

〔1〕 韩立余：“国际法视野下的中国国有企业改革”，载《中国法学》2019 年第 6 期。

22.1条在CPTPP的基础上增加了“间接拥有50%以上股份资本”的情形，并对“间接所有权”一词进行了说明：“为本定义的目的，‘间接’一词是指一方通过该方的一个或多个国家企业（state enterprise）在一个企业中拥有所有者权益的情况。在所有权链条的每一个层面，国家企业——无论是单独还是与其他国家企业联合——都必须拥有或通过所有者权益控制另一家企业。”

第三，将“所有者权益控制”细分为“直接所有者权益控制”和“间接所有者权益控制”两种情形。根据USMCA第22.1条规定，“一方通过直接或间接所有者权益控制50%以上投票权的行使”。

第四，在与政府存在投票权联系之外，增加了其他基于所有者权益控制的情形。根据USMCA第22.1条规定，“通过包括间接所有权或少数所有权的任何其他所有者权益控制企业的权力”。并通过脚注就如何判断政府是否享有这种权力及相关考量要素进行了说明，“就本项而言，如果一方通过所有者权益能够决定或指导影响企业的重要事项，不包括对少数股东的保护，则该方有权控制企业。在确定缔约方是否拥有这一权力时，应逐案考虑所有相关的法律和事实要素。这些要素可能包括决定或指导商业运作的权力，包括重大支出或投资、股票发行或重大债务发行，或企业的重组、合并或解散。”

（三）脱离“所有权”要素的国有企业定义

脱离“所有权”要素的国有企业定义是指“国家所有”或“所有者权益”并非构成国有企业的必然要求。根据这种定义模式，国有企业的范围扩张至受政府影响、政府控制和政府享有“任命权”的私人企业。

1. 基于“有效影响”定义国有企业

在FTAs缔约实践中曾出现基于政府“有效影响”的定义方式，《美国与新加坡FTA》中的国有企业定义即为例子。缔约双方对国有企业（government enterprise）定义不同，于美国而言是指通过缔约方所有者权益所有或控制的企业；于新加坡而言则是指受到缔约方有效影响的企业。根据该协定对存在“有效影响”的认定既包括基于所有权的认定，也包括超出所有权的认定。就前者而言是指若政府与其国有企业单独或共同持有该实体 50%或更少但超过 20%的投票权股份，并在该实体拥有最高投票权时，即可作出存在有效影响的可反驳假定。就后者而言并未强调政府与企业存在所有权或所有者权益联系，列举了如下两类情形：一是新加坡政府与其国有企业单独或共同拥有该实体 50%以上的投票权；二是新加坡政府与其国有企业单独或共同有能力对企业董事会或任何其他管理机构的组成施加重大影响，决定该实体的战略、财务或运营政策或计划的决策结果，或以其他方式对该实体的管理或运营施加重大影响时。〔1〕这种“有效影响”的定义方式将“事实上的”（de facto）国有企业纳入了规制范畴。〔2〕

2. 基于“控制权”定义国有企业

《综合经济与贸易协定》（CETA）中以“控制权”要素为基础定义国有企业的典型表述为“由缔约一方所有或控制的企业”。〔3〕具言之，只要国家对于企业享有“控制权”，无论这种控制是否源于所有者权益，都可构成国有企业。2009 年签署、2010 年生效的《马来西亚与新西兰 FTA》在服务贸易部分也采用了此种国有企业的定义模式。〔4〕由于服务贸易中的“商业存在”模式与投资最

〔1〕 US-Singapore FTA（2003），Art. 12. 8（5）（6）. 基于“影响”要素的定义还可见于 1986 年《加拿大投资法》：“由政府或机构直接或间接控制或影响的实体……”，但是该法案并未对“影响”一词进行界定。

〔2〕 Mark McLaughlin，“Defining a State-Owned Enterprise in International Investment Agreements”，*ICSID Review-Foreign Investment Law Journal*，Vol. 34，3（2019），p. 23.

〔3〕 CETA（2013），Art. 1. 1.

〔4〕 Malaysia-New Zealand FTA（MITI FTA）（2009），Art. 8. 1（m）.

为接近，也被学者称为贸易协定中与投资协定最相似的文本。[1] 因此，即便这一 FTA 的投资章节并未载入国有企业定义，服务贸易章节的定义也可能对国有企业投资者的范围产生实质性影响。这种单纯基于“控制权”的定义也出现在了 1983 年的世界银行职工工作报告中，其将国有企业宽泛界定为“政府在某种程度上控制的所有工商企业、矿山、公用事业、运输公司和金融中介。”[2]上述定义皆未进一步澄清构成认定控制的具体标准。

新近欧盟缔结的经贸协定出现了细化“控制权”的条款，提供了更加具体的控制权认定标准。例如，2018 年签署的《欧盟与日本经济伙伴关系协定》（简称《欧盟与日本 EPA》）中的国有企业定义包括“一方有权根据其法律法规合法指示企业行动或施加同等控制的企业”，[3]2020 年底达成的中欧《全面投资协定》（CAI）也纳入了类似表述。[4]据此，认定某企业是否受到政府控制构成定义中的国有企业，需要考察法律是否授予政府控制企业行动的权力。而《欧盟与越南 FTA》则将政府对企业的控制范围限于对“企业战略决策的控制”。[5]

3. 基于“任命权”定义国有企业

基于“任命权”的定义可见于 CPTPP、USMCA 国企章节，以及中欧 CAI“涵盖实体”部分的规定。例如，CPTPP 第 17.1 条规定“国有企业是指主要从事商业活动的企业，其中一方：……或 3. 有权任命董事会或任何其他同等管理机构的大多数成员。”其中“任命权”条款代表着国有企业范围完全脱离“所有权”要

---

〔1〕 Roberto Echandi and Pierre Sauvé eds., *Prospects in International Investment Law and Policy*: *World Trade Forum*, Cambridge University Press, 2013, p. 55.

〔2〕 Managing State-Owned Enterprises, The World Bank, 1983.

〔3〕 See EU-Japan EPA (2018), Art. 13. 1 (h) (iv).

〔4〕 CAI, Art. 3 bis, 1. (b).

〔5〕 EU-Vietnam FTA, Art. 11. 1 (g) (iii).

素，扩张至政府享有“事实控制权”的私人企业，超出了传统国有企业的范围。有学者指出，即使 CPTPP 的国有企业定义中并不存在《美国与新加坡 FTA》中的“有效影响”要素，但是这一定义包含了对有效影响的考虑。[1]同样的规定也可见于 USMCA 第 22.1 条。新近欧盟的缔约实践还增加了政府间接任命的情形，《欧盟与越南 FTA》和中欧 CAI 即为例子。

由上可见，就国际规范中国有企业定义的演变历程来看，存在两个特点：一是纵向意义上，从无到有的精细化发展；二是横向意义上，超出“所有权”要素的扩张。结合当前国内法、区域法和国际法对于“国家资本主义 3.0”的规制背景[2]，本书承认国际法规范（包括国际投资法）规制国有企业的本质是对新兴经济体国家资本主义的规制，或者说是对“国家主导经济模式”的规制。因此，国际投资法的规制范围绝非仅限于“国有制”，未来“国有企业”定义的发展既可能遵循 CPTPP/USMCA 实践对国有企业作出超出“国有制”的界定，也可能纳入更宽泛的语词，如“国家控制企业”或“国家影响企业”等代替“国有企业”。但是本书出于如下考量，仍选择以“所有权”要素为基础界定国有企业：一方面，与“国有制”相比，“国家控制”和“国家影响”的内涵更为模糊，难以确定研究对象的范围[3]；另一方面，以“所有权”要素为核心的定义有助于本书探索“国有

[1] Julien Sylvestre Fleury and Jean-Michel Marcoux, “The US Shaping of State-Owned Enterprise Disciplines in the Trans-Pacific Partnership”, *Journal of International Economic Law*, Vol. 19, 2 (2016), p. 453.

[2] Andreas Nölke ed., *Multinational Corporations from Emerging Markets: State Capitalism 3.0*, Palgrave Macmillan, 2014, p. 1.

[3] 例如，有学者指出，“目前并没有一个综合性的国际法体系来判定国有或私人企业何时因政府引导或支持而偏离了市场经济原则，从而可以被划归为‘受政府影响的企业’”。参见［德］伦纳·库尔姆斯著，任宏达译：“中国对外投资与东道国政策”，载《国际法研究》2019 年第 1 期。

制”对国际投资法规制的影响。此外，本书的研究成果在一定程度上也可为国际投资法规制“国家控制企业”和“国家影响企业”带来启示。因此，本研究以“国有制”要素为核心，将“国有企业”定义为由政府完全所有、多数所有或重要少数所有或基于所有权利益控制的企业。这一定义不仅反映出国有企业多元发展的现实，而且体现出当前国际社会对国有企业定义的最大共识。〔1〕

第二节　国际投资中的国有企业及其相关问题

国有企业的“内向性”和“外向性”决定其可以“双重身份”参与国际投资活动。在国有企业海外投资兴起之前，东道国国有企业即通过与外国投资者互动的方式参与国际投资。2008 年金融危机后，新兴经济体中的国有企业开始成为海外投资的重要主体。有鉴于此，本节从东道国国有企业和国有企业投资者参与国际投资的主要方式入手，结合国有企业的“政府所有制”及其参与国际投资活动的特点分析可能引发的问题。

一、国际投资中的东道国国有企业

鉴于国有企业具有“公私混同”属性，在国际投资市场中，东道国国有企业在与外国投资者互动的过程中扮演着多重角色，包括市场管理者、投资合同的缔约方以及外国投资者的竞争对手方。

〔1〕这一定义与 2011 年 UNCTAD《世界投资报告》中的定义相一致：“由母公司及其外国子公司组成的企业，无论他们是否在证券交易所上市，政府在这些企业中拥有完全、多数或重要少数的控制权益。”该报告指出，尽管当前关于控制权益尚不存在统一界定，但在本报告中将控制权益定义为拥有 10%或以上表决权的股份，或者政府是最大的单一股东。

（一）东道国国有企业参与市场管理

在一些国家，中央政府往往并非处理外资政策和业务事项的直接主体，而是通过创设独立的国有企业来履行政府职能。[1]这种模式于国家而言具有较大的吸引力。正如美国前总统罗斯福所言，作为“披着政府权力外衣又拥有私人企业的灵活性和主动性”的实体，国有企业可以私人企业的效率履行政府职能。[2]政府通过在特定产业创设国有企业也可以提高政府对这一产业的监管能力。[3]这种东道国国有企业参与市场管理的模式在能源生产和分配（水力发电、石油、天然气和煤炭）、自然资源开采、邮电通信、运输（铁路、机场和航空公司）以及金融服务等公用事业和基础设施领域尤为常见。[4]例如，“InterTrade v. Czech Republic 案”就发生在 1989 年捷克经济转型时期，捷克政府拟从中央计划指导经济转型为市场经济，其中林业部门也在转型计划之内。在 1989 年之前捷克 95%的土地皆为国家所有。1991 年，负责国家森林管理的捷克农业部设立了国有企业 LCR 公司负责国家森林的日常管理，外国投资者可以通过参与 LCR 公司的招标从而获得捷克森林开采的相关权利。[5]在“Saint-Gobain v. Venezuela 案”中，委内瑞拉政府授权其国内负责煤气供给的国有企业 PDVSA 公司对其境内外国投资者委内瑞拉诺普（Norpro Venezuela）工厂进行国

---

〔1〕 Rudolf Dolzer and Christoph Schreuer, *Principles of International Investment Law*, 2nd ed., Oxford University Press, 2012, p. 219.

〔2〕 Karl Heinz Bockstiegel et al., *Arbitration and State Enterprises: Survey on the National and International State of Law and Practice*, Kluwer Publishing, 1984, p. 35.

〔3〕 能源采掘业即为例子。See “State Participation and State-Owned Enterprises, Roles, Benefits and Challenges”, NRGI, 2015, p. 2.

〔4〕 Michael Feit, “Attribution and the Umbrella Clause-Is There a Way out of Deadlock?”, *Minnesota Journal of International Law*, Vol. 21, 1 (2012), p. 21.

〔5〕 InterTrade Holding GmbH v. The Czech Republic, UNCITRAL, PCA Case No. 2009-12, Final Award, 29 May 2012, p. 39-56.

有化转型，并要求其确保工厂工人的安全并维护工厂设备。[1]

在某些情形下，国有企业也代表国家推动私有化进程。例如，“Noble Ventures v. Romania 案”的争议即源于一项私有化协议。这项协议由外国投资者贵族风险投资（Noble Ventures）公司和罗马尼亚国有企业罗马尼亚国家所有权基金公司（SOF）达成。根据罗马尼亚法律，SOF 负责将国有资产向私人投资者转移，并代表国家与外国投资者签订合同。[2]

（二）东道国国有企业与外国投资者签订投资合同

东道国在特定产业部门创设国有企业也可能旨在向外国投资者发出合作信号，为具备相关专业技能的外国投资者创造更有吸引力的政治和经济环境。于东道国而言，这种模式的优势在于其吸引外资进入的同时，可将国有企业作为其与外国投资者之间的公司面纱。[3]于外国私人投资者而言，一方面，考虑到东道国国有企业在国内重要行业的垄断或半垄断地位，他们进入东道国上述领域的最好方式就是与东道国国有企业开展合作，建立公私伙伴关系（PPP）或设立合资企业。[4]另一方面，相较于与东道国的政治机关进行谈判，外国投资者更倾向于直接与特定国有企业缔结投资协议。例如：

建筑投资领域：在“L. E. S. I. v. Algeria 案”中，外国投资者与国家水坝局（独立于政府的国有实体）签署了一项在阿尔及利

---

〔1〕 Saint-Gobain Performance Plastics Europe v. Bolivarian Republic of Venezuela, ICSID Case No. ARB/12/13, Decision on Liability and the Principles of Quantum, 30 December 2016, p. 458.

〔2〕 Noble Ventures, Inc. v. Romania, ICSID Case No. ARB/01/11, Award, 2005., para. 86.

〔3〕 Carlo de Stefano, “Competitive Neutrality of SOEs in International Investment Law (2018)”, available at http://dx. doi. org/10. 2139/ssrn. 3209867, last visited on 2020-7-1.

〔4〕 Erin Miller Rankin, Sami Tannous and Matei Purice, “Construction Disputes in Investment Treaty Arbitration”, available at https://globalarbitrationreview. com/chapter/1145223/construction-disputes-in-investment-treaty-arbitration, last visited on 2020-2-1.

亚布伊拉省修建大坝的特许协议[1]；在“Bayindir v. Pakistan 案”中，外国投资者与巴基斯坦国有企业 NHA 公司签订了摩托车道路建设合同。[2]能源投资领域：在“Kardassopoulos v. Georgia 案”中，外国投资者与格鲁吉亚两家国有企业签订了油气资源联合开采合同[3]；在“Petrobart v. Kyrgyz 案”中，外国投资者彼得罗巴特（Petrobart）公司与吉尔吉斯斯坦国有煤气公司吉尔吉斯斯坦弹药（Kyrgyzgazmuniazat，KGM）签订油气购买合同[4]；在“AMTO v. Ukraine 案”中，乌克兰国有国家核能发电公司能量（Energoatom）与拉脱维亚投资者 AMTO 公司在乌克兰设立的外国合资企业 EYUM-10 之间签订购买合同。[5]金融投资领域：在“Deutsche Bank v. Sri Lanka 案”中，德意志银行向斯里兰卡国有锡兰石油公司出售衍生工具，允许后者限制（或“对冲”）其石油价格波动风险。[6]此外，这种模式也出现在企业的经营管理合作中。例如，在“Wena Hotels v. Egypt 案”中，英国投资者与一家埃及国有宾馆缔结经营管理合同，由投资者发展并经营两家开罗的宾馆。[7]

---

〔1〕 Consortium Groupement L. E. S. I. -DIPENTA v. People's Democratic Republic of Algeria, ICSID Case No. ARB/03/8, Award, 10 January 2005.

〔2〕 Bayindir Insaat Turizm Ticaret Ve Sanayi A. S. v. Islamic Republic of Pakistan, ICSID Case No. ARB/03/29, Decision on Jurisdiction, 14 November 2005.

〔3〕 Ioannis Kardassopoulos v. The Republic of Georgia, ICSID Case No. ARB/05/18, Decision of the ad hoc Committee to Suspend the Annulment Proceeding, 21 March 2011.

〔4〕 Petrobart Limited v. Kyrgyz Republic, SCC Case No. 126/2003, Arbitral Award, 29 March 2005.

〔5〕 Limited Liability Company AMTO v. Ukraine, SCC Case No. 080/2005, Final Award, 26 March 2008.

〔6〕 Deutsche Bank AG v. Democratic Socialist Republic of Sri Lanka, ICSID Case No. ARB/09/2, Award, 31 October 2012.

〔7〕 Wena Hotels Limited v. Arab Republic of Egypt, ICSID Case No. ARB/98/4, Annulment Proceeding, 5 February 2002.

(三) 东道国国有企业作为外国投资者的竞争对手

东道国国有企业还可能以直接或间接的方式成为外国投资者的竞争对手。直接方式是指东道国国有企业本身与外国投资者相竞争。例如，“UPS v. Canada 案”的诉因即为，美国投资者 UPS 公司认为其与加拿大国有企业（加拿大邮政）相比受到不公平待遇。[1]在“Rusoro Mining v. Venezuela 案”中，外国投资者主张委内瑞拉政府制定的歧视性规则使在黄金部门经营的委内瑞拉国有生产商与外国生产商相比处于优势地位。[2]就间接方式而言，东道国国有企业可能为其国内企业提供优惠待遇使其在与外国投资者的竞争中居于优势地位。例如，东道国国有企业在海关服务或者铁路服务中，给予本国投资者相较于外国投资者更优惠的价格、更便利的程序等。

二、国际投资中的国有企业投资者

近年来，传统上以服务国内经济为主要目标设立的国有企业开始广泛参与到海外投资活动中。[3]这些国有企业投资者越来越多地投资于东道国具有政治、经济和战略重要性的产业部门，其规模在不断扩大、数量在持续增长、影响力在不断增强，也被西方国家视为“国家资本主义”的全球化扩张。[4]

国有企业海外投资的增长可归结于三个原因：其一，经济全

---

〔1〕 United Parcel Service of America Inc. v. Government of Canada, ICSID Case No. UNCT/02/1, Award on the Merits, 24 May 2007.

〔2〕 Rusoro Mining Ltd. v. Bolivarian Republic of Venezuela, ICSID Case No. ARB (AF) /12/5, Award, 22 August 2016, pp. 556-559

〔3〕 Jeswald W. Salacuse, *The Law of Investment Treaties*, 2nd ed., Oxford University Press, 2015, p. 34.

〔4〕 See P. Blyschak, “State-Owned Enterprises and International Investment Treaties: When Are State-Owned Entities and Their Investments Protected?”, *Journal of International Law and International Relations*, Vol. 6, 2 (2011), pp. 1-2.

球化的背景和国际投资协定（IIAs）的标准化发展，为国有企业投资者提供了有利的经济和法律环境；其二，国际关系的私有化及国家间法律关系和市场法律关系边界的模糊性，使有关国家得以将其国有企业和 SWF 作为实现外交政策目标的有力工具〔1〕；其三，实践证明，西方国家在面临经济危机和调整赤字等严峻的经济压力下，有意愿以出售其战略资产和资源的方式缓解压力，而来自新兴经济体的国有企业和 SWF 更愿意成为上述资产的购买方。〔2〕

就国有企业海外投资方式来看，与私人投资者跨国投资方式基本相同，主要是通过绿地投资和跨境并购两种方式实现的。在能源领域也存在国有企业先在东道国设立合资企业，然后再进行并购的投资方式。

（一）国有企业投资者进行绿地投资

据 2017 年 UNCTAD 发布的《世界投资报告》数据显示，国有企业投资者开展绿地投资项目的价值很大且在不断上升。2010—2016 年，国有企业跨国绿地投资项目总价值达到 5140 亿美元，超过全球总价值的 9%。其中，2016 年投资项目价值达到了 910 亿美元，占全球投资总量的 11%，与 2010 年相比增长了三个百分点。国有企业投资者创造的价值要比其母公司创造的价值高出 6 倍之多。在这些投资项目中，投资东道国的地域分布较为广泛，仅在 2016 年，就有 64 个发展中国家、28 个发达国家和 9 个转型经济体公布了 500 多个国有企业投资项目。

国有企业开展绿地投资最突出的三个产业部门是公用事业（包括电力、煤气和水资源分配）、汽车（摩托车和其他运输工

〔1〕 Fabio Bassan ed., *Research Handbook on Sovereign Wealth Funds and International Investment Law*, Edward Elgar, 2015, p. 335.

〔2〕 Id.

具）和交通（运输、仓储和通信）部门。这三项投资的合计数值在2010—2016年公布项目累计价值中占比接近60%。国有企业在这三个产业的活力也在不断变动。据公开数据显示，公用事业领域的绿地项目价值不断增加，2016年达到了320亿美元。交通领域的项目波动较大，增长较为缓慢，2016年达到了170亿美元。2016年，在摩托车等其他运输工具领域投资项目的价值则下降至50亿美元。据2016年数据显示，国有企业在建筑、焦炭、石油产品和核燃料项目的绿地投资价值开始超过汽车行业。[1]

（二）国有企业投资者参与跨境并购

国有企业投资者通过积极参与重大的跨国并购活动，以提高其国际竞争地位或实现国际战略目标。2010—2016年，国有企业投资者为其各自行业的重组进行了重大交易，特别是在电信、电力和运输服务方面。例如：法国电信公司（Orange）在2010年收购德国电信公司（T-Mobile）的英国资产，超过80亿美元；瑞典国有企业大瀑布电力公司（Vattenfall）于2011年以接近50亿美元的价格在荷兰收购纽庸能源公司（Noun NV）。[2]

截至2012年，随着越来越多的新兴市场跨国公司将其业务国际化，跨境交易的增长与跨国公司数量的增长成正比。然而，在过去五年里，来自新兴市场的跨境收购明显呈下降趋势[3]，主要原因在于以美欧为首的东道国愈发担心国有企业投资者会造成其国内市场的竞争扭曲，所以对其收购施加了愈加严格的审查标准。

虽然在交易数量上，国有企业跨国并购的数量从未超过交易总数的2%，但是就交易价值而言，则通常高于国际交易的平均

[1] Kalman Kalotay, "State-Owned Multinationals: An Emerging Market Phenomenon?", *The Journal of Comparative Economic Studies*, Vol. 13, 2018, p. 25.

[2] 参见2017年《世界投资报告》。

[3] 参见2019年《世界投资报告》。

价值。根据2019年《世界投资报告》数据，国有企业并购交易分别在2002年、2003年、2009年和2017年出现峰值。其中，2009年峰值源于所有跨境交易价值的普遍下降，其余峰值皆源于非常大额的单笔交易。2002年，由瑞典政府多数所有的特利亚电信公司（Telia AB）同由芬兰政府多数所有的桑诺拉电信公司（Sonera Corp.）合并，创建了一个价值63亿美元的统一电信集团。2013年，俄罗斯石油公司以550亿美元收购了秋明石油有限公司（TNK-BP Ltd.）。2017年，中国化工集团（ChemChina）以近420亿美元收购了瑞士先正达集团（Swiss Group Syngenta）。

在2010—2018年，国有企业投资者收购数额最大的产业为采掘业（石油、煤气和矿产），占收购总额的24%，其后是公用事业部门，占收购总额的20%。此外，高科技产业（硬件提供商、软件和信息技术服务）也是吸引投资的重要领域，占收购总额的5%。上述数据很大程度上可同时适用于发达国家和发展中国家的国有投资者，但是，采矿业是个例外。在采矿业投资中，新兴市场经济体中国有企业投资者的比例要高于发达经济体。[1]

此外，国有企业投资者在进入外国市场的过程中也可采取先合资再收购的方式。先设立合资企业一直是外国国有企业进入美国页岩油气市场的首选策略。2013年初，中国中化集团（Sinochem）与美国先锋自然资源公司（Pioneer Natural Resources）设立了一家价值17亿美元的合资企业，收购美国西得克萨斯州沃尔夫冈页岩油田的股份。[2]

上述数据表明，国有企业成为海外投资中的主力军是一个新

〔1〕 参见2019年《世界投资报告》。

〔2〕 Jared Anderson, "Foreign Investors, NOCs Involved in World's Largest Recent Oil & Gas Deals", available at https://breakingenergy.com/2013/04/09/foreign-investors-nocs-involved-in-world-s-largest-recent-oil-and/, last visited on 2022-2-9.

兴现象。这也间接解释了20世纪60年代《华盛顿公约》(即《关于解决国家与其他国家国民之间投资争端公约》，简称《ICSID 公约》）磋商时，国有企业投资者并未引发特别关注与讨论的原因。

(三) 国有企业投资者与 SWF 之区别

当谈到国有企业投资者时，有必要将其与 SWF 进行对比分析。因为两者都为“国家所有”并且均开展海外投资。在国际投资领域，两者的区别通常体现在五个方面〔1〕：其一，两者的资金来源不同。国有企业主要由中央政府或地方政府控制，资金来源于政府拨款和企业利润。而 SWF 由中央政府控制，资金主要来源于国家的外汇储备和出口收入。〔2〕其二，两者的设立目的不同。传统的国有企业通常是拥有垄断权的公司，为大众提供服务(公共事业)，或者是被国有化的公司，构成国家产业政策的一部分。国有企业不一定开展投资活动。相比之下，SWF 是为金融目的而设立，以更高的投资回报为目的，通常不具有政治或社会目标。因此，其行为会更接近私人企业或其他私人投资基金。〔3〕其三，两者的运作模式不同。SWF 通常从事证券投资，是被动投资者（passive investors)，即在某种程度上避免干预其所投资公司的经营管理。〔4〕而大多数国有企业则以外国直接投资的方式，

〔1〕 在某些情况下，可能会出现国有企业投资者和 SWF 身份混同的情况。例如，国有企业也可能从外汇储备中获得融资，SWF 也可能从其活动利益中获得融资的情况。Larry C. Backer, “Sovereign Investing in Times of Crisis: Global Regulation of Sovereign Wealth Funds, State Owned Enterprises and the Chinese Experience”, *Transnational Law & Contemporary Problems*, Vol. 19, 1 (2009), p. 184. 此外，SWF 可以获得经营实体的控股权，进而间接成为国有企业。

〔2〕 Karl P. Sauvant, Lisa E. Sachs and Wouter P. F. Schmit Jongbloed, *Sovereign Investment: Concerns and Policy Reactions*, Oxford University Press, 2012, pp. 10-11.

〔3〕 Roberto Echandi and Pierre Sauvé eds., *Prospects in International Investment Law and Policy: World Trade Forum*, Cambridge University Press, 2013, p. 57.

〔4〕 Georges Kratsas and Jon Truby, “Regulating Sovereign Wealth Funds to Avoid Investment Protectionism”, *Journal of Financial Regulation*, Vol. 1, 1 (2015), p. 100.

在特定产业部门开展业务活动。[1]其四，两者的竞争对手方不同。多数 SWF 都是机构投资者，与其他投资工具如对冲基金等相竞争。[2]而国有企业投资者的竞争对象为私人企业投资者。其五，就对外投资体量而言，国有企业是比 SWF 更重要的主权投资工具。[3]

此外，国际规则也对国有企业投资者与 SWF 进行了区分适用。例如，《圣地亚哥原则》的适用主体为 SWF，明确排除对传统国有企业的适用。根据 CPTPP 第 17.2（5）条规定，国有企业章节不完全适用于 SWF。[4]2011 年《世界投资报告》明确指出，有关跨国国有企业的界定不适用于 SWF，理由在于，SWF 不是企业，不一定会受公司制度的管辖。

即便如此，本书认为因国有企业投资者与 SWF 均具“国有属性”，两者在对外投资过程中可能引发相同或类似的担忧。在国际投资法语境下，两者可能受到相同的规制。[5]因此，两者在身份认定和公平竞争等问题方面的规范和案例实践在一定程度上可以相互借鉴、互通有无。[6]

---

〔1〕 Jeswald W. Salacuse, *The Law of Investment Treaties*, 2nd ed., Oxford University Press, 2015, p. 34.

〔2〕 Georges Kratsas and Jon Truby, “Regulating Sovereign Wealth Funds to Avoid Investment Protectionism”, *Journal of Financial Regulation*, Vol. 1, 1 (2015), p. 112.

〔3〕 Peter Enderwick, “International Investment by State-Controlled Enterprises: A Source for Concern?”, *Strategic Change*, Vol. 26, 3 (2017), p. 626.

〔4〕 IWG, Santiago Principles, 2008, Art. 3; CPTPP, 2018, Art. 17.2 (5).

〔5〕 Grant Hanessian and Kabir Duggal, “The Role of Sovereign Wealth Funds and National Oil Companies in Investment Arbitrations, The Guide to Energy Arbitrations”, available at https://globalarbitrationreview.com/chapter/1142582/the-role-of-sovereign-wealth-funds-and-national-oil-companies-in-investment-arbitrations, last visited on 2018-7-24.

〔6〕 Fabio Bassan ed., *Research Handbook on Sovereign Wealth Funds and International Investment Law*, Edward Elgar, 2015, p. 332.

三、国有企业参与国际投资引发的问题

随着国有企业“私有化”和改革进程的持续推进，国有企业开始具备更多私人企业特征。这也加大了区分两者的难度。一方面，两者均为独立于国家的法人实体；另一方面，两者均有可能引发委托—代理问题（principal-agent）。然而，既有观念仍然认为，国家对于国有企业的参与、控制和影响大于私人企业。[1]即便“少数股权国有企业”治理结构的改善能在一定程度上使其免受直接政治干预，但是国家仍然有能力并且对其进行经常性干预。[2]也正是由于国有企业与国家存在“所有制”联系，其在参与国际投资活动时常常引发身份担忧和公平竞争担忧。本书也将之称为国有企业的身份问题和公平竞争问题。

（一）国际投资中的国有企业身份问题

总体而言，国际投资活动中国有企业引发身份问题的原因可归结于政府的“双重角色”。具言之，就东道国国有企业而言，在其参与国际投资活动时，政府既是企业的所有者也是企业的监管者。就国有企业投资者而言，在开展海外投资活动时，政府既是企业的所有者也是真正的对外投资者。[3]这也引发政府会以企业的私人身份掩盖其主权行为或实现其政策目标之担忧。由上可知，国有企

---

〔1〕 Peter Muchlinski, “The Changing Face of Transnational Business Governance: Private Corporate Law Liability and Accountability of Transnational Groups in a Post-Financial Crisis World”, *Indiana Journal of Global Legal Studies*, Vol. 18, 2 (2011), p. 69. 该学者提出，即便现实中有很多大型私人企业会从政府处获得利益，而政府不干涉国有企业运营的情形，但是既有观念仍然认为与私人企业相比，国有企业会引发更多担忧。

〔2〕 Aldo Musacchio and Sergio G. Lazzarini, *Reinventing State Capitalism: Leviathan in Business, Brazil and Beyond*, Harvard University Press, 2014, p. 9.

〔3〕 Larry C. Backer, “Sovereign Investing in Times of Crisis: Global Regulation of Sovereign Wealth Funds, State Owned Enterprises and the Chinese Experience”, *Transnational Law & Contemporary Problems*, Vol. 19, 1 (2009), p. 101.

业往往肩负多重目标，包括经济、社会，甚至政治目标。当目标之间存在冲突时，国有企业的投资行为极有可能源于经济利益之外的考量。例如在历史上，PDVSA 公司向古巴、牙买加、海地和尼加拉瓜出售深度补贴的石油。这种高成本交易明显损害了 PDVSA 公司的盈利能力，但是有助于实现委内瑞拉的政治目标。[1]

21 世纪新型国有企业作为私有化和公司制改革的产物更是加剧了这种担忧。因为随着多数股权国有企业和少数股权国有企业数量的增多[2]，国有企业作为国家资本和私人资本的混合体，广泛活跃于国际投资舞台上。这些国有企业通常规模较大且资金雄厚，企业结构与一般私人企业没有太大差别且兼具多重目标。这也大大加剧了区分国有企业商业身份和主权身份的难度。[3]

就东道国国有企业而言，外国私人投资者担心这些国有企业会成为东道国政府用于侵犯投资者权利并规避国家责任的工具。在很多国际投资争端案件中，皆可看到外国投资者因其与东道国国有企业之间的合同纠纷或侵权纠纷将东道国政府诉诸投资仲裁。在这些案件中，投资者普遍认为东道国国有企业是东道国政府干预投资市场的工具，构成东道国事实上的国家机关、政府权力的实施者，或其行为受到东道国政府的指挥、控制等。[4]

---

〔1〕 Andrew Inkpen and Kannan Ramaswamy, "State-Owned Multinationals and Drivers of Sustainability Practices: An Exploratory Study of National Oil Companies", *Advances in Strategic Management*, Vol. 38, 2018, p. 97.

〔2〕 Aldo Musacchio and Sergio G. Lazzarini, *Reinventing State Capitalism: Leviathan in Business, Brazil and Beyond*, Harvard University Press, 2014, pp. 8-9.

〔3〕 刘雪红："论国有企业私人投资者身份认定及启示——以 ICSID 仲裁申请人资格为视角"，载《上海对外经贸大学学报》2017 年第 3 期。

〔4〕 See F-W Oil Interests, Inc. v. The Republic of Trinidad and Tobago, ICSID Case No. ARB/01/14, Award, 2006; Plama Consortium Limited v. Republic of Bulgaria, ICSID Case No. ARB/03/24, Award, 27 August 2008; Unión Fenosa Gas, S. A. v. Arab Republic of Egypt, ICSID Case No. ARB/14/4, Award, 31 August 2018. , etc.

就国有企业投资者而言，其常因“国有”属性被东道国监管者视为与母国政府存在“亲密关系”的“国家代理人”。[1]东道国对此主要表达了三方面担忧：

第一，国有企业投资领域的敏感性引发了东道国对公共服务和能源供给安全的担忧。2017 年《世界投资报告》数据显示，50%以上的国有企业投资者集中在金融、保险、房地产，公共设施（尤其是电力），交通服务，控股公司（holdings）[2]和矿产五个领域。在能源领域，国有石油公司控制着全球 73%的石油储量和 61%的石油产量。[3]由此可见，国有企业投资者更倾向于进入东道国的能源领域和基础设施网络。例如 2012 年，在马来西亚控股的马来西亚国家石油公司（Petrons）收购了加拿大天然气公司（Progress Energy Resources Corp.），中国海洋石油集团有限公司收购了加拿大尼克森石油公司（Nexen Inc.）后，加拿大政府开始担心，其极为重要的能源产业在被外国政府收购后，会服务于外国的政治经济利益，而非其本国利益。[4]再如，俄罗斯能源巨头俄罗斯天然气工业股份公司（Gazprom）限制对乌克兰石油供给，导致乌克兰在雪灾中陷入天然气

---

〔1〕 参见［德］伦纳·库尔姆斯著，任宏达译：“中国对外投资与东道国政策”，载《国际法研究》2019 年第 1 期。

〔2〕 控股公司是一个杂项类别，包括多样化的企业集团或实质上在其他行业运作的公司总部。因此，尽管将控股类别包括在内可能有点高估了这一份额，但大多数中小企业（1000 多家公司，或接近总数的 70%）都是在服务活动中注册的。其余的在制造业（22%）和第一产业（8%）。

〔3〕 David G. Victor, David Hults and Mark C. Thurber, *Oil and Governance: State-Owned Enterprises and the World Energy Supply*, Cambridge University Press, 2012, p. 3.

〔4〕 Frank Turner et al., “Canada: New Rules for Foreign Investment by State-Owned Enterprises-Do They Strike the Right Balance?”, available at https://www.osler.com/en/resources/cross-border/2012/new-rules-for-foreign-investment-by-State-Owned-en, last visited on 2020-12-9.

短缺的困境。[1]考虑到俄罗斯与乌克兰紧张的政治局势，俄罗斯天然气工业股份公司的行为也被视为受到其母国政府指引，使东道国陷入能源危机的典例。[2]

第二，国有企业投资可能以获取“有利”技术和知识（“enabling” technologies and knowledge）为战略目标，而所涉技术可能属于国家安全类别。[3]例如，美国国家安全研究员对中国国有投资者在美国芯片产业的投资表示担忧。他们认为，中国国有企业会在此类交易中获取世界上最有价值的早期技术，即便中国国有投资者仅在投资中占有少数股权，这些股权也可能构成获取技术的“后门”。[4]

第三，新兴市场国家国有企业的迅速扩张也加剧了东道国对地缘政治安全的担忧。[5] 2019 年《世界投资报告》数据显示，在世界范围内共有约 1500 家国有跨国企业，超过 86 000 家外国分支机构。其中，超过 50%的国有跨国企业总部设在发展中经济体。例如，国有企业投资者总部设在中国的共有 257 家、马来西亚 79 家、

---

〔1〕 其实，早在 2006 年、2008—2009 年和 2014 年就多次出现俄罗斯天然气工业股份公司切断对乌克兰油气供给的报道。Paul Kirby，“Russia's Gas Fight with Ukraine”，available at https://www.bbc.com/news/world-europe-29521564，last visited on 2020-10-31.

〔2〕 Anna Mikulska，“What's Behind Gazprom's Decision to Cut off Supply to Ukraine”，available at https://energypost.eu/whats-behind-gazproms-decision-to-cut-off-supply-to-ukraine/，last visited on 2020-3-9.

〔3〕 Sara Sultan Balbuena，“Concerns Related to the Internationalisation of State-Owned Enterprises：Perspectives from Regulators，Government Owners and the Broader Business Community”，OECD，2016，p. 14.

〔4〕 Don Weinland，“Chinese State Tech Investments Face Higher US Barriers”，available at https://www.ft.com/content/a8ad5db0-9ad0-11e8-9702-5946bae86e6d，last visited on 2022-2-5.

〔5〕 Peter Enderwick，“International Investment by State-Controlled Enterprises：A Source for Concern?”，*Strategic Change*，Vol. 26，3（2017），pp. 255-256.

印度 61 家、南非 55 家、俄罗斯 51 家等。[1]对于发达经济体而言，这些国有企业投资者作为“非传统行为体”可能会危及东道国的整体经济安全和国家安全。[2]不仅如此，他们也担心新兴经济体会要求其国有企业投资者向其他发展中国家和不发达国家提供低价能源或提供基础设施建设服务，以保持对这些国家的影响力。[3]

（二）国际投资中的国有企业公平竞争问题

在国际投资活动中，国有企业的公平竞争问题通常是指对国有企业扭曲投资竞争环境之担忧。根据国有企业参与方式的不同，可将这一问题大体分为两类：一是至少可以追溯至 20 世纪 40 年代就已引发资本输出国关注的传统问题，即东道国国有企业可能导致外国私人投资者在竞争中处于劣势地位。具体根据国有企业的不同角色，又可分为国有企业作为竞争优势的获得者和国有企业作为竞争优势的提供者两种情形。前者是指东道国政府给予其境内国有企业以各种竞争优势，后者是指从事商业活动的东道国国有企业在货物、服务购销过程中给予本国企业更优惠的待遇。二是 21 世纪以来，尤其在 2008 年金融危机之后，国有企业海外投资急剧扩张引发的新担忧，即外国国有企业投资者可能从其母国获得竞争优势，扭曲东道国国内市场环境。[4]

在国际投资活动中，就不同角色国有企业引发上述担忧的缘由而言，既具有共性，又存在差异。就共性而言，国有企业因其

---

〔1〕 由于 2017—2019 年国有企业投资者的数量没有变化，后文的相关数据和图表主要参考 2017 年的投资报告。

〔2〕 Carlos Esplugues, *Foreign Investment, Strategic Assets and National Security*, Intersentia, 2018, p. 185.

〔3〕 Alvaro Cuervo-Cazurra et al., “Governments as Owners: State-Owned Multinational Companies”, *Journal of International Business Studies*, Vol. 45, 8 (2014), p. 933.

〔4〕 “5th Annual Conference on Investment Treaties and Level Playing Fields”, available at https://www.oecd.org/investment/investment-policy/OECD-Investment-Treaty-Conference-agenda-March-2019.pdf, last visited on 2020-3-4.

“国有”身份可能会使其在国际投资市场中享有竞争优势，将私人竞争者置于不利地位。这种竞争优势可能表现为国有企业从政府处获得直接补贴，或者受益于其他公共形式的财政援助以维持商业运营。例如，国有企业享有的优惠税收制度或某些税收豁免相当于政府提供的选择性补贴（selective government subsidies）。政府也可通过实物福利的形式提供补贴，例如网络产业（network industries）[1]中的国有运营商在获得土地使用权和通行权时所需支付的费用远远低于私人竞争对手在类似情况下的支出，降低了国有运营商的成本。[2]国有企业的竞争优势也可能源于融资的低成本、主权豁免，以及其他监管优势。此外，国有企业公司治理不透明更是加剧了上述担忧。因为尽管政府可以平等地给予私营企业补贴和优惠待遇（或说服其为了“国家利益”而背离一般的商业惯例），但在国有企业参与的情况下，会出现额外的透明度问题。例如，根据所有权和治理安排，尤其在国有企业与一般政府部门之间存在密切关系时，这些国有企业获得的优惠待遇可能比受益者是私营企业时更难察觉。国有企业跨国经营也会加剧这种不透明性，因为东道国监管机构可能会发现，很难从国有企业母国当局获取必要信息和实现必要程度的监管合作。[3]

就差异而言，国有企业投资者和东道国国有企业因角色不同，也会引发不同的担忧。对国有企业投资者而言，其投资的战

〔1〕 传统网络产业包括能源、运输、通信、水资源和废水处理等部门；新型网络产业包括数字平台。See “Network Industries”, available at https://www.network-industries.org/, last visited on 2020-3-2.

〔2〕 Sara Sultan Balbuena, “Concerns Related to the Internationalisation of State-Owned Enterprises: Perspectives from Regulators, Government Owners and the Broader Business Community”, OECD, 2016, p.16.

〔3〕 “State-Owned Enterprises as Global Competitors: A Challenge or an Opportunity?”, OECD, 2016, p.19.

略目标和公司治理问题通常构成东道国的主要担忧。以加拿大为例，2012年加拿大政府对外国国有企业投资表达如下担忧：其一，无论政府所有权比例大小，外国国有企业都容易受到外国政府的影响，构成对加拿大国家产业和经济目标的冲击；其二，国有企业收购加拿大企业也可能对这些被收购企业的效率、生产率和竞争力造成负面影响，长此以往可能不利于加拿大整体经济的发展。[1]加拿大于2020年4月18日宣布“强化审查”所有外国直接投资，防止该国经济或国家安全利益受到威胁。不仅如此，试图通过私有化摆脱国有企业扭曲经济和低效性问题的东道国可能担心随着国有企业投资者的进入，这些问题会卷土重来。[2]东道国国内法对于国有企业投资者的歧视性审查和规制又会进一步引发国家投资保护主义和对东道国规制环境公平性之担忧。[3]就东道国国有企业而言，常常引发外国投资者被迫转让技术之担忧。[4]

第三节　国际投资法规制国有企业之必要性与可行性

诚然，国内法、《OECD指引》以及世界贸易组织（WTO）《SCM协定》皆可在一定程度上对国有企业引发的相关问题予以

---

〔1〕 “Statement Regarding Investment by Foreign State-Owned Enterprises”, available at https://www.ic.gc.ca/eic/site/ica-lic.nsf/eng/lk81147.html, last visited on 2022-2-7.

〔2〕 “Competitive Neutrality: Maintaining A Level Playing Field Between Public and Private Business”, OECD, 2013, p. 11.

〔3〕 Sara Sultan Balbuena, “Concerns Related to the Internationalisation of State-Owned Enterprises: Perspectives from Regulators, Government Owners and the Broader Business Community”, OECD, 2016, pp. 23-25.

〔4〕 Sherman Katz, “How the U.S., the EU, and Japan Are Trying to Rein in China's State Capitalism”, available at https://hbr.org/2018/11/how-the-u-s-the-eu-and-japan-are-trying-to-rein-in-chinas-state-capitalism, last visited on 2018-11-9.

规制和回应，但是不能忽视上述规范的规制缺陷。而国际投资法（本书主要限于国际投资条约和国际投资争端解决机制）作为处理投资者和东道国之间关系的重要国际法规范，不仅可以在一定程度上弥补上述规范之不足，而且未来可能在规制国有企业上述问题中发挥出更大作用。有鉴于此，本节拟先考察其他既有规范之不足，揭示国际投资法规制国有企业问题之必要性，再从国际投资法规范维度探析其规制国有企业问题之理论可能。

一、国际投资法规制国有企业之必要性分析

针对国有企业参与国际投资所引发的担忧，国内和国际层面虽然存在相关的规制制度，但是在承认这些制度的规制贡献的同时，也不能忽视它们的规制缺陷。这也凸显了利用国际投资法补充规制之必要性。

（一）国内规制存在缺陷

1. 引发投资保护主义风险

就国内规制而言，与外国私人投资者相比，东道国政府总是区别对待外国国有企业投资者，对其开展额外的监管审查，使之在投资、公共采购和跨境交易中受到更多限制。[1]例如，美国、加拿大、澳大利亚、欧盟等发达经济体已经在国内法中对国有企业的安全审查标准作出了更为严格的规定。[2]

例如，就美国外国投资法而言[3]，该法的发展通常被视为是

〔1〕 Alvaro Cuervo-Cazurra, "Host Country Concerns and Policies Toward State-Owned MNEs", *Columbia FDI Perspectives*, 2018, p. 2.

〔2〕 Karl P. Sauvant, Lisa E. Sachs and Wouter P. F. Schmit Jongbloed, *Sovereign Investment: Concerns and Policy Reactions*, Oxford University Press, 2012, p. 16.

〔3〕 有关加拿大、澳大利亚、欧盟对于外国国有企业投资者的审查制度详见第三章第三节第一目。

对外国国有企业和 SWF 等国有控股实体投资的积极回应。[1]在由美国外国投资委员会（Committee on Foreign Investment in the United States，CFIUS）主导的外资安全审查程序中，公司股权构成、是否享受国家补贴、是否公开透明等都是审查机关的重要考量因素。[2]为回应外国主权投资引发的国家安全担忧，2007 年通过的《外商投资和国家安全法案》（FINSA）正式授权 CFIUS 对涉及“政府控制”和“关键性基础设施”的交易开展为期 45 天的额外审查。[3]据此，投资于美国的外国国有企业投资者通常受制于这一强制审查程序，除非财政部和任何牵头机构表示“该交易不会损害美国的国家安全”。[4]换言之，与私人投资者仅可能触发这一审查程序相比[5]，国有企业投资者必然会触发这一程序。同时，外国国有企业投资者也受制于额外的披露要求。[6]2018 年通过的《外国投资风险审查现代化法案》（FIRRMA）纳入了“外国政府交易强制申报”规定。根据 2020 年 1 月公布的实施条例，一家政府持有 49%或以上表决权的国有企业投资者，在涉及技术、基础设施与数据的美国企业中享有 25%或以上表决权时，负有强制申报义务。[7]此外，美国也限制外国国有企业进入海运、

[1] Fabio Bassan ed., *Research Handbook on Sovereign Wealth Funds and International Investment Law*, Edward Elgar, 2015, p. 154.

[2] 屠新泉、周金凯：“美国国家安全审查制度对中国国有企业在美投资的影响及对策分析”，载《清华大学学报（哲学社会科学版）》2016 年第 5 期。

[3] Foreign Investment and National Security Act of 2007, P. L., Sec. 2 (b) (2) (D).

[4] Karl P. Sauvant, Lisa E. Sachs and Wouter P. F. Schmit Jongbloed, *Sovereign Investment: Concerns and Policy Reactions*, Oxford University Press, 2012, pp. 18-19.

[5] [德] 伦纳·库尔姆斯著，任宏达译：“中国对外投资与东道国政策”，载《国际法研究》2019 年第 1 期。

[6] Fabio Bassan ed., *Research Handbook on Sovereign Wealth Funds and International Investment Law*, Edward Elgar, 2015, p. 157.

[7] See “CFIUS: New Foreign Investment Review Regulations”, available at https://fas.org/sgp/crs/natsec/IF11334.pdf, last visited on 2020-1-14. 也可参见“2020 年外国投资

航运、采矿、电信、金融服务、能源和投资公司等特定行业。[1]

有学者在收集分析 1990—2012 年美国跨国并购的数据后指出，与私有企业相比，无论来自哪个国家的国有企业都需要经历更长时间的审查程序。美国也会基于地缘政治考量，给予不同国家国有企业以差别待遇。例如，美国对中国国有企业并购产生的负面影响要明显高于来自其政治盟友（如英国和加拿大国有企业）的并购。[2]

总而言之，在国内规制中，国家安全常被东道国作为其区别对待国有企业投资者的正当理由。然而，因国内法缺少对“政府控制”和“国家安全”这两个关键概念的定义，而主要取决于国内监管当局的自由裁量，增强了审查的主观性和不可预测性。换言之，国有企业投资者在东道国所遭受的歧视性或任意性规制，可能更多是出于政治考虑，而不是源于对其运营性质、活动范围或行为目的之担忧。[3]东道国国内审查机制的政治性、不透明性和耗时性[4]引发了外国国有企业投资者的担忧且滋生了投资保护主义风险。[5]

（接上页）（第一部分）：‘现代化’CFIUS 条例之重点分析”，载 https://www.mofo.com/resources/insights/191008-foreign-investment-2020.html，最后访问日期：2019 年 10 月 8 日。

〔1〕 Karl P. Sauvant, Lisa E. Sachs and Wouter P. F. Schmit Jongbloed, *Sovereign Investment: Concerns and Policy Reactions*, Oxford University Press, 2012, p. 18.

〔2〕 Jing Li and Jun Xia, “State-Owned Enterprises Face Challenges in Foreign Acquisitions”, *Columbia FDI Perspectives*, 2017, p. 2.

〔3〕 P. Blyschak, “State-Owned Enterprises and International Investment Treaties: When Are State-Owned Entities and Their Investments Protected?”, *Journal of International Law and International Relations*, Vol. 6, 2 (2011), pp. 13-14.

〔4〕 Fabio Bassan ed., *Research Handbook on Sovereign Wealth Funds and International Investment Law*, Edward Elgar, 2015, p. 172.

〔5〕 Carlos Esplugues, *Foreign Investment, Strategic Assets and National Security*, Intersentia, 2018, pp. 186-189.

2. 难以回应规制需要

随着国有企业的国际化发展，仅仅依赖国内法不足以回应国有企业引发的问题，需要借助国际法工具予以补充。[1]例如，就国有企业公平竞争问题而言，在母国国内市场享有特殊竞争优势的国有企业，可能利用这些优势来交叉补贴其海外投资活动，从而排斥东道国市场中的其他竞争对手。在这种情况下，如果缺乏相应的国际法规制，就会导致这些国有企业反竞争行为成本的外部化，削弱各国为其国有企业设置最优约束水平的动机。[2]

（二）国际规制供给不足

当前与国有企业有关的国际规制主要见于软法规范和 WTO 规则，然而当两者需要规制国际投资中的国有企业行为时，明显捉襟见肘。

1. 国际软法规范缺少执行力

就国际软法规范而言，因缺少“强制执行机制”，导致其规制效果主要依赖于国家和国有企业的“自我约束”。当前，在国际软法层面出现了较多专门规制国有企业的软法性规范或条款。包括 2005 年首次发布、2015 年修订的《OECD 指引》，2017 年透明国际出台的《国有企业反腐败 10 项原则》等。这些规则就国有企业相关问题作出了诸多细节性的规定且提出了详细建议，若能予以充分适用无疑有助于缓解国有企业引发的身份和公平竞争担忧。例如，2015 年《OECD 指引》规定了国家所有权职能与市场监管职能分离、国有企业遵守高度负责任的商业行为、信息披

---

〔1〕 Micah Schwalb, “International Law & State Corporatism”, available at https://ssrn.com/abstract=1350609, last visited on 2018-3-4.

〔2〕 Benedict Kingsbury et al. eds., *Megaregulation Contested: Global Economic Ordering After TPP*, Oxford University Press, 2019, p. 426.

露和透明度等要求。

然而，这些国有企业规则缺少相应的实施机制。例如，就《OECD 指引》而言，其旨在为国内规制国有企业提供补充，为不同国家国内法的协调提供基准，以应对跨国国有企业的挑战。[1]遗憾的是，这一规范的实施没有获得来自监管者、投资者，乃至证券市场的支持，导致很多国家并未予以充分落实。[2]更为重要的是，上述规范本身难以处理投资当事方之争端，无法协调国有企业引发的利益冲突。

2. WTO 规制范围有限

在 WTO 框架下，虽然存在与国有企业相关的规则[3]和确保规制执行的争端解决机制（即专家组和上诉机构）[4]，但是囿于其规制范围，很大程度上难以处理国有企业在国际投资中的争议。一方面，WTO 规范秉承“所有制中立”原则，并未基于“国有制”对企业进行区分。根据 GATT1994 第 17.1 条的工作定义，国营贸易企业虽然包括国有企业形式，但是其经营范围限于国家垄断产品，目前这类产品很少见。因此，GATT 关于国营贸易企业的规定在很大程度上不适用于参与国际投资的国有企业。[5]另一

---

〔1〕 Larry C. Backer, “Sovereign Investing in Times of Crisis: Global Regulation of Sovereign Wealth Funds, State Owned Enterprises and the Chinese Experience”, *Transnational Law & Contemporary Problems*, Vol. 19, 1 (2009), p. 110.

〔2〕 Hans Christiansen and Yunhee Kim, “State-Invested Enterprises in the Global Marketplace: Implications for a Level Playing Field”, OECD, 2014, p. 11.

〔3〕 例如，GATT1994 第 6 条（反倾销和反补贴税）、第 17 条（国营贸易企业）、《SCM 协定》。

〔4〕 “The Appellate Body and the Meaning of ‘Public Body’ ”, available at https://ielp.worldtradelaw.net/2011/03/appellate-body-and-public-body.html? cid = 6a00d8341c90a753ef0147e36ffa62970b # comment - 6a00d8341c90a753ef0147e36ffa62970b, last visited on 2022-2-5.

〔5〕 Julien Chaisse ed., *China's International Investment Strategy: Bilateral, Regional, and Global Law and Policy*, Oxford University Press, 2019, pp. 199-200.

方面，随着多哈回合陷入僵局，拟磋商的投资补贴和《服务贸易总协定》（*General Agreement on Trade in Service*，GATS）议题也未有进展。目前，WTO所规制的补贴仅限于影响贸易流动的补贴，而不包括影响投资的补贴。[1]此外，在贸易争端中，WTO的补救措施是具有前瞻性的，即阻止国家未来的不法行为。这种补救措施不具有追溯性，也不会使那些因政府补贴行为遭受损害的企业获得金钱性赔偿。[2]由此可见，WTO难以处理与国有企业有关的投资争端，国际规制机制的供给不足又会导致东道国更加依赖国内法，对外国国有企业投资者进行歧视性规制。

由上可见，既有规范在国有企业规制方面明显存在供给不足，无法为参与国际投资的国有企业提供有效且合理的规制框架。而国际投资法可以在一定程度上弥补上述规范之不足。例如，与国内法相比，在国际或多边层面构建规制国有企业的明确框架有助于减少各国政府制定透明度最低、监管俘获最强和最容易滋生保护主义的国内法对策。[3]正如有学者所言，现代国有企业和国有企业活动似乎注定要挤压外国投资法的许多原则和界限，IIAs和国际投资仲裁可能证明是对国有企业国内监管对策的一种宝贵的“制衡”。[4]IIAs不仅可以作为增加法律确定性

---

〔1〕 Gary Hufbauer, Thomas Moll and Luca Rubini, “Investment Subsidies for Cross-Border M&A: Trends and Policy Implications”, United States Council Foundation, 2008, p. 12.

〔2〕 Gary Hufbauer, Thomas Moll and Luca Rubini, “Investment Subsidies for Cross-Border M&A: Trends and Policy Implications”, United States Council Foundation, 2008, p. 12.

〔3〕 Michael V. Gestrin, “State-Owned Enterprises Finding Bigger Role in Global Investment”, available at https://www.eastasiaforum.org/2014/11/27/State-Owned-enterprises-finding-bigger-role-in-global-investment/, last visited on 2022-2-17.

〔4〕 Paul Michael Blyschak, “State-Owned Enterprises in International Investment”, *ICSID Review-Foreign Investment Law Journal*, Vol. 31, 1 (2016), p. 11.

的工具[1]，也可以成为促进东道国国内法治实现的工具。[2]而与国际软法规范相比，国际投资法主要由投资条约构成，对缔约方具有约束力，并且提供了投资者与国家间争端解决机制和国家与国家间争端解决机制以确保条约的实施。投资争端解决机制在解释适用投资条约时，有能力将软法规范纳入考量范围[3]，使上述规范对国有企业产生相应的规制效果。与 WTO 规范相比，无论从缔约灵活性，还是从规制事项角度考虑，国际投资法显然更适合且更有能力处理与国有企业相关的国际投资争端。

（三）国有企业成为 IIAs 磋商之重要议题

目前，国有企业开始成为 IIAs 谈判中的重要议题。其实早在 20 世纪 50 年代美国 FCN 时期，就已出现与国有企业公平竞争相关的条款。[4]但由于当时国有企业尚未成为国际经济活动中的重要行为体，国有企业问题很少获得缔约方的关注。随着发展中国家国有企业参与国际投资活动范围的扩张，IIAs 中与国有企业相关的条款也在不断增多，如国有企业的定义条款、包含国有企业的投资者定义条款、国有企业归因条款等。近年来，CPTPP、USMCA，以及欧盟缔结的 FTAs 中皆纳入了专门规制国有企业的独立章节。同时，国有企业也构成当下重要经济体磋商 IIAs 的关键议题。例如，美欧《跨大西洋贸易与投资伙伴关系协定》（TTIP）、中美 BIT 等，如何适用 IIAs 规制国有企业的公平竞争问题也是 OECD2019 年投资

---

〔1〕［德］伦纳·库尔姆斯著，任宏达译：“中国对外投资与东道国政策”，载《国际法研究》2019 年第 1 期。

〔2〕参见王鹏：“国际投资协定的政治经济学：一项研究议程”，载《人大法律评论》2018 年第 2 期。

〔3〕See Urbaser S. A. and Consorcio de Aguas Bilbao Bizkaia, Bilbao Biskaia Ur Partzuergoa v. The Argentine Republic, ICSID Case No. ARB/07/26, Award (2016), pp. 1200-1209.

〔4〕参见第三章第一节。

条约会议的重要议题。[1] 2020 年 12 月 30 日谈成的中欧 CAI 更是首个系统性纳入国有企业规则的投资协定。其中的规则极有可能成为未来 IIAs 纳入国有企业规则的模板。

本书认为，国有企业是否以及在何种程度上应受 IIAs 规制是一个具有挑战性的国际法问题。这一问题涉及国有企业及其母国在投资争端解决中的地位、国有企业在 IIAs 中可以获得的实体保护以及国有企业及其所有国在国际投资法中所需承担的责任。随着国有企业及其在国际投资活动中引发的问题愈发频繁地进入国际投资法视域，从现实层面反映出对国际投资法规制之需求。不仅如此，国有企业在采掘业等特定部门的大量存在，以及来自新兴经济体的国有企业所引发的特殊关切，也加剧了这一需求。[2] 例如，以美国为首的西方发达国家试图利用 IIAs 实现对新兴经济体国家国有企业的“钳制”。新兴经济体则期待利用 IIAs 为国有企业创设开放、透明的国际规制制度，避免其遭受不公平待遇。

二、国际投资法规制国有企业之可行性分析

本部分拟以国际投资缔约和争端解决实践为视角，从宏观层面分析国际投资法规制国有企业问题之潜质。关于国际投资法规制国有企业身份和公平竞争担忧的具体实践和规制可能将在本书的第二、三章详述。

（一）国际投资缔约进路

就规制国际投资活动中的国有企业而言，与其他国际规范相

---

〔1〕 “5th Annual Conference on Investment Treaties and Level Playing Fields”, available at https://www.oecd.org/investment/investment-policy/OECD-Investment-Treaty-Conference-agenda-March-2019.pdf, last visited on 2020-3-4.

〔2〕 See Lu Wang and Norah Gallagher, “Introduction to the Special Focus Issue on State-Owned Enterprises”, *ICSID Review-Foreign Investment Law Journal*, Vol. 31, 1 (2016), p. 24.

比，IIAs更具现实可行性。[1]因为IIAs作为专门处理投资者与东道国关系的规范，既可以限制国有企业投资者的权利来规范其行为，也可以通过追究东道国责任间接实现对东道国国有企业不法行为之规制。结合IIAs的规范特点，本书认为，它可以通过四种方式实现对国有企业的规制。

1. 直接纳入与国有企业相关的规范

与WTO多边贸易体制需要164个成员方参与贸易谈判来磋商和修订贸易规则有所不同，IIAs主要由BITs和FTAs中的投资章节构成，因此缔约方更容易缔结新的条约或修订既有条约（见图1-1）。[2]例如，据UNCTAD数据显示，2020年新缔结了21个IIAs，包括6个BITs和15个含有投资条款的条约。[3]这在很大程度上体现出IIAs的灵活性，以及在应对现实挑战和解决问题时的效率性。一般而言，缔约方可通过以下方式修订条约：对既有条约发布联合解释或设立联合解释委员会[4]、使用修订案或换文[5]、替换“过时”条约[6]、合并IIAs网络（consolidating

---

〔1〕 Roberto Echandi and Pierre Sauvé eds., *Prospects in International Investment Law and Policy: World Trade Forum*, Cambridge University Press, 2013, p. 75.

〔2〕 Karl P. Sauvant, Lisa E. Sachs and Wouter P. F. Schmit Jongbloed, *Sovereign Investment: Concerns and Policy Reactions*, Oxford University Press, 2012, p. 282.

〔3〕 “Recent Developments in the IIA Regime: Accelerating IIA Reform”, UNCTAD, August 2021, Issue 3, p. 2.

〔4〕 例如，就2009年《哥伦比亚与印度BIT》而言，2018年双方发布联合解释声明，改进了一些关键条款，以反映可持续发展目标。2018年生效的CPTPP设置联合机构，在必要时对条约条款作出具有约束力的解释。See “Taking Stock of IIA Reform: Recent Developments”, IIA Issues Note, No. 3, UNCTAD, 2019, p. 4.

〔5〕 例如，加拿大和智利就其FTA中的投资章节更新了至少3次，最近一次是在2017年，他们对投资章节新增了一部分，澄清既有义务，重申国家的规制权，包括关于企业社会责任的规定等。

〔6〕 例如，2018年白俄罗斯与土耳其缔结新的条约替换双方1995年签订的BIT。

the IIAs network）等。[1]因此，为规制国有企业参与国际投资引发的担忧，理论上可以通过上述方式在新缔结的 IIAs、联合解释声明、修订案中纳入与国有企业的身份认定和公平竞争相关的条款。[2]例如：2012 年《美国 BIT 范本》中东道国国有企业的归因条款[3]；2019 年美国商会拟定的中美 BIT 草案中的公平监管条款和补贴规定等[4]；2020 年中欧 CAI 中的国有企业公平竞争条款[5]；2019 年《荷兰 BIT 范本》中纳入了《OECD 跨国企业准则》（OECD Guidelines for Multinational Enterprises）和《联合国工商企业与人权指导原则》等软法规范。[6]未来也可能仿照这一实践，将《OECD 指引》和《国有企业反腐败 10 项原则》等软法规范纳入 IIAs 的企业社会责任条款或序言条款。

---

〔1〕 通过区域投资条约中的条款替代缔约方间的旧有条约，如 2018 年《欧盟与新加坡 FTA》代替欧盟成员方与新加坡缔结的 12 个旧 BITs。

〔2〕 正如当前很多学者指出的，随着国有企业对于国际投资活动的深入参与，未来 IIAs 中会发展出特定的国有企业条款。See P. Blyschak，“State-Owned Enterprises and International Investment Treaties：When Are State-Owned Entities and Their Investments Protected?”，*Journal of International Law and International Relations*，Vol. 6，2（2011），p. 51；Roberto Echandi and Pierre Sauvé，*Prospects in International Investment Law and Policy*：*World Trade Forum*，Cambridge University Press，2013，p. 90；王鹏：“国际投资协定的政治经济学：一项研究议程”，载《人大法律评论》2018 年第 2 期。

〔3〕 United States Model BIT，2012，Art. 2. 2.

〔4〕 US Chamber of Commerce and Amcham China，“Priority Recommendations for US-China Trade Negotiations”，Amcham China，2019，pp. 133-134.

〔5〕 CAI，Art. 3bis.

〔6〕 The Netherlands Model BIT，2019，Art. 7. 2.

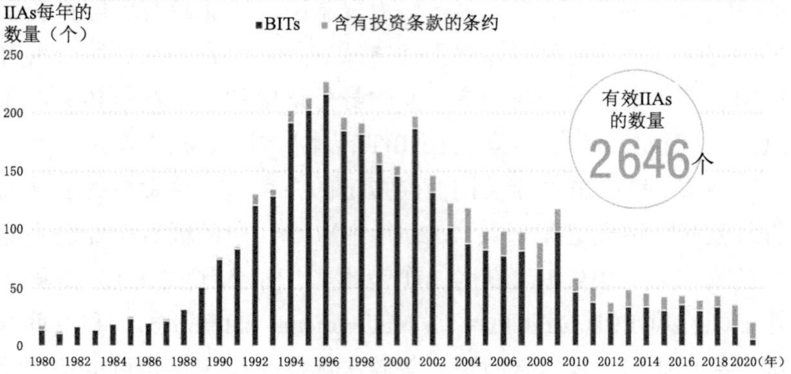

图 1-1　1980—2020 年缔结的 IIAs

2. FTAs 中的投资章节

如上所述，IIAs 不仅表现为传统的 BITs 模式，也越来越多地出现在 FTAs 的投资章节或投资条款之中。由于 FTAs 通常由处理不同议题的多个章节组成，包括投资、竞争、国有企业、劳工等，在条约磋商过程中不同领域专家的思想碰撞和不同章节在适用过程中的互动，可能会扩大 IIAs 的规制范围和规制能力。〔1〕

近年来，投资和竞争（包括国有企业）开始成为 FTAs 的重要组成部分。虽然关于投资和竞争的谈判在多边贸易谈判中早已搁浅〔2〕，但是自 1994 年《北美自由贸易协议》（*North American*

---

〔1〕 例如，有学者将此称为不同领域的“相互滋养”（cross-fertilization）。该学者指出，与单纯的 BIT 谈判可能只需要缔约方的一两个部门（一般为经济事务部和外交部）参与有所不同，在 FTA 谈判中，由于所涉议题的广泛性，需要缔约方更多政府部门的参与，如环境部门、社会事务部门等。将投资规则纳入 FTA 相当于将贸易法学者和投资法学者思想融合。See Thilo Rensmann ed., *Mega-Regional Trade Agreements*, Springer, 2017, pp. 148-149.

〔2〕 长期以来，国际贸易与国际投资彼此关系密切又互相影响。国际贸易规则和国际投资规则也是互动关系，既可以在投资规则中调整贸易规则，也可以在贸易规

Free Trade Agreement，NAFTA）以来，越来越多的FTAs，包括优惠贸易协定（PTAs）、区域贸易协定（RTAs）以及大型自由贸易协定（Mega-FTAs，如 CPTPP 等）开始纳入投资章节和竞争章节。例如，截至 2022 年 3 月 3 日，根据 UNCTAD 统计数据，当前共有 423 个 FTAs 纳入了投资章节。[1]据 2015 年数据显示，约 90%的 FTAs 纳入了竞争章节或竞争条款，其中 50%的竞争章节或条款纳入了规制国有企业反竞争行为的规定。[2]

TPP（CPTPP 的前身）缔结前的 FTAs 通常在同一章节内规制竞争政策和国有企业公平竞争议题，甚至有的并未对国有企业问题予以特别规制。在美国的推动下，TPP 首次将国有企业规制独立成章并在美国退出后的 CPTPP 中完整延续，凸显出国际社会对于国有企业公平竞争问题重视程度的提高。同时，CPTPP 中国有企业章节作为“横向议题”可以对包括投资章节在内的其他章节产生影响。尽管这些国有企业规则可能不会产生强制性约束力，

（接上页）则中调整投资规则，如《与贸易有关的投资措施协议》（简称《TRIMs 协议》）。由于多边性投资规则难以达成，国际社会长期以来一直致力于在 GATT/WTO 主导的多边贸易规则层面试图解决投资规则的治理问题，然而均以失败告终。例如：1948 年《哈瓦那宪章》规定了投资问题，但因美国国会拒绝批准该协定而失败；1986—1994 年乌拉圭回合谈判在《TRIMs 协议》、《与贸易有关的知识产权协议》（简称《TRIPs 协议》）以及 GATS 中均涉及了投资问题，但是没有形成专门的多边投资协定；1996 年新加坡会议 WTO 工作组提交了一份关于贸易与投资关系的研究报告；2001 年多哈会议的“贸易与投资关系工作小组”集中澄清“投资”与“投资者”的范围和定义、成员间争端的磋商和解决问题；2003 年坎昆会议试图将多边投资协议谈判纳入谈判议题，但是以失败告终。参见冯辉、石伟：《贸易与投资新规则视野下的竞争中立问题研究：国企改革、贸易投资新规则与国家间制度竞争》，格致出版社、上海人民出版社 2018 年版，第 37—38 页。

〔1〕“International Investment Agreements Navigator”, available at https://investment-policy.unctad.org/international-investment-agreements, last visited on 2022-3-3.

〔2〕François-Charles Laprévote, “Competition Policy Within the Context of Free Trade Agreements”, ICTSD, 2015, pp. 2-3.

但是不能忽视这些规范的溢出效应对其他成员方的影响，不仅可能影响成员与第三国谈判未来协定的立场和能力，也可能影响争端解决机制对既有协定的解释。[1]

综上所述，本书认为 FTAs 中的国有企业条款可能会通过如下路径扩张 IIAs 的规制能力：一是 FTAs 内章节间的互动。换言之，FTAs 的投资章节可能不包含国有企业条款，但是存在相关内容的竞争章节或国有企业条款可能成为扩大其规制范围的辅助性依据。二是 FTAs 的溢出效应。FTAs 中的国有企业条款可能成为未来 IIAs 中国有企业条款的磋商范本。中欧 CAI 纳入的国有企业规则即为美欧 FTAs 中国有企业规则对 IIAs 溢出效应的典例。

3. 适用一般条款规制

即便 IIAs 中未纳入专门的国有企业条款，但是这并不意味着 IIAs 不能对国有企业产生规制效果。由于绝大多数 IIAs 并未基于“所有制”不同而区别对待投资者，可以认为 IIAs 采取“所有制中性”立场。国有企业投资者与私人投资者一样享有平等的权利且负有同样的责任。[2] 因此 IIAs 中限制投资者权利和规制投资者责任的条款也同样适用于国有企业投资者。例如，2016 年《摩洛哥与尼日利亚 BIT》第 18 条中规定的投资者准入后义务[3]、2020 年《巴西与印度 BIT》第三部分中的投资者义务和责任条款等[4]、2014 年《澳大利亚与日本 EPA》投资章节第 14.7 条的信息披露

---

〔1〕 Benedict Kingsbury et al. eds., *Megaregulation Contested: Global Economic Ordering After TPP*, Oxford University Press, 2019, p. 346.

〔2〕 参见王鹏：“国际投资协定的政治经济学：一项研究议程”，载《人大法律评论》2018 年第 2 期。

〔3〕 E. g. Morocco-Nigeria BIT, 2016, Art. 18.

〔4〕 E. g. Brazil-India BIT, 2020, Part III, Art. 11, 12.

条款。[1]对于东道国国有企业而言，IIAs中的国民待遇（National Treatment，NT）条款和公平公正待遇（Fair and Equitable Treatment，FET）条款也可以在一定程度上规制东道国给予其国有企业的不公平竞争优势。

4. IIAs中的“软性”条款

既有IIAs中的企业社会责任条款、透明度条款[2]皆为不可诉诸争端解决机制的“软性”条款。与之相似，FTAs的缔约方通常也对国有企业条款的可仲裁性作出保留。然而，这并不代表这些条款不能对国有企业的行为起到规制作用。正如罗伯特·豪斯（Robert Howse）教授曾指出的，“法律规则和遵守规则的直接影响远未穷尽国际法的效力。”[3]本书认为，这一观点同样适用于对IIAs中“软性”条款的解读。

具言之，上述“软性”条款的存在不一定是为了诉诸争端解决机制予以强制执行，而是旨在“引导”“激励”投资者、国家、国有企业（不）开展特定行为，或表达“期望”[4]，从而增强国际经贸规则的制度化构建。换言之，在IIAs中纳入“软性”国有企业条款，至少代表着缔约方对投资、国有企业、国家责任、

---

〔1〕 E. g. Australia-Japan EPA，2014，Art. 14. 7（2）.

〔2〕 例如，在2014年《加拿大与尼日利亚BIT》中虽然纳入了透明度条款（第12条），健康、安全和环境措施条款（第15条），以及企业责任条款（第16条），但是第21条明确排除上述条款的可仲裁性。2015年《巴西与马拉维BIT》第9条专门规定了企业社会责任条款，但是该条约并没有纳入投资者与东道国争端解决（Investor-State Dispute Settlement，ISDS）机制。

〔3〕 Robert Howse and Ruti Teitel，“Beyond Compliance：Rethinking Why International Law Really Matters”，*Global Policy*，Vol. 1，2（2010）.

〔4〕 两位学者曾指出，“规范可能‘指引’行为，可能‘激励’行为，可能‘合理化’行为，可能表达对行为的‘共同期望’”。Friedrich Kratochwil and John Gerard Ruggie，“International Organization：A State of the Art on an Art of the State”，*International Organization*，Vol. 40，4（1986），p. 767.

公平竞争等概念间联系的积极认识。[1]同时，也应该认识到这些“软性”规范存在逐步“硬化”之可能。例如，缔约实践从早期绝大多数 FTAs 中的竞争章节和国有企业条款不可诉诸争端解决机制，到 CPTPP 中国有企业章节中的部分条款可以诉诸国家间争端解决机制[2]，2016 年《摩洛哥与尼日利亚 BIT》中开始出现的约束力升级的投资者义务规范[3]，以及正在“条约化”的《联合国工商企业与人权指导原则》均表明存在软法硬化之可能。[4]

（二）国际投资争端解决进路

虽然 IIAs 在不断更新和完善，但是不可否认，根据 2019 年数据统计，旧一代 IIAs（1959—2012 年之前）占既有 IIAs 数量的 90%。这些旧一代 IIAs 也构成绝大多数 ISDS 案件提起诉请和仲裁裁决的法律依据。[5]本书认为，随着 ISDS 程序的发展、仲裁

---

〔1〕 See Andrew Cannon Hannah Ambrose, “Final Dutch Model BIT Published: Potential for Claims Against Investors and Link Between Gender Equality and Investment”, available at https://hsfnotes.com/arbitration/2019/05/01/final-dutch-model-bit-published-potential-for-claims-against-investors-and-link-between-gender-equality-and-investment/, last visited on 2019-5-1.

〔2〕 See “State-Owned Enterprises (SOEs)”, available at https://ustr.gov/sites/default/files/TPP-Chapter-Summary-State-Owned-Enterprises.pdf, last visited on 2022-10-3.

〔3〕 这些投资者人权义务条款中开始使用“shall”而不是“should”。See Morocco-Nigeria BIT (2016), Art. 17.2, 17.3, 18.

〔4〕 自 2014 年起，联合国人权理事会通过第 26/9 号决议，成立不限名额政府间工作组，组织有关国家谈判拟订“从国际人权法角度规范跨国公司及其他跨国商业活动的有法律拘束力的文书”。经过一系列磋商，2018 年 7 月工作组公布了第一份条约草案，即“零案文”。经过后续讨论，2019 年 7 月工作组公布了新修订的草案，并在此基础上展开进一步磋商。See Carlos Lopez, “The Revised Draft of a Treaty on Business and Human Rights: Ground-Breaking Improvements and Brighter Prospects”, available at https://www.iisd.org/itn/2019/10/02/the-revised-draft-of-a-treaty-on-business-and-human-rights-ground-breaking-improvements-and-brighter-prospects-carlos-lopez/, last visited on 2019-10-2.

〔5〕 “Taking Stock of IIA Reform: Recent Developments”, IIA Issues Note, No. 3, UNCTAD, 2019, p. 4.

庭系统整合能力的提高，以及替代性争端解决机制的发展，国际投资争端解决机制在规制国有企业问题上具备较大潜质。

1. ISDS 程序的发展

ISDS 中的“反请求程序”和“法庭之友程序”的发展和完善，为投资仲裁庭规制国有企业投资者责任和东道国国有企业的不法行为提供了程序支持。

传统上，ISDS 程序常被视为投资者诉东道国的“单行线”（one-way street），也导致国际投资法受到“不对称性”（asymmetry）的合法性质疑。近年来，“沉睡多年的”反请求程序开始得到东道国愈发频繁的启用，并被视为推动国际投资法规制投资者责任、实现“重新平衡”（rebalance）的重要进路。〔1〕国际投资仲裁中的反请求程序源于国内法的反诉制度，系指由被请求方提出的旨在反对申请方诉求的主张，这相当于对申请方提出一项独立的诉求。〔2〕然而，囿于仲裁庭的管辖权限制和准据法难题，绝大多数东道国反请求均以失败告终。〔3〕但是随着投资缔约实践中反请求条款的发展〔4〕，投资仲裁庭对反请求程序的“反复”实践〔5〕以及联合国国际贸易法委员会（United Nations

---

〔1〕 陈正健：“投资者与国家争端解决中的国家反诉”，载《法商研究》2017 年第 1 期。

〔2〕 Dafina Atanasova, Adrián Martínez Benoit and J. Ostrůnský, “The Legal Framework for Counterclaims in Investment Treaty Arbitration”, *Journal of International Arbitration*, Vol. 31, 3 (2014), p. 359.

〔3〕 张金矜：“国际投资仲裁规制跨国企业人权责任的缺陷及其完善”，载《国际经济法学刊》2018 年第 4 期。

〔4〕 See Investment Agreement for the COMESA Common Investment Area, 2007, Art. 28. 9; U. S. -Rwanda BIT, Art. 28; U. S. -Uruguay BIT; SADC Model BIT, (2012) Art. 19. 2; CPTPP, 2018. Art. 9. 18. 2.

〔5〕 Urbaser S. A. and Consorcio de Aguas Bilbao Bizkaia, Bilbao Biskaia Ur Partzuergoa v. The Argentine Republic, ICSID Case No. ARB/07/26, Award (2016), p. 1194; David Aven et al. v. Republic of Costa Rica (ICSID Case No. UNCT/15/3), Award (2018), 738.

Commission on International Trade Law，UNCITRAL）工作组正在进行的 ISDS 改革程序对于反请求议题的讨论〔1〕，均将提高反请求程序的有效性〔2〕，使其在未来规制国有企业投资者责任中发挥更大作用。

法庭之友程序是国际投资仲裁中的另一较新实践。〔3〕法庭之友（amicus curiae）一般是指独立于争端双方当事人的第三方，通过递交书面文件或其他方式以独立的身份参与到诉讼或仲裁之中。〔4〕法庭之友参与之主要目的是为受投资侵犯的东道国居民的公共利益主张权利，包括环境权、水权、健康权、土著居民权利等。〔5〕法庭之友程序不仅有助于促进对东道国居民的保护、提高裁决质量，而且可以增强仲裁程序的透明度。〔6〕诚然，投资仲裁规则中采纳法庭之友意见的严格标准以及投资仲裁庭较少对法庭

---

〔1〕 Anthea Roberts and Zeineb Bouraoui，"UNCITRAL and ISDS Reforms：Concerns about Costs，Transparency，Third Party Funding and Counterclaims"，available at https://www.ejiltalk.org/uncitral-and-isds-reforms-concerns-about-costs-transparency-third-party-funding-and-counterclaims/，last visited on 2020-6-6.

〔2〕 Jean E. Kalicki and Anna Joubin-Bret，*Reshaping the Investor-State Dispute Settlement System：Journeys for the 21st Century*，Brill/Nijhoff，2015，pp. 825-827.

〔3〕 Maxime Somda Faasseome，"Protecting Social Rights Using the Amicus Curiae Procedure in Investment Arbitration：A Smokescreen Against Third Parties?"，available at https://www.iisd.org/itn/2019/04/23/protecting-social-rights-using-the-amicus-curiae-procedure-in-investment-arbitration-a-smokescreen-against-third-parties-maxime-somda/，last visited on 2022-2-23.

〔4〕 张庆麟："国际投资仲裁的第三方参与问题探究"，载《暨南学报（哲学社会科学版）》2014 年第 11 期。

〔5〕 Maxime Somda Faasseome，"Protecting Social Rights Using the Amicus Curiae Procedure in Investment Arbitration：A Smokescreen Against Third Parties?"，available at https://www.iisd.org/itn/2019/04/23/protecting-social-rights-using-the-amicus-curiae-procedure-in-investment-arbitration-a-smokescreen-against-third-parties-maxime-somda/，last visited on 2022-2-23.

〔6〕 A. Saravanan and Subramanian S. R.，"The Participation of Amicus Curiae in Investment Treaty Arbitration"，*Journal of Civil and Legal Sciences*，Vol. 5，4（2016），p. 4.

之友意见作出实质回应也引发对该程序有效性的质疑。[1]但是，随着晚近投资仲裁对“法庭之友程序”重视程度的提高，该程序可能在规制国有企业投资者和东道国国有企业不法行为过程中发挥出更大作用。例如，在“Philip Morris v. Uruguay 案”（简称“Philip Morris 案”）中，法庭之友意见成为仲裁庭裁决的重要考量。

2. 投资仲裁庭系统整合能力的提高

有效处理国有企业的身份和公平竞争、担忧问题，还需要投资仲裁庭具备相应的系统整合能力。本书认为，这种系统整合能力主要体现在投资仲裁庭系统解释条约的能力、对于软法规范的认可与援引以及仲裁员的专业背景。

首先，就系统解释而言，它是一项国际法解释原则，旨在强调国际法的统一性（unity）、协调国际法规范之间的冲突、降低国际法碎片化带来的风险。虽然《维也纳条约法公约》（*Vienna Convention on the Law of Treaties*，VCLT）第 31. 3c 条产生之初并未被赋予这一职能[2]，但是当前这一条款已然肩负起“系统整合”的重任，被国际法学者视为处理两个或多个规范不一致、冲突或者重复的“万能工具”[3]，甚至被认为“在国际法律体系中具

[1] 参见张金矜：“国际投资仲裁规制跨国企业人权责任的缺陷及其完善”，载《国际经济法学刊》2018 年第 4 期。

[2] 这一条款产生之初是一项条约解释的时际法原则。Rumiana Yotova，“Systemic Integration：An Instrument for Reasserting the State’s Control in Investment Arbitration?”，Cambridge University Press，2017，p. 5.

[3] 薛捍勤女士在联合国国际法委员会关于 VCLT 第 31. 3c 条的讨论中，提出“VCLT 第 31. 3c 条是‘国际法之家的万能钥匙’，即一旦发生系统性问题，包括两个或多个规范之间存在不一致、冲突或者重复，并且没有其他解释工具能够提供解决办法，那么总是可以诉诸这一条款合理地解决问题。” See “Fragmentation of International Law：Difficulties Arising from the Diversification and Expansion of International Law”，ILC，2006，p. 420.

有宪法规范的地位”。[1]根据 VCLT 第 31. 3c 条规定，即“应与上下文一并考虑者尚有：……（c）适用于当事国间关系之任何有关国际法规则”，任何条约规则的解释不能脱离对一般国际法的考量。[2]

在国际投资仲裁中，当涉案 IIAs 仍为“旧一代条约”，尚未包含投资者责任、可持续发展原则、国有企业等新兴条款之时，为合理协调利益相关方的冲突，投资仲裁庭可以适用 VCLT 第 31. 3c 条援引外部国际法规则解释既有条约。据笔者考察，自 2016 年 Philip Morris 案和“Urbaser v. Argentina 案”（简称“Urbaser 案”）仲裁庭较为主动适用 VCLT 第 31. 3c 条系统解释争端当事方权利义务以来[3]，适用 VCLT 第 31. 3c 条系统整合功能的仲裁庭越来越多。[4]这也意味着仲裁庭对 VCLT 第 31. 3c 条适用态度的转变和系统整合能力的增强。

其次，投资仲裁庭系统整合能力的提高还表现为其对软法规范的认可与考量。例如，Urbaser 案仲裁庭在裁决中援引了《联合国工商企业与人权指导原则》。[5]有学者指出，虽然仲裁庭援引

---

〔1〕 Campbell Mclachlan, “The Principle of Systemic Integration and Article 31 (3) (c) of the Vienna Convention”, *International and Comparative Law Quarterly*, Vol. 54, 2 (2005), p. 280.

〔2〕 Philippe Sands, “Treaty, Custom and the Cross-Fertilization of International Law”, *Yale Human Rights and Development Law Journal*, Vol. 1, 1998, p. 95.

〔3〕 2016 年 Philip Morris 案仲裁庭适用 VCLT 第 31. 3c 条援引习惯国际法规范，即“警察权学说”，正当化东道国的规制措施。同年，Urbaser 案仲裁庭适用 VCLT 第 31. 3c 条援引国际人权法规范，承认投资者负有国际人权义务。参见张金矜：“国际投资仲裁实践中保护东道国人权的系统解释路径剖析”，载《国际经济法学刊》2019 年第 3 期。

〔4〕 据本书在投资法律指南数据库检索，结果显示，自 1990 年至 2020 年 3 月 5 日，共有 66 个案件适用了 VCLT 第 31. 3c 条，其中，2017 年以来的案件数量为 31 个。

〔5〕 Urbaser S. A. and Consorcio de Aguas Bilbao Bizkaia, Bilbao Biskaia Ur Partzuergoa v. The Argentine Republic, ICSID Case No. ARB/07/26, Award (2016), p. 1196.

软法规范仍为初步实践，但是随着确定投资者义务和投资条约条款具体化需求的增加，而相关领域的最佳实践又主要载于软法文件之中，未来将会出现更多援引软法规范的仲裁实践。[1]本书认为，随着涉及国有企业争端案件数量的上升，《OECD 指引》等国有企业软法规则也会出现在投资仲裁案件之中。

最后，就仲裁庭的组成而言，仲裁员处理投资与非投资利益纠纷的能力也开始受到重视。例如，根据 2019 年《荷兰 BIT 范本》第 20.5 条规定，任命机关必须确保“仲裁庭成员个人或集体拥有国际公法方面的必要专门知识，其中包括环境和人权法、国际投资法以及解决国际协定引起的争端”。在 2018 年发布的《荷兰 BIT 范本》草案中，这一条款要求仲裁庭成员具备国际贸易法方面的专门知识。[2]本书认为，随着涉及国有企业案件的增多，也可能会要求相关案件仲裁庭成员具备竞争法、反垄断法甚至国际关系等知识背景。

3. ISDS 替代机制的发展

自 2007 年玻利维亚退出《ICSID 公约》以来，抵制 ISDS 机制和将 ISDS 机制移除 IIAs 的国家在逐渐增多。[3]例如，巴西自从将 ISDS 机制从其 2015 年 BIT 范本中移除以来，随后与莫桑比克、印度等国家缔结的 13 个 BITs 中皆未纳入 ISDS 机制。[4]这也在一定程度上促进了替代性争端解决机制的发展。例如，在巴西

〔1〕 Markus Krajewski and Rhea T. Hoffman eds., *Research Handbook on Foreign Direct Investment*, Edward Elgar Publishing, 2019, p. 48.

〔2〕 K. Duggal and Laurens H van de Ven, “The 2019 Netherlands Model BIT: Riding the New Investment Treaty Waves”, *Arbitration International*, Vol. 35, 3 (2019), pp. 367-368.

〔3〕 例如，玻利维亚于 2007 年、厄瓜多尔于 2009 年、委内瑞拉于 2012 年相继推出《ICSID 公约》，2014 年德国在 TTIP 提议中不支持 ISDS 机制。

〔4〕 See e. g., Brazil-Mozambique BIT (2015), Angola-Brazil BIT (2015), Brazil-India BIT (2020), etc.

2015 年将 ISDS 机制移除之后的 BIT 缔约实践中，投资争端解决机制主要由争端预防机制、确保持续沟通和促进合作机制，以及国家间仲裁组成。[1]2016 年以来，缔约方也开始对投资者与国家间调解机制表现出较大兴趣。例如，2016 年 CETA 第 8.20 条规定了投资者与国家间争端调解机制。同年，国际能源宪章会议采纳了《投资纠纷调解指南》（*Guide on Investment Mediation*）作为“解释性文件”，旨在鼓励缔约方和投资者积极考虑适用调解机制处理争端。[2]2016 年法国投资者在向菲律宾发出争端诉请通知后，双方同意以调解的方式解决争端。这也是第一个已知的投资者与国家间调解案件。[3]2018 年的《欧盟与新加坡 FTA》和 2019 年的《欧盟与越南 FTA》也对调解机制作出了细致规定。

在不存在 ISDS 机制的情况下，或者考虑到国有企业可能会涉及的政治敏感性，以及出于维系投资者与东道国、东道国与母国之间持续友好经济关系的考量[4]，选择争端预防机制、调解等友好型替代机制规制国有企业行为可能是未来发展趋势。本书认为，也不排除未来缔约方会借鉴 CPTPP 第 17.2 条关于国有企业和指定垄断委员会的规定，在 IIAs 争端解决机制部分作出类似

---

〔1〕 See Brazil-United Arab Emirates BIT (2019), Part III.

〔2〕 Esmé Shirlow, “The Rising Interest in the Mediation of Investment Treaty Disputes, and Scope for Increasing Interaction Between Mediation and Arbitration”, available at http://arbitrationblog.kluwerarbitration.com/2016/09/29/the-rising-interest-in-the-mediation-of-investment-treaty-disputes-and-scope-for-increasing-interaction-between-mediation-and-arbitration/, last visited on 2020-9-29.

〔3〕 See Luke Eric Peterson, “In an Apparent First, Investor and Host-State Agree to Try Mediation Under IBA Rules to Resolve an Investment Treaty Dispute”, available at https://www.iareporter.com/articles/in-an-apparent-first-investor-and-host-state-agree-to-try-mediation-under-iba-rules-to-resolve-an-investment-treaty-dispute/, last visited on 2020-4-14.

〔4〕 Markus Krajewski and Rhea T. Hoffman eds., *Research Handbook on Foreign Direct Investment*, Edward Elgar Publishing, 2019, p. 375.

设计。如果上述方式无法解决当事方争端，可以诉诸国家间仲裁。

本章小结

经过回顾国有企业产生和发展之历史可知，国有企业是一个由古至今普遍存在的实体。随着国有企业私有化和改革进程的不断推进，国有企业从最初政府作为完全股权持有者，发展出多数股权、重要少数股权等多种形式。国有企业的全球化发展以及新兴经济体中国有企业的崛起也导致规制国有企业的重心与范式发生转移。在这一过程中，国有企业也被不断重新定义，并开始超出所有制范畴。本书虽然承认国际投资法规制国有企业的目的绝非仅限于“国家所有制”层面的规制，但是鉴于何为“国家影响”和“国家控制”尚不存在一致且清晰的定义，本书遂将研究范围限于与国家存在所有权关系的企业，以此为研究对象揭示国际投资法规制“国家资本主义”或者说“国家主导经济”之可能。就国有企业参与国际投资的方式而言，2008 年之前，国有企业主要通过吸引外资、管理外资的方式参与国际投资，2008 年金融危机之后，国有企业开始成为重要的海外投资者。在国际投资活动中，国有企业因其“国有属性”和投资领域的敏感性引发了身份问题和公平竞争问题。既有规范在规制上述问题过程中存在的缺陷和国际投资争端解决之需要，对国际投资法规制国有企业产生了需求，国际投资协定和国际投资争端解决机制的特点与发展也为其规制国有企业提供了理论可能。在此基础上，本书第二、三章将分别具体探析国际投资法如何实现对国有企业身份问题、公平竞争问题之规制。

第二章 国有企业身份问题之国际投资法规制

尽管大多数国有企业与私人企业的组织结构并无二致，但其因“国有”属性而带有的主权光环常常引发“身份之争”。当国有企业被卷入投资争端时，认定其公私身份于东道国国有企业而言，旨在确定投资仲裁中东道国的被申请方地位和国家责任；于国有企业投资者而言，则关乎其在投资仲裁中的诉请资格及实体权利的获得。[1]有鉴于此，本章拟先考察国际投资法认定国有企业身份之基本能力，梳理国际投资法语境下认定国有企业身份的法律依据，再结合投资仲裁实践分别从东道国国有企业和国有企业投资者两个维度揭示上述法律依据的具体适用、规制效果及相关争议。

第一节 国际投资法语境下国有企业身份认定之法理基础

在国际投资活动中，国有企业既可能作为投资争端中不法行为的实施者，即东道国国有企业，也可能成为投资争端中受东道国不法行为侵犯的受害者，即国有企业投资者。本节拟先结合国际投资法“公私分立”的结构特征论证国际投资法认定国有企业身份之基本能力，再探索国际投资法下国有企业身份认定之法律依据，旨

〔1〕 Giulio Alvaro Cortesi, “ICSID Jurisdiction with Regard to State-Owned Enterprises-Moving Toward an Approach Based on General International Law”, *The Law and Practice of International Courts and Tribunals*, Vol. 16, 1 (2017), pp. 110-111.

在为后两节具体分析国际投资仲裁实践通过身份认定规制东道国国有企业不法行为，限制国有企业投资者诉请资格提供研究基础。

一、国际投资法认定国有企业身份之基本能力

在分析国际投资法认定国有企业身份能力之前，有必要从国有企业身份之争的表象与实质入手，论证在国际投资法语境下认定国有企业公私身份之必要性与可行性。

（一）国有企业身份之争的表象与实质

1.“国有制”引发国有企业身份之争

尽管世界各国均承认国有企业具有独立于其所有国政府的法律人格，但是国有企业因其“国有”属性常被视为与政府存在特殊关系和密切联系。〔1〕这也导致国有企业常常被视为政府执行经济政策的工具或事实上的政府延伸〔2〕，引发争端当事方对于国有企业的身份之争。例如，在世界贸易组织（WTO）的“中美双反措施案”中，中美双方就中国国有企业是否为《补贴与反补贴措施协定》（简称《SCM 协定》）中的“公共机构”展开了辩论。美国提出的“政府控制说”将“国有制”作为身份认定的绝对标准。该案专家组支持这一观点，仅以政府在国有企业中拥有多数股权为由认定国有企业受到政府控制，构成“公共机构”。而中国则提出应以“政府权力说”认定国有企业身份。最终，上诉机构未采纳专家组意见，提出将“有意义的控制”作为判断国有企业是否构成“公共机构”的标准。〔3〕与之相似，国有企业

---

〔1〕 Crina Baltag ed., *ICSID Convention After 50 Years: Unsettled Issues*, Kluwer Law International B. V., 2016, p. 190.

〔2〕 赵海乐：“论国有企业‘政府权力’认定的同源异流——国家责任、国家豁免与反补贴实践比较研究”，载《人大法律评论》2015 年第 2 期。

〔3〕 参见蒋奋：“反补贴语境下的国有企业定性问题研究”，载《上海对外经贸大学学报》2017 年第 1 期。

在外国国内法院能否享有主权豁免也涉及身份认定问题。[1]例如，在美国《外国国家豁免法》中，由外国国家直接拥有多数股权或其他所有权的国有企业构成主权豁免的当然主体。在这种情况下，国有企业只负有初步证明责任，即证明自身享有多数股权，从而将证明国有企业不享有主权豁免资格的举证责任转移至原告。[2]

同样，在国际投资争端中，一方面，外国投资者在与东道国国有企业开展投资活动时，国有企业与国家之间的密切联系可能导致投资者难以识别真正的对手方。[3]当投资者权利受到东道国国有企业侵犯时，往往会因其“国有”属性推定东道国有能力操控该企业的决策和管理层[4]，将东道国诉诸投资仲裁。另一方面，随着国有企业投资者的全球扩张，当其将东道国的侵权行为诉至争端解决机制时，东道国倾向于以这些投资者具有“国有”

---

〔1〕参见梁一新：“论国有企业在 ICSID 的仲裁申请资格”，载《法学杂志》2017 年第 10 期；李庆明：“论中国国有企业在美国民事诉讼中的国家豁免”，载《江西社会科学》2018 年第 11 期。

〔2〕崔航：“国家豁免中的国有企业问题研究”，载《河南师范大学学报（哲学社会科学版）》2015 年第 3 期。

〔3〕例如，私人企业经常抱怨国家太容易操纵其延伸实体的地位和特权。因此，当外国投资者第一次来到一个国家时，其可以与同时是一个部和该部所监管的实体的官员进行谈判，这些官员在职能上与该部没有区别。如果合同的正式缔约方为外国投资者和国有企业，一旦出现争议，私人当事方可能会惊讶地发现，其对话者突然开始强调国有企业的法律独立性，这可能阻碍投资者基于合同提出诉请。如果投资者仍然对国有企业提起诉请，后者可以改变立场，主张其享有国家豁免权。在执行阶段国家态度可能会继续发生转变，此时国家可能主张对国有企业的裁决或判决不得对国家的其他资产强制执行。See Karl Heinz Bockstiegel et al., *Arbitration and State Enterprises: Survey on the National and International State of Law and Practice*, Kluwer Publishing, 1984, p. 195, p. 198.

〔4〕See Electrabel S. A. v. Republic of Hungary, ICSID Case No. ARB/07/19, Decision on Jurisdiction, Applicable Law and Liability, 30 November 2012, paras. 7. 17, 7. 87.

属性而质疑投资仲裁庭的属人管辖权。[1]由此可见，在国际投资法语境下，区分国有企业的公私身份兼具程序意义和实体意义。程序意义在于确定争端解决机制的管辖权，实体意义在于厘定国有企业的权力范围和不法行为的责任归属。[2]诚然，在国际投资法语境下，缔约方可以通过条款设计赋予或排除国有企业的诉请资格。此时，诉诸非国际投资争端解决中心（ICSID）仲裁的案件无需认定国有企业公私身份。然而，如下所述，在ICSID仲裁中，即便国际投资协定（IIAs）明确将国有企业投资者纳入"投资者定义"，认定国有企业投资者的公私身份仍然是确定其诉请资格的必要环节。

2. "国有制"并非国有企业身份认定之决定性要素

尽管从事实层面看，国有企业的"国有"属性是引发其身份争议的"导火索"，但是根据既有的国际法规范，国有企业并不会仅因其"国有"属性而被直接认定为具有政府身份。[3]例如，在联合国国际法委员会（ILC）编纂的2001年《国家对国际不法行为的责任条款草案》（简称《ILC草案》）中，第8条的评注部分对国有企业和国家控制企业的身份认定问题进行了说明，即"国家最初通过特别法或其他方式创设公司实体的事实，并不是将该实体随后的行为归因于国家的充分依据。公司实体虽然归国家所有并在此意义上受国家控制，但是应初步将他们视为独立于国家的实体，不能将其行为归因于国家，除非他们行使了第5条

[1] See China Heilongjiang International Economic & Technical Cooperative Corp., Beijing Shougang Mining Investment Company Ltd., and Qinhuangdaoshi Qinlong International Industrial Co. Ltd. v. Mongolia, UNCITRAL, PCA; Oschadbank v. Russian Federation, PCA Case No. 2016-14.

[2] Shixue Hu, "Clash of Identifications: 'State Enterprises' in International Law", *Business Law Journal*, Vol. 19, 2 (2019), pp. 174-175.

[3] James Crawford, *State Responsibility*, Cambridge University Press, 2013, p. 162.

意义上的政府权力。例如，就一家国有石油公司事实上没收财产行为而言，若没有证据证明国家利用其所有者权益指示公司没收财产，国有企业的行为不可归因于国家。如果有证据表明公司正在行使公共权力，或者国家正在利用其在公司中的所有者权益或控制权来实现特定的结果，则有关行为可归因于国家。"《联合国国家及其财产管辖豁免公约》以及国际法院 2019 年裁决中对于"企业"概念的界定指出，国家全部或部分拥有的具有独立法律人格的实体可以构成企业，这一概念并未区分私人企业和国有企业。某一实体的公私属性主要取决于其在特定时间的行为性质。[1]

《关于解决国家与其他国家国民之间投资争端公约》（简称《ICSID 公约》）起草历史上的布罗切斯（Broches）标准也体现出一致立场："就《ICSID 公约》而言，似乎不应取消混合经济公司或政府所有公司作为'另一缔约方国民'的资格，除非它作为政府代理人或履行政府基本职能。"[2] 由上可见，从国际法规制层面看，国有企业身份认定的决定性要素往往是"行为性质"而不是"国有"属性。然而即便如此，不能否认"国有制"与"国家控制""国家指挥"（instruction）和"国家指导"（direction）共同构成国有企业身份认定的考量要素。国家对上述要素参与的程度越高，就越容易证明国有企业的政府身份，反之则反。[3]这也意味着关于国有企业的身份认定需要结合具体事实和规范进行"逐案"分析。

---

〔1〕 参见韩立余："国际法视野下的中国国有企业改革"，载《中国法学》2019 年第 6 期。

〔2〕 Aron Broches, *Selected Essays: World Bank, ICSID, and Other Subjects of Public and Private International Law*, Martinus Nijhoff Publishers, 1995, p. 202.

〔3〕 Srilal M. Perera, "State Responsibility: Ascertaining the Liability of States in Foreign Investment Disputes", *The Journal of World Investment & Trade: Law, Economics, Politics*, Vol. 6, 4 (2005), p. 525.

（二）身份认定是国际投资法的基本职能

尽管有学者认为国有企业“亦公亦私”的属性对国际投资法的“公私分立”构成了挑战[1]，但是本书认为国际投资法的“公私分立”属性使其具备了认定国有企业公私身份的能力。

1. 国际投资法的“公私分立”结构

国际投资法的“公私分立”（public/private divide or public-private distinction）结构源于其对公私关系的处理，即外国投资者与东道国政府之间的争议。[2]这一结构也引发了理论界和实务界在不同维度的“公私之争”，包括投资者与东道国争端解决（ISDS）机制的“公法属性”和“私法属性”之争[3]；外国投资者的“私人利益”与东道国的“规制权力”或“公共利益”之间的冲突[4]；ISDS中“国内法”与“国际法”的适用博弈[5]；等

---

〔1〕 Shixue Hu, “Clash of Identifications: ‘State Enterprises’ in International Law”, *Business Law Journal*, Vol. 19, 2 (2019), p. 186. 例如国有企业兼具政府和私人部门的共同特点使其可能违反双边投资条约（BIT）下的义务，这也给投资仲裁庭在试图确定国有企业的行为是否应归因于国家时带来困难。因为，国有企业的行为往往介于可归因于国家的政府行为和不可归因于国家的私人行为之间。See Nick Gallus, “State Enterprises as Organs of the State and BIT Claims”, *Journal of World Investment and Trade*, Vol. 7, 5 (2006), p. 762.

〔2〕 蔡从燕：“公私关系的认识论重建与国际法发展”，载《中国法学》2015年第1期。

〔3〕 See e. g., Eric De Brabandere, *Investment Treaty Arbitration as Public International Law: Procedural Aspects and Implications*, Cambridge University Press, 2014, pp. 15-70; Gus Van Harten, *Investment Treaty Arbitration and Public Law*, Oxford University Press, 2007, pp. 46-50; José E. Alvarez, “Is Investor-State Arbitration ‘Public’?”, *Journal of International Dispute Settlement*, Vol. 7, 3 (2016), pp. 534-576.

〔4〕 参见单文华、张生：“从‘南北矛盾’到‘公私冲突’：卡尔沃主义的复苏与国际投资法的新视野”，载《西安交通大学学报（社会科学版）》2008年第4期。See Virginia A. Greiman, “The Public/Private Conundrum in International Investment Disputes: Advancing Investor Community Partnerships”, *Whittier Law Review*, Vol. 32, 3 (2011), pp. 395-454.

〔5〕 See Heikki Marjosola, “Public/Private Conflict in Investment Treaty Arbitration-A Study on Umbrella Clauses”, *Helsinki Law Review*, Vol. 3, 1 (2009), pp. 103-134.

等。本书主要关注在国际投资法“公私分立”建构中发挥出重要作用的争端当事方，即在国际投资仲裁中作为申请方的私人行为者（外国投资者）和作为被申请方的公共实体（主权国家）。[1]争端当事方的“公私属性”是投资仲裁庭确定管辖权的重要考量。尤其根据《ICSID 公约》第 25.1 条的规定，ICSID 仲裁庭的管辖范围仅限于“一缔约方国民和另一缔约方之间的争端”。换言之，ICSID 仲裁庭不能处理“私人—私人”和“国家—国家”间争端。

由上可见，国际投资法对于“公私关系”处理和国际投资仲裁这一“公私论坛”（public-private forum）的设计本身就要求投资仲裁庭具备认定争端当事方公私身份的能力。例如，为区分解决投资者与国家间争端的国际投资仲裁（以国际投资条约为基础）和国际商事仲裁（以投资合同为基础），仲裁庭需要评估东道国侵犯投资者行为的性质，即是否行使了主权权利。[2]大量的仲裁案件为仲裁庭和当事方提供了探讨国际经济法中公私区分的机会，学界的相关讨论也给予了仲裁庭宝贵的智力支持，这均增强了仲裁庭的身份认定能力。[3]因此，面对国有企业这样一个具有公共特征的私人实体时，国际投资法具备区分其公私属性的能力。鉴于国有企业的身份认定关系着投资仲裁庭的属人管辖权，因此与

---

[1] René Urueña, “Subsidiarity and the Public-Private Distinction in Investment Treaty Arbitration”, *Law and Contemporary Problems*, Vol. 79, 2 (2016), p. 106. 此外，关于争端中行为体的“公私分立”也包括参与投资仲裁程序的仲裁员。一方面，有些仲裁员是具有国际公法背景的学者或从业人员；另一方面，也有些学者是具有丰富商事仲裁经验的仲裁员，但是并非本书讨论的情形。See Anthea Roberts, “Clash of Paradigms: Actors and Analogies Shaping the Investment Treaty System”, *American Journal of International Law*, Vol. 107, 1 (2013), pp. 54-55.

[2] Gus Van Harten, “The Public-Private Distinction in the International Arbitration of Individual Claims Against the State”, *International and Comparative Law Quarterly*, Vol. 56, 2 (2007), pp. 373-374.

[3] Efraim Chalamish, “Global Investment Regulation and Sovereign Funds”, *Theoretical Inquiries in Law*, Vol. 13, 2 (2012), p. 676.

后文国有企业的公平竞争问题相比，身份认定不仅是国际投资法的传统职能，也关系到国际投资法规制国有企业的“门槛”问题。

2. 投资争端中适格申请方的认定

一般而言，投资仲裁庭在确定申请方的诉请资格时，首先需要考察投资条约中的“投资者定义”。法律实体可能因其法律形式、目的或所有制而被排除在受保护的投资者之外。[1]基于主权豁免、国家安全、公平竞争等担忧，投资东道国可能希望将国有企业排除在受保护的投资者之外。[2]而直接或通过国有企业积极开展投资活动的缔约方，可能希望投资条约包含相关实体。[3]如果投资者想要诉诸 ICSID 仲裁，则需要同时符合《ICSID 公约》第 25.1 条“一缔约方国民”的要求。[4]简言之，ICSID 以保护私人投资者为宗旨，因此不受理国家对国家提起的诉请。[5]当然，投资者也可以选择诉诸国际商会（ICC）、海牙常设仲裁法院（Permanent Court of Arbitration，PCA）、瑞典斯德哥尔摩商会仲裁院（SCC），选择适用联合国国际贸易法委员会（UNCITRAL）仲裁规则，但是根据《ICSID 公约》第 54 条规定，ICSID 裁决在缔约方国内法院享有承认和执行优势[6]，因此投资者往往倾向于

---

[1] “Scope and Definition (A Sequel), UNCTAD Series on Issues in International Investment Agreements”, UNCTAD, 2011, p. 72.

[2] Id., pp. 14-15.

[3] Id., p. 81. 序言条款也可能影响管辖权的确定。

[4] P. Blyschak, “State-Owned Enterprises and International Investment Treaties: When Are State-Owned Entities and Their Investments Protected?”, *Journal of International Law and International Relations*, Vol. 6, 2 (2011), p. 18.

[5] Mark Feldman, “State-Owned Enterprises as Claimants in International Investment Arbitration”, *ICSID Review-Foreign Investment Law Journal*, Vol. 31, 1 (2016), p. 25.

[6] ICSID Convention Art. 54. “每一缔约方应承认根据本公约作出的裁决具有约束力，并在其领土内执行该裁决所规定的金钱义务，如同该裁决是该国法院的最后判决一样。”非 ICSID 仲裁裁决则需受到国内法院审查，可能面临《承认及执行外国仲裁裁决公约》（即《纽约公约》）中的“公共政策抗辩”。

将争端诉诸 ICSID 解决。

仲裁庭的上述身份认定过程完全适用于对国有企业投资者身份的分析。[1]如果 IIAs 中的“投资者定义”明确将国有企业纳入其中，或未将其排除在外，国有企业投资者通常享有 IIAs 中的实体权利和程序权利，但是不一定享有诉诸 ICSID 仲裁的诉请资格。如果“投资者定义”明确将国有企业排除在外，那么国有企业投资者必然不构成 ISDS 中的适格申请方。因此，在诉诸 ICSID 仲裁时，要进一步判断国有企业投资者是否构成“一国国民”。根据《ICSID 公约》起草的历史，需要适用布罗切斯标准认定国有企业投资者的诉请资格。[2]

3. 投资争端中适格被申请方的认定

在很多情况下出于专业性和效率考量，东道国中央政府并不直接处理外国投资的政策问题和业务事项，而是创设或授权独立的国家实体与外国投资者打交道，如签订投资合同、公开招标等。[3]因此，很多投资争端都发生在投资者与这些国家实体之间。根据《ICSID 公约》第 25.1 条规定，ICSID 仲裁中的适格被申请方可以包括两类主体：一是缔约方，二是缔约方向 ICSID 指定的该国的任何组成部门或代理机构。就第二类主体而言，目的是向投资者保证其正在与一个授权实体打交道。[4]其中，“代理机构”一词包括代表国家履行公共职能的任何实体或政府组成部

---

〔1〕 P. Blyschak, “State-Owned Enterprises and International Investment Treaties: When Are State-Owned Entities and Their Investments Protected?”, *Journal of International Law and International Relations*, Vol. 6, 2 (2011), pp. 18-19.

〔2〕 Aron Broches, *Selected Essays: World Bank, ICSID, and Other Subjects of Public and Private International Law*, Martinus Nijhoff Publishers, 1995, p. 202.

〔3〕 这些国家实体在政府层级中的地位和法律独立程度各不相同。

〔4〕 Christoph H. Schreuer et al. eds., *The ICSID Convention: A Commentary*, 2nd ed., Cambridge University Press, 2009, p. 155.

门。这表明，经过东道国政府指定，国有企业可以直接成为案件的被申请方。例如，肯尼亚指定肯尼亚国家航运公司作为被申请方，尼日利亚指定尼日利亚国家石油公司作为被申请方。[1]此外，在投资仲裁案件中也存在临时指定的情况，"Niko v. Bapex and Petrobangla 案"即为例子。[2]

鉴于涉及第二类主体的投资仲裁案件较少，本书主要分析直接将东道国政府诉诸 ICSID 仲裁的情形。针对东道国国家实体的不法行为，投资者倾向于将东道国诉至 ICSID 仲裁的原因有两个：一是源于 ICSID 仲裁裁决的执行优势，二是担心国家实体的资金不足以支付裁决金额。[3]面对有关诉请，东道国既可能抗辩主张其并非适格被申请方，否认仲裁庭的属人管辖权，也可能主张仲裁庭对于违反合同之诉不享有属事管辖权。[4]此时，投资仲裁庭就需要对国家实体进行身份认定，确定管辖权和责任归属。[5]原

---

〔1〕 ICSID, "Designations by Contracting States of Constituent Subdivisions or Agencies (ICSID/8-C)", available at https://icsid.worldbank.org/sites/default/files/2020_July_ICSID_8_ENG.pdf, last visited on 2022-10-8.

〔2〕 See Julien Fouret, Rémy Gerbay and Gloria M. Alvarez eds., *The ICSID Convention, Regulations and Rules: A Practical Commentary*, Edward Elgar Publishing, 2019, pp. 141-142. 仲裁庭指出，"政府部门授权被申请方的两个国有企业与投资者签订相关协议。在这种情况下，应认为孟加拉国政府不仅'同意根据《ICSID 公约》第 25.3 条的规定批准了这两个机构参与 ICSID 仲裁'，而且'根据第 25 (1) 条的规定，含蓄但必要地指定其国有企业孟加拉国石油勘探与生产有限公司（BAPEX）和孟加拉国石油公司（Petrobangla）为国家机构'。"

〔3〕 Michael Feit, "Responsibility of the State Under International Law for the Breach of Contract Committed by a State-Owned Entity", *Berkeley Journal of International Law*, Vol. 28, 1 (2010), p. 143.

〔4〕 Michael Feit, "Responsibility of the State Under International Law for the Breach of Contract Committed by a State-Owned Entity", *Berkeley Journal of International Law*, Vol. 28, 1 (2010), p. 144.

〔5〕 Rudolf Dolzer and Christoph Schreuer, *Principles of International Investment Law*, 2nd ed., Oxford University Press, 2012, p. 219.

则上，因国家实体独立于国家存在，其行为不能归因于国家，但是实践中可能存在两种例外情况：其一，如果“公司面纱”是为欺诈或规避责任而构造的，就不应承认国家与实体的分立关系。1970年的巴塞罗那机车案即为例子。[1]其二，存在符合《ILC草案》中归因规则的情形。例如，当企业行使政府授权时，或国家为实现特定结果控制企业行为时。

在投资争端解决实践中，仲裁庭大多数情况下会适用《ILC草案》中的归因规则认定国家实体身份，进而裁定东道国是否为适格被申请方，并结合行为不法性判断东道国是否需要承担国家责任。在少数情况下，国际投资条约和国内法规范中的相关规定也会成为仲裁庭认定行为者身份的依据。国有企业作为国家实体的应有之义[2]，在绝大多数情况下，上述身份认定过程完全适用于国有企业。

综上所述，国际投资法的“公私分立”结构使其有能力通过身份认定来实现对国有企业的权利限制和行为规制。

二、国际投资法认定国有企业身份之法律依据

在国际投资法语境下，《ILC草案》中的归因规则、IIAs中的国有企业条款、《ICSID公约》起草历史上的布罗切斯标准和国内法中的相关规定均可构成投资争端解决机制认定国有企业身份的法律依据。

（一）《ILC草案》中的归因规则

当IIAs或投资合同中不存在有关国有企业公私身份的特别规

---

〔1〕 Christopher Beus, “Sovereign Wealth Funds in the ICSID: A New Approach to Standing”, *Indonesian Journal of International & Comparative Law*, Vol. 1, 2 (2014), p. 557.

〔2〕 王少棠：“国家与国有企业关系——论归因规则在国际投资仲裁中的适用”，载《北京仲裁》2019年第2期。

定时，2001 年通过的《ILC 草案》中第 4 条至第 11 条的归因规则常被视为认定国有企业公私身份的重要依据。[1]其中，适用频繁的三个核心归因标准为结构标准（第 4 条）、职能标准（第 5 条）和控制标准（第 8 条）。[2]本部分拟阐释《ILC 草案》归因规则的适用原理、适用范围及其在投资仲裁中的地位。

1. 归因规则的适用原理

归因（attribution）的概念与性质揭示出归因规则的适用原理。归因作为一个国际法概念[3]，它的存在和适用前提是国际法中的国家整体性（the unity of state）原则。[4]它的基本原理在于，国家只对其自己的行为负责。[5]具言之，国家事实上是经由众多个人和实体开展国际行动的，归因是将国家代理人和国家代表的行为和不行为归咎于国家的过程。[6]归因规则在国家与上述行为主体之间搭建了“桥梁”。[7]当然，行为归因于国家并不等同于存在国家责任，还需要证明行为的不法性。在国际投资法语境下，归因规则可以被用于确定国家在国际投资活动中的参与程度，这也是判断国有企业公私身份的重要分析工具。

---

〔1〕 Meg Kinnear et al. eds., “Building International Investment Law: The First 50 Years of ICSID”, *ICSID Review-Foreign Investment Law Journal*, Vol. 31, 3 (2016), p. 27.

〔2〕 James Crawford, S. C., “Investment Arbitration and the ILC Articles on State Responsibility”, *ICSID Review-Foreign Investment Law Journal*, Vol. 25, 1 (2010), p. 133.

〔3〕 在国内法中不存在“国家整体”这一概念，虽然存在与“归因”相似的规则，但是往往使用不同的语词。Id., p. 134.

〔4〕 国家整体性原则是对主权国家在内部事务中无限制的自我组织自由的制衡。See Carlo de Stefano, *Attribution in International Law and Arbitration*, Oxford University Press, 2020, p. 146.

〔5〕 Borzu Sabahi, Noah Rubins and Don Wallace, Jr., *Investor-State Arbitration*, 2nd ed., Oxford University Press, 2019, p. 513.

〔6〕 Id., p. 514.

〔7〕 Csaba Kovács, *Attribution in International Investment Law*, Wolters Kluwer, 2018, p. 26.

就归因的性质而言，它是一种规范性操作，通过考察将行为者、行为或两者与国家联系起来的法律要素和事实要素确定是否存在国家行为。一方面，归因并非单纯的事实认定，更是一项法律运作。因为确定归因的联系要素取决于对行为者、行为或两者的法律定性。例如，需要确定相关实体的行为到底构成“国家机关”的行为，还是实体行使政府授权的行为。这反映出国际法要求各国为其行为负责的规范性选择。另一方面，归因不是一个法律拟制概念，在归因过程中必须考察事实方面的联系要素。这将归因与国内法中第三方行为的推定责任相区别，如上级/雇员关系、代理和委托。[1]由此可见，《ILC 草案》归因规则仅构成认定国有企业身份的规范要件还需要结合具体事实进行逐案分析。

2. 归因规则的适用范围

就归因规则的适用范围而言，传统上仅限定在国家为可归因于其不法行为承担国际责任这一情形。具言之，归因规则只是将被指控的不法行为与作为“真正”行为者的国家相联系的法律运作（legal operation）。[2]归因规则在这一国家责任领域的适用具有较大的现实意义和规范性效果。然而，值得注意的是，当前也存在扩大归因规则适用范围的观点。例如，有学者指出，至少在分析层面，归因过程及其相关意义远远超出了确定国家责任这一特定领域。因此，由国际法规范赋予任何法律意义的任何国家行为原则上均可被纳入归因范畴，而不仅限于那些“国际不法行为”。[3]也有学者在此基础上进一步提出归因规则在确定国家责任之外，

---

〔1〕 Katia Yannaca-Small ed., *Arbitration Under International Investment Agreements: A Guide to the Key Issues*, 2nd ed., Oxford University Press, 2018, p. 287.

〔2〕 Csaba Kovács, *Attribution in International Investment Law*, Wolters Kluwer, 2018, p. 8.

〔3〕 James Crawford et al. eds., *The Law of International Responsibility*, Oxford University Press, 2010, p. 222.

还可以适用于管辖权判断以及实体的合法行为或不作为能否归因于国家的认定。[1]在本书看来，扩张归因规则适用范围的观点有时可能源于系统性论证之需。[2]鉴于这一观点的理论基础还有待进一步加强，本书拟采用传统狭义解释的观点，但也承认归因规则在确认投资者诉请资格等非国家责任事项中的间接作用。[3]

3. 归因规则作为身份认定的重要分析工具

投资仲裁庭对于《ILC 草案》归因规则的普遍认可，使其为国有企业身份认定提供了重要依据。考察既有仲裁案例可知，虽然不同仲裁庭对《ILC 草案》的定性各持己见，但是普遍认可《ILC 草案》归因规则的权威性。大多数投资仲裁庭认为《ILC 草案》构成习惯国际法。例如："Unión Fenosa Gas v. Egypt 案"仲裁庭指出，"普遍认为《ILC 草案》权威地反映出与归因相关的习惯国际法原则"[4]；"Veteran Petroleum Limited (Cyprus) v. The Russian Federation 案"仲裁庭指出，"《ILC 草案》第二部分规定了国际不法行为的后果，涉及国家之间的诉请，可能不得直接适用于与国家以外的个人或实体相关的案件。尽管如此，《ILC 草案》相关条款构成处理国家责任问题的习惯国际法，若某一事项不受《能源宪章条约》(*Energy Charter Treaty*, ECT) 的规范且不存在其他情形，仲裁庭可以援用《ILC 草案》条款作为指

---

[1] Csaba Kovács, *Attribution in International Investment Law*, Wolters Kluwer, 2018, pp. 33-43.

[2] 例如，本书认为，恰巴·科瓦奇（Csaba Kovács）的《国际投资法中的归因》（*Attribution in International Investment Law*）一书出于在国际投资法语境下系统性论述独立实体与国家之间的关系分析之需，对归因一词作了扩大性解释。

[3] Katia Yannaca-Small ed., *Arbitration Under International Investment Agreements: A Guide to the Key Issues*, 2nd ed., Oxford University Press, 2018, p. 335.

[4] Unión Fenosa Gas v. Egypt, ICSID Case No. ARB/14/4, Award, 31 August 2018, para. 9. 90. 此外，在"Jan de Nul v. Egypt 案""Bayindir v. Pakistan 案""Tulip v. Turkey 案"中均有相似的表述。

引。"[1]此外，也有仲裁庭认为，《ILC 草案》本身不具有约束力，但是反映出一般法律原则[2]或构成最权威的法律声明。[3]根据《ILC 草案》第 55 条规定，特别法规范可以排除《ILC 草案》的适用。因此，IIAs 中的特别归因条款可以取代《ILC 草案》中的一般归因规则。然而，鉴于大多数 IIAs 对归因问题通常"缄默不语"，《ILC 草案》也成为投资仲裁庭分析归因问题的重要工具。

不可否认，《ILC 草案》中的归因规则具有较高的抽象性[4]且不存在专门适用于国有企业的具体规定，但是其成功地引入了一个分析框架，并已成为投资仲裁庭认定东道国国有企业身份所依据的标准模式。[5]与此同时，在理论和实践中，《ILC 草案》中的归因规则也开始被视为认定国有企业投资者身份的辅助性解释工具。[6]值得注意的是，根据本章第二、三节的案例分析可

---

〔1〕 Veteran Petroleum Limited (Cyprus) v. Russian Federation, PCA Case No. AA 228, Final Award, 18 July 2014, footnote. 10.

〔2〕 See F-W Oil Interests, Inc. v. Republic of Trinidad & Tobago, ICSID Case No. ARB/01/14, Award, 3 March 2006, para. 202.

〔3〕 Mohammad Ammar Al-Bahloul v. The Republic of Tajikistan, SCC Case No. V (064/2008), Partial Award on Jurisdiction and Liability, 2 September 2009, p. 165.

〔4〕《ILC 草案》中的归因规则虽看似具体，但一些规则的表述存在较大的模糊性。例如尚不清楚第 5 条中的"政府权力"、第 8 条中的"指引（direction）或控制（control）"等语词的确切含义。不仅如此，在国际争端解决实践中，这些归因标准的适用往往需要结合大量的事实调查和判断。这也表明《ILC 草案》归因规则在实践中的适用存在复杂性和不确定性。See Daniel Bodansky and John R. Crook, "Symposium: The ILC's State Responsibility Articles", *American Journal of International Law*, Vol. 96, 4 (2002), pp. 783-784.

〔5〕 Katia Yannaca-Small ed., *Arbitration Under International Investment Agreements: A Guide to the Key Issues*, 2nd ed., Oxford University Press, 2018, p. 336.

〔6〕 See Beijing Urban Construction Group Co. Ltd. v. Republic of Yemen, ICSID Case No. ARB/14/30, Decision on Jurisdiction, 31 May 2017, para. 31-44. 刘雪红："论国有企业私人投资者身份认定及启示 ——以 ICSID 仲裁申请人资格为视角"，载《上海对外经贸大学学报》2017 年第 3 期。

知，在国有企业身份认定问题中，《ILC 草案》归因规则与 IIAs 中的国有企业条款、布罗切斯标准和国内法在适用关系上均存在较大争议。

（二）IIAs 中关涉国有企业身份认定的条款

IIAs 中与国有企业身份认定相关的条款可见于国有企业条款、投资者定义条款和国有企业定义条款。尽管上述条款在既有国际投资条约体系中并不常见，但是随着国有企业开始成为国际投资中的重要行为者，为增强国有企业及缔约方在国际投资条约中权利义务的确定性，未来可能会出现更多相关条款澄清国有企业的身份。

1. 国有企业条款

（1）条款的缘起

IIAs 中国有企业条款的起源可追溯至 20 世纪 90 年代早期美国与东欧国家的双边投资缔约实践。当时的美国 BIT 谈判磋商者认为，随着东欧转型经济体和苏联国有企业数量的大幅增加，需要设计相关条款以防止东道国利用其国有企业侵犯投资者利益、规避条约义务。[1]因此，虽然该条款并未出现在 1992 年《美国 BIT 范本》之中，但美国基于该范本与摩尔多瓦、厄瓜多尔、白俄罗斯、乌克兰、爱沙尼亚、拉脱维亚和立陶宛磋商缔结的 BITs 中皆纳入了这一条款。这些条款具体表述为："每一缔约方应确保其维持或设立的任何国有企业的行为不得违背该方在本条约下的义务，只要该企业行使该方授予它的任何监管、行政或其他政府权力，如征收、颁发许可证、批准商业交易或强制施加配额或费用，或其他收费"。[2] 随后，这一条款在代际更迭的 IIAs 中得

---

〔1〕 See Kenneth J. Vandevelde, *U. S. International Investment Agreements*, Oxford University Press, 2009, p. 458.

〔2〕 See e. g., Moldova, Republic of United States of America BIT (1993), Art. 2. 2 (b).

到延续与发展。

（2）条款的延续

上述条款在随后的《美国 BIT 范本》和 IIAs 缔约实践中得到延续。《北美自由贸易协议》（NAFTA）第 1503.2 条即为例子，但是该条将“条约下的义务”具化为“第 11 章（投资）和第 14 章（金融服务）”下的义务。同时，NAFTA 第 1116 条和第 1117 条明确规定，ISDS 机制可以适用于国有企业行使政府授权的情形。类似的条款可见于《美国与智利自由贸易协定（FTA）》第 16.4（2）条、《美国与澳大利亚 FTA》第 14.4（1）条、《美国与秘鲁 FTA》第 13.6（1）条和《美国与哥伦比亚 FTA》第 13.6（1）条。上述条款愈发频繁地出现于晚近缔结的 BITs 和 FTAs 之中。例如：2018 年生效的《全面与进步跨太平洋伙伴关系协定》（CPTPP）投资章节第 9.2（2）（b）条；2019 年 3 月签署的《印度尼西亚与澳大利亚综合经济伙伴协议》（IA-CEPA）第 14.2 条；2022 年 1 月生效的《区域全面经济伙伴关系协定》（*Regional Comprehensive Economic Partnership*，RCEP）第 10.1（h）（ii）条；等等。然而需要说明的是，虽然大多数仲裁庭承认上述美式 IIAs 中国有企业条款构成特别归因规则，但是也存在与之相左的仲裁实践。这些国有企业条款与《ILC 草案》之间的适用关系也尚未明确。此外，ECT 第 22.1 条也存在与美式 IIAs 国有企业条款类似但又有区别的条款，ECT 中的国有企业条款是否构成特别归因规则尚存争议。[1]

2. 投资者定义条款

绝大多数 IIAs 的投资者定义条款并没有根据所有权对投资者进行区分。例如，有学者对 1813 个 IIAs 样本进行调研，结果显

〔1〕 详见本章第二节第三目。

示84%的IIAs没有明确提及任何类型的国家控制投资者［包括国有企业投资者、主权财富基金（SWF）和政府投资者］。[1]在这种情况下，通常认为除非IIAs存在相反规定，否则国有企业及其投资者可以受到IIAs保护。[2]而如果一项IIA直接将国有企业纳入投资者定义，就意味着国有企业及其投资可以获得该条约的保护。不仅如此，如果投资者的定义中包括"政府"则意味着[3]，即便国有企业以国家机关或政府等主权身份开展海外投资，也可以获得投资条约的保护。[4]因此，可以借助IIAs中的投资者定义条款将国有企业投资者"塑造"成可以受IIAs保护的适格申请方。如前文所述，即便在这种情况下，国有企业投资者若想诉诸ICSID投资仲裁，仍需满足《ICSID公约》第25条的属人管辖要求，适用布罗切斯标准认定其公私身份。

3. 国有企业定义条款

由第一章中国有企业的定义演变可知，传统IIAs中较少纳入国有企业的定义，即便存在相关定义也是非常笼统且难以为国有企业身份认定提供指导。例如，最为常见的是将国有企业定义为由一方所有或通过所有者权益控制的企业。[5]而晚近CPTPP、《美墨加三国协议》（USMCA）等新型经贸协定中独立的国有企业章节促进了

---

〔1〕 Yuri Shima, "The Policy Landscape for International Investment by Government-Controlled Investors: A Fact Finding Survey", OECD, 2015, p. 11.

〔2〕 UNCTAD, "The Protection of National Securoity in IIAs", UNCTAD, 2009, p. 43.

〔3〕 See Yuri Shima, "The Policy Landscape for International Investment by Government-Controlled Investors: A Fact Finding Survey", OECD, 2015, pp. 13-14. 作者指出，将政府纳入投资者的定义的IIAs约占调查样本总数的65%，包括科威特、卡塔尔、阿联酋、美国、加拿大和日本等国缔结的IIAs。

〔4〕 See Lu Wang, "State Controlled Entities as Qualified 'Investors': Implications for the Pacific Region Investment Treaty Making", *Transnational Dispute Management* (*TDM*), Vol. 12, 1 (2015), p. 15.

〔5〕 Estonia-United States of America BIT (1994), Art. 1 (f).

国有企业定义的“精细化”发展，通过身份“塑造”在一定程度上限制了受保护国有企业投资者的范围。例如，根据 CPTPP 第 17.1 条规定，国有企业是“主要从事商业活动的实体”，据此只有具有商业特性的国有企业投资者才能够获得投资章节的保护，成为 ISDS 中的适格申请方。[1]这一规定相当于要求投资仲裁庭在认定国有企业身份时，将国有企业开展投资活动的目的作为重要考量因素。

(三)《ICSID 公约》中的布罗切斯标准

在国际投资法语境下，如果说归因规则的主要目的是分析东道国国有企业开展行为时的身份属性，那么布罗切斯标准以国有企业投资者与其母国关系为分析对象，旨在确认国有企业开展投资行为的真实身份。

1. 布罗切斯标准的缘起与内涵

《ICSID 公约》第 25.1 条管辖权条款规定，只有私人投资者才是 ICSID 仲裁中的适格申请方，这也引发了国有企业投资者能否构成 ICSID 仲裁中适格申请方的疑惑。然而，《ICSID 公约》中并不存在解决上述问题的条款。[2]考察《ICSID 公约》的起草历史可知，1972 年阿朗·布罗切斯（Aron Broches）先生提出的布罗切斯标准为国有企业投资者被接纳为申请方提供了有益指引，即“就《ICSID 公约》而言，似乎不应取消混合经济公司或政府所有公司作为‘另一缔约方国民’的资格，除非其是政府代理人或履行政府基本职能。”[3]当前，“政府代理人”和“履行政府

[1] 刘雪红：“论国有企业私人投资者身份认定及启示——以 ICSID 仲裁申请人资格为视角”，载《上海对外经贸大学学报》2017 年第 3 期。

[2] Emilio Agustín Maffezini v. The Kingdom of Spain, ICSID Case No. ARB/97/7, Decision on Jurisdiction, 25 January 2000, Para. 74.《ICSID 公约》中不包括任何关于国家实体、分支机构或国家机构的行为或不行为归因于国家的标准。

[3] Aron Broches, *Selected Essays: World Bank, ICSID, and Other Subjects of Public and Private International Law*, Martinus Nijhoff Publishers, 1995, p. 202.

职能”两要素已经成为投资仲裁庭判断国有企业投资者能否享有ICSID诉请资格的重要依据。然而，这并不意味着布罗切斯标准的适用毫无问题。且不论实践中布罗切斯标准引发的适用争议[1]，就该标准本身而言也存在很大争议。例如，布罗切斯标准的性质很少得到讨论，根据《维也纳条约法公约》（VCLT）中的条约解释原则，布罗切斯标准并没有出现在《ICSID公约》的文本之中，充其量只是作为条约准备工作第32条中的补充解释资料。[2]也有学者指出，如果仔细审视布罗切斯标准就会发现其引发的问题要比答案多。[3]

2. 布罗切斯标准与归因规则之关系

布罗切斯标准和归因规则的适用目的有所不同，前者是为了揭示母国与国有企业投资者之间的关系，若确定投资者具有公共身份则不构成ICSID中的适格申请方，后者则旨在防止国家为规避责任利用国有企业开展不法行为。尽管两者目的不同，但其适用本质都是通过分析国有企业与其所有者政府之间的关系，以确认国有企业参与投资活动时的真实身份。当前多数学者认为，可将布罗切斯标准中的两个要素类比为《ILC草案》第5条和第8条。与模糊的布罗切斯标准相比，作为习惯国际法的归因规则发展更为成熟，因此可适用后者为前者提供指引以确定主权行为的边界。[4]不仅如此，在“Maffezini v. Spain案”中，仲裁庭在确

---

〔1〕 详见本章第三节。

〔2〕 VCLT, 1969. Art. 32 (b).

〔3〕 See Duncan Matthews and Simon Milnes, “Potential Investor-State Issues in Belt and Road Initiative Projects”, *Asian Dispute Review*, Vol. 21, 2 (2019), p. 61.

〔4〕 See Mark Feldman, “State-Owned Enterprises as Claimants in International Investment Arbitration”, *ICSID Review–Foreign Investment Law Journal*, Vol. 31, 1 (2016), p. 34. 刘雪红：“论国有企业私人投资者身份认定及启示——以ICSID仲裁申请人资格为视角”，载《上海对外经贸大学学报》2017年第3期。

认管辖权阶段没有提及归因规则，却援引布罗切斯标准为其确定东道国国有企业的被申请方资格提供指引。[1]诚然，理论上布罗切斯标准和归因规则可以在确认国有企业身份中相互解释、互为补充，但是实践中尚存在争议。[2]

（四）东道国国内法

除上述国际法规范外，也不能忽视国内法在认定国有企业身份中的作用。本书认为，与国有企业身份认定相关的国内法主要有两种：第一种是认定国家机关的国内法。根据《ILC 草案》第 4.2 条规定，"国家机关包括根据该国国内法具有此种地位的任何个人或实体"。也有学者将之称为"法定国家机关的国内法反致"。[3]这一条款的原理在于，国际法中并不存在国家内部组织规则，而是遵循国内组织自治原则。因此，国内法是国际法认定国家机关和国家代理人的重要依据。[4]第二种是合同自体法（proper law of contract）中的国内法依据。这种情况出现在外国投资者与东道国国有企业的投资合同争端之中，仲裁庭适用东道国国内法认定国有企业的缔约身份。[5]一般而言，合同自体法是指当事人明确选择的法律，若当事人未明确选择，则根据合同事实推定当事人所选择的法律；如果无法推定，则适用与合同有最密

[1] Giulio Alvaro Cortesi, "ICSID Jurisdiction with Regard to State-Owned Enterprises-Moving Toward an Approach Based on General International Law", *The Law and Practice of International Courts and Tribunals*, Vol. 16, 1 (2017), p. 120.

[2] 详见本章第三节。

[3] See Robert Kolb, *The International Law of State Responsibility: An Introduction*, Edward Elgar, 2017, p. 76.

[4] See Robert Kolb, *The International Law of State Responsibility: An Introduction*, Edward Elgar, 2017, p. 76.

[5] Irmgard Marboe and August Reinisch, "Contracts Between States and Foreign Private Law Persons", *Max Planck Encyclopedias of International Law*, 2011. 诚然，这种情况下身份认定是适用国内法还是国际法中的归因规则尚不存在一致实践。

切联系的法律。[1]根据 1979 年国际法学会决议，合同自体法可包括缔约方所选择的一种或几种国内法律制度或这些制度中的共同原则，或一般法律原则，或适用于国际经济关系的原则，或国际法，或这些法律渊源的组合。[2]在投资合同中最常见的即为东道国国内法。[3]既有投资仲裁中也存在适用合同自体法认定国有企业身份的实践，主要出现在外国投资者与东道国国有企业签订投资合同的情形下。[4]

在认定国有企业身份的投资仲裁实践中，上述法律依据有时各司其职，例如，《ILC 草案》归因规则、国有企业归因规则和国内法通常用于认定东道国国有企业身份，投资条约中的投资者定义和布罗切斯标准主要用于认定国有企业投资者诉请资格；有时互通有无，如适用《ILC 草案》归因规则解释布罗切斯标准中的相关要件；有时相互冲突，如在投资者与东道国国有企业投资合同争端中，《ILC 草案》归因规则与合同自体法之间存在适用争议。

---

〔1〕 徐冬根、王国华、萧凯：《国际私法》，清华大学出版社 2005 年版，第 134 页。

〔2〕 See Patrick Dumberry, "International Investment Contracts", in Tarcisio Gazzini and Eric De Brabandere eds., *International Investment Law: The Sources of Rights and Obligations*, Brill, 2012, p. 223.

〔3〕 See Patrick Dumberry, "International Investment Contracts", in Tarcisio Gazzini and Eric De Brabandere eds., *International Investment Law: The Sources of Rights and Obligations*, Brill, 2012, pp. 223-225.

〔4〕 See e. g., Impregilo S. p. A. v. Islamic Republic of Pakistan II, ICSID Case No. ARB/03/3, Decision on Jurisdiction, 22 April 2005, para. 209; InterTrade Holding GmbH v. The Czech Republic, UNCITRAL, PCA Case No. 2009-12, Final Award, 29 May 2012, para. 165.

第二节　东道国国有企业主权身份之国际投资仲裁规制实践

国际投资法规制东道国国有企业身份问题的本质在于，通过认定国有企业的主权身份，追究东道国国家责任，从而防止国家将国有企业作为侵犯外国投资者权利、规避责任的工具。其中，认定东道国国有企业身份是确认不法行为真正责任主体的关键步骤，既具程序意义也有实体意义。[1]本节拟先考察投资仲裁庭在管辖权阶段认定国有企业身份的不同进路，再依次探析实体审理阶段《ILC 草案》归因规则和 IIAs 中相关条款在认定国有企业身份中的具体适用与相关争议。

一、管辖权阶段认定国有企业身份的不同进路

既有国际投资仲裁实践表明，仲裁庭在管辖权阶段就适用何种依据和方法认定国有企业身份采用了不同进路，主要包括初步证明法（prima facie）、归因规则法和适用东道国国内法。

（一）初步证明法

关于初步证明法的最早实践可见于 1983 年的“Amco v. Indonesia 案”。该案被申请方提出管辖权异议，主张案件仅为私人主体间的争端。仲裁庭适用初步证明法指出：只要从表面上看诉请是“直接由投资引起的”，申请方对于争议的定性不存在明显错误，仲裁庭就享有管辖权。在这一阶段，仲裁庭不得试图详细审查诉请本身，只应表面确定申请方的诉请属于 ICSID 仲裁的管辖

〔1〕 王少棠：“国家与国有企业关系——论归因规则在国际投资仲裁中的适用”，载《北京仲裁》2019 年第 2 期。

范围即可。[1]随后，在1999年裁决的“Wena Hotels v. Egypt案”中，被申请方以埃及国有企业EHC公司是真正的被申请方为由提出管辖权异议。仲裁庭援引“Amco v. Indonesia案”裁决指出，被申请方的抗辩是基于实体诉请提起的，应该在实体审理阶段处理。[2]就适用初步证明法认定国有企业身份而言，当前存在三种实践。

1. 证明国有企业是国家实体

在2000年“Maffezini v. Spain案”管辖权阶段，仲裁庭认为其需要处理两个问题：一是确定西班牙国有企业SODIGA公司是否构成国家实体，从而确定ICSID的管辖权和权限（competence）；二是仲裁庭需要处理申请方诉请中SODIGA公司的作为和不作为能否归因于国家。其中，第一个问题可以在管辖权阶段处理，但第二个问题关系到争端实体问题，应该在实体审理阶段处理。[3]

就SODIGA公司是否构成国家实体而言，仲裁庭认为，首先应该根据“结构标准”进行判断。因为如果一个实体直接或间接归国家所有，受国家直接或间接控制，或者该实体旨在履行政府职能、通常由国家保留的职能或本质上通常不由私人企业或个人履行的职能，就会形成一个可反驳的初步假设，即该实体是一个国家实体。[4]然而，仲裁庭在考察SODIGA公司创设的法律依据

---

〔1〕 Amco Asia Corporation and Others v. Republic of Indonesia, ICSID Case No. ARB/81/1, Decision on Jurisdiction, 25 September 1983, para. 38.

〔2〕 Wena Hotels Limited. v. Arab Republic of Egypt, ICSID Case No. ARB/98/4, Summary Minutes of the Session of the Tribunal held in Paris on May 25, 1999 [Decision on Jurisdiction], 29 June 1999, paras. 59-64, 69.

〔3〕 Emilio Agustín Maffezini v. The Kingdom of Spain, ICSID Case No. ARB/97/7, Decision on Jurisdiction, 25 January 2000, para. 75.

〔4〕 Id., para. 77.

和政府持股情况后，指出“国家所有”要素本身不足以假定该实体构成国家机关，需要继续考察“职能标准”。其次，仲裁庭通过考察西班牙政府创设 SODIGA 公司的背景，发现其目的是设立一个可以在区域发展领域履行政府职能的实体。SODIGA 公司肩负着许多私人实体无法实现的政府目标，如为产业发展提供补贴等。最后仲裁庭指出，考虑到 SODIGA 公司既符合国家创设和资本所有权的“结构标准”，也符合从事公共性质活动的“职能标准”，因此申请方在诉请中初步证明了 SODIGA 公司是代表西班牙政府行事的国家实体（state entity）。至于 SODIGA 公司的具体被诉行为或不行为能否归因于东道国将留待实体审理阶段处理。

有学者对“Maffezini v. Spain 案”的管辖权裁决表示质疑，认为该案裁决存在前后矛盾。因为仲裁庭区分了管辖权阶段和实体审理阶段，并强调应在后一阶段处理与国家责任相关的事项，然而却在前一阶段对这一事项开展了实质审查。这种做法不仅违背争端各方的合理期待，而且可能会阻碍他们在适当阶段提出重要论点。因为一旦仲裁庭在管辖权阶段就国家和国家实体之间关系的某一特定方面作出裁决，就很难在随后的实体审理中推翻这一裁决。〔1〕也有学者认为，该案仲裁庭将归因分析提前至管辖权阶段〔2〕，模糊了管辖权阶段与实体审理阶段的界限。〔3〕可能正因如此，后续案件中很少见到仲裁庭在管辖权阶段如此详细地认定国有企业是否构成国家实体。即便在管辖权阶段存在相关

---

〔1〕 Luca Schicho, “The Relationship Between a State and State Entities: A Matter of Jurisdiction or of the Merits?”, in Nikolaus Pitkowitz et al., *Austrian Yearbook on International Arbitration 2011*, MANZ Verlag Wien, 2011, p. 339.

〔2〕 Simon Olleson, “Attribution in Investment Treaty Arbitration”, *ICSID Review – Foreign Investment Law Journal*, Vol. 31, 2 (2016), p. 468.

〔3〕 Csaba Kovács, *Attribution in International Investment Law*, Wolters Kluwer, 2018, p. 291.

实体事项的分析，仲裁庭也会说明分析理由，下文中的“归因规则法”即为例子。

2. 除非国有企业与国家明显不存在联系

在随后涉及东道国国有企业的投资案件中，仲裁庭根据初步证明法指出，其原则上对案件享有管辖权，除非被申请方能证明国有企业与国家明显不存在任何联系。这意味着举证责任由申请方证明国有企业为国家实体转变为由被申请方证明其与国有企业之间明显不存在联系。鉴于被申请方通常面临举证困难，仲裁庭在管辖权阶段通常无需分析国家与国有企业之间的关联程度（extent）或关系性质（quality）。[1]

在 2006 年裁决的“Jan de Nul v. Egypt 案”中，被申请方在管辖权抗辩中指出，埃及国有企业 SCA 公司是埃及法中的独立法人，因此与投资者产生争端的当事方为 SCA 公司，而不是埃及政府。然而，投资仲裁庭指出，根据初步证明标准，仲裁庭不应在管辖权阶段处理国家是否为案件事实上的被申请方并且认定国家责任，除非涉案实体明显与国家不存在任何联系。此案显然不构成例外情况。[2]因此，仲裁庭明确提出，将 SCA 公司的身份认定问题留待实体审理阶段适用《ILC 草案》归因规则予以裁定。[3]相似裁决也可见于 2007 年的“Saipem v. Bangladesh 案”，该案仲裁庭根据孟加拉国法律指出，初步看来孟加拉国国有企业孟加拉国石油公司似乎构成国家的一部分。孟加拉国主张孟加拉国石油公司作为“独立法人”这一事实，并不意味着该公司与政

---

〔1〕 Csaba Kovács, *Attribution in International Investment Law*, Wolters Kluwer, 2018, p. 291.

〔2〕 Jan de Nul N. V. and Dredging International N. V. v. Arab Republic of Egypt, ICSID Case No. ARB/04/13, Decision on Jurisdiction, 16 June 2006, paras. 83-85.

〔3〕 Id., para. 89.

府没有任何联系。[1]2008 年“Noble Energy v. Ecuador 案”仲裁庭也持有相同立场。[2]

由上可见，这种初步证明法并不要求结合投资者的实体诉请严格适用“归因规则”中的行为判断标准，而只需确定国有企业与国家之间存在表面联系即可。有学者批评指出，初步证明法是一种形式主义方法，仅允许仲裁庭确定被申请方是否为“程序当事方，而不是确定其是否为争端当事方”。[3]然而，也有仲裁庭认为，在确定管辖权时，初步证明法在更为严格的标准和更为宽松的标准之间取得了适当的平衡。因为前者意味着需要在管辖权阶段审查实体问题，后者则完全取决于申请方对其诉请的定性。[4]

3. 临时管辖权

2020 年 1 月 PCA 裁决的“Consutel v. Algeria 案”是关于投资者与阿尔及利亚国有电信公司的合同纠纷。申请方主张，阿尔及利亚国有电信公司的行为可归因于东道国，因此可以根据《阿尔及利亚与意大利 BIT》诉诸投资仲裁。于仲裁庭而言，归因问题是一个实体问题，为了管辖权目的，仲裁庭决定临时（pro tem）

---

〔1〕 Saipem S. p. A. v. People's Republic of Bangladesh, ICSID Case No. ARB/05/07, Decision on Jurisdiction and Recommendation on Provisional Measures, 21 March 2007, paras. 144-148.

〔2〕 Noble Energy, Inc. and Machalapower Cia. Ltda. v. The Republic of Ecuador and Consejo Nacional de Electricidad, ICSID Case No. ARB/05/12. 5 Mar 2008, Decision on Jurisdiction, para. 166.

〔3〕 Giulio Alvaro Cortesi, "ICSID Jurisdiction with Regard to State-Owned Enterprises-Moving Toward an Approach Based on General International Law", *The Law and Practice of International Courts and Tribunals*, Vol. 16, 1 (2017), p. 119.

〔4〕 Saipem S. p. A. v. People's Republic of Bangladesh, ICSID Case No. ARB/05/07, Decision on Jurisdiction and Recommendation on Provisional Measures, 21 March 2007, para. 85.

接受申请方的诉请事实。[1]尽管资料显示，该案仲裁庭在管辖权阶段既未要求证明阿尔及利亚国有电信公司是国家实体，也未强调国有企业与国家之间存在联系，但是也不能否认“国家所有制”事实上构成仲裁庭确定管辖权的内在考量要素。

由上可见，仲裁庭适用初步证明法相当于对投资者与东道国国有企业争端享有属人管辖权作出了可反驳假设，在第二、三种实践中尤为明显。因此本书认为，国有企业的“国家所有”或“国家控制”的主体属性会对仲裁庭的管辖权确定产生决定性影响。

（二）归因规则法

考察既有实践可知，仲裁庭在管辖权阶段多采用初步证明法而非适用归因规则来认定国有企业身份。但是在下述几种情况中，仲裁庭也会在管辖权阶段适用归因规则认定国有企业身份。

1. 争端当事方详细论证归因问题

当争端当事方在管辖权阶段提交大量有关归因的诉请时，仲裁庭为满足当事方合理期待，也会适用归因规则认定国有企业身份。值得注意的是，此时仲裁庭适用归因规则认定国有企业身份并非基于确定管辖权的需要。[2]例如，在2001年的“Salini v. Morocco案”中，仲裁庭在管辖权裁决中指出，由于申请方是以投资条约为依据针对国家提出的诉请，没有必要确定仲裁庭对

[1] Damien Charlotin, “Analysis: Tribunal in Consutel Case Finds That It Has No Jurisdiction Over Contractual Claims, and Dismisses All Other Claims on Their Merits”, available at https://www.iareporter.com/articles/analysis-tribunal-in-algerian-telecoms-dispute-finds-that-it-has-no-jurisdiction-over-contractual-claims-and-dismisses-all-other-claims-on-their-merits/, last visited on 2020-2-14.

[2] Luca Schicho, “The Relationship Between a State and State Entities: A Matter of Jurisdiction or of the Merits?”, in Nikolaus Pitkowitz et al., *Austrian Yearbook on International Arbitration 2011*, MANZ Verlag Wien, 2011, p. 378.

于合同争端的管辖权，也没有必要知道摩洛哥国有企业 ADM 公司是否为国家实体。然而，仲裁庭指出，由于当事方已经对 ADM 公司的身份问题进行了充分讨论，并可能对案件的实体审理产生影响，为了满足当事方的合法期待，有必要对这一问题作出裁决。最终，该案仲裁庭在管辖权阶段通过适用《ILC 草案》中的归因规则来确定国家对于公司的控制和参与程度。〔1〕

"Helnan v. Egypt 案"仲裁庭在 2006 年的管辖权裁决中也遵循了同样的思路。仲裁庭指出，虽然其无需通过认定埃及国有企业 EGOTH 公司的地位来确定管辖权，但是考虑到争端双方已经就这一问题进行了充分讨论，审慎起见其有义务在本决定中处理这一问题。因此仲裁庭适用了《ILC 草案》第 5 条分析了 EGOTH 公司行为的归因性。〔2〕与之相似，在 2012 年"Teinver v. Argentina 案"中，尽管仲裁庭认为应将归因问题推迟至实体审理阶段处理，但是考虑到被申请方提出"根据《ILC 草案》第 4 条或第 5 条，工会行为不可归因于阿根廷政府"，仲裁庭还是结合《ILC 草案》进行了简要分析。〔3〕

2. 归因问题明确且独立

当归因问题较为明确且与行为合法性问题可分开处理时，仲裁庭可能会在管辖权阶段适用归因规则认定国有企业身份。例如，2009 年"Toto v. Lebanon 案"仲裁庭就被申请方提出的管辖权异议，直接在管辖权阶段援引《ILC 草案》第 5 条归因规则，

---

〔1〕 Salini Costruttori S. p. A. and Italstrade S. p. A. v. Kingdom of Morocco, ICSID Case No. ARB/00/4, Decision on Jurisdiction. 31 July 2001, paras. 30-32.

〔2〕 Helnan International Hotels A/S v. Arab Republic of Egypt, ICSID Case No. ARB 05/19, Decision on Jurisdiction, 17 October 2006, paras. 91-93.

〔3〕 Teinver S. A., Transportes de Cercanías S. A. and Autobuses Urbanos del Sur S. A. v. Argentine Republic, ICSID Case No. ARB/09/1, Decision on Jurisdiction, 21 December 2012, paras. 271-273, 275.

裁定国家实体 CEGP 公司和 CDR 公司的行为可归因于黎巴嫩，确定了仲裁庭的管辖权。[1]该案仲裁庭在管辖权阶段仅处理了国家与国家实体之间的关系，而未涉及对行为不法性的分析。[2]该案仲裁庭在管辖权阶段处理归因问题的一个重要原因是，该案的归因与合法性问题并非密切相关，可以分开处理。[3]2012 年“Teinver v. Argentina 案”管辖权裁决也指出，若归因问题相当明确(fairly cut-and-dry)，可以在管辖权阶段处理，以确定仲裁庭的管辖权。[4]

3. 管辖权异议并入实体审理阶段

初步证明法多适用于管辖权阶段和实体审理阶段两分的情形。2010 年以来，开始出现将管辖权异议并入实体审理阶段的仲裁实践，即在实体审理阶段适用归因规则一并处理管辖权和实体责任问题。例如，在 2010 年“Hamester v. Ghana 案”中，针对被申请方的管辖权异议，仲裁庭指出，归因问题是管辖权问题还是实体问题尚不明确。归因加剧了管辖权问题的复杂性，归因既可以被定性为管辖权问题，也可以被定性为实体问题，后者只应在确定仲裁庭享有管辖权的情况下才予以考虑。可通过思考管辖权问题与实体问题所需的不同举证责任对两者进行区分。如果管辖权的确认取决于某些事实的存在，则必须在管辖权阶段证明这些事实。但是，如果被指控的事实旨在确定对相关投资协定的违

---

〔1〕 Toto Costruzioni Generali S. p. A. v. Lebanese Republic, ICSID Case No. ARB/07/12, Decision on Jurisdiction, 11 September 2009, paras. 27-41, 42-60.

〔2〕 Giulio Alvaro Cortesi, “ICSID Jurisdiction with Regard to State-Owned Enterprises-Moving Toward an Approach Based on General International Law”, *The Law and Practice of International Courts and Tribunals*, Vol. 16, 1 (2017), p. 124.

〔3〕 See Teinver S. A., Transportes de Cercanías S. A. and Autobuses Urbanos del Sur S. A. v. Argentine Republic, ICSID Case No. ARB/09/1, Decision on Jurisdiction, 21 December 2012, para. 273.

〔4〕 Id., paras. 271-273, 275.

反，则必须在管辖权阶段先接受这些事实，再到实体审理阶段确定事实是否存在。[1]虽然归因作为确定国家参与的一种手段看起来更像是一个管辖权问题，但是在多数情况下归因问题与合法性问题紧密交织在一起，如果不对实体问题进行充分调查，就很难处理归因问题。[2]该案仲裁庭认可在管辖权阶段适用初步证明法，认为无论归因问题的性质如何，作为一个实际问题最好在实体阶段处理，以便能够深入分析某些行为与国家之间复杂关系的所有决定性因素。仲裁庭指出，不仅没有证据表明东道国完全未参与争议，相反东道国承认加纳可可委员会（Cocobod）这家国有企业的一些行为可归因于国家，但是否认这些行为具有不法性。尽管国家对争议行为的参与程度尚不得而知，但是毫无疑问国有企业某些行为可归因于国家，因此仲裁庭对该案享有管辖权。[3]仲裁庭再次强调，其选择将管辖权异议并入实体审理阶段的好处在于，仲裁庭在获得争端当事方提交的全面事实性诉请后，可以在任何情况下处理归因问题。[4]

2014年"Tulip v. Turkey案"仲裁庭也认同"Hamester v. Ghana案"的裁决，将管辖权异议并入实体审理阶段。仲裁庭认为，这种方法使其可以获得争端双方的充分诉请。仲裁庭可能不会将其调查仅限于初步证明，而必须就归因问题作出明智且决定性的裁决。[5]该案仲裁庭适用《ILC草案》归因规则对土耳其国有企业埃姆拉克公司（Emlak）的行为进行分析后裁定，鉴于埃姆拉克

---

〔1〕 Gustav F W Hamester GmbH & Co KG v. Republic of Ghana, ICSID Case No. ARB/07/24, Award, 18 June 2010, paras. 140, 142-143.

〔2〕 Id., para. 143.

〔3〕 Id., paras. 144-145.

〔4〕 Id., para. 146.

〔5〕 Tulip Real Estate and Development Netherlands B. V. v. Republic of Turkey, ICSID Case No. ARB/11/28, Award, 10 March 2014, para. 280.

公司的行为不可归因于土耳其，因此不享有管辖权。

由上可见，尽管很多仲裁庭承认归因问题本质上是一个管辖权问题[1]，但是其更倾向于在实体审理阶段依据“归因规则”和事实证据具体分析国有企业的真实身份。[2]这种程序合并法为仲裁庭灵活适用归因规则提供了便利。

（三）东道国国内法

在由投资者和东道国国有企业签订的投资合同引发的投资争端中，尽管仲裁庭在管辖权阶段多适用初步证明法确定东道国的被申请方地位，但是也存在适用国内法认定国有企业身份的情形。例如，在 2005 年“Impregilo v. Pakistan 案”的管辖权阶段，巴基斯坦就仲裁庭对于英波基洛公司（Impregilo）与巴基斯坦国有企业 WAPDA 公司之间合同争端的管辖权提出“属物管辖”异议。该案仲裁裁决指出，《意大利与巴基斯坦 BIT》的管辖范围能否延伸至 WAPDA 公司缔结的合同，取决于 WAPDA 公司的身份。WAPDA 公司作为合同一方的地位是巴基斯坦国内法问题，国内法既构成 WAPDA 公司设立和存续之规范，也是管辖合同的法律。仲裁庭在考察 1958 年《巴基斯坦水电发展管理局法案》后指出，尽管 WAPDA 公司受到巴基斯坦政府的严格控制，但其是一个在法律和财政上独立于巴基斯坦的自治法人。虽然申请方英波基洛公司主张依据《ILC 草案》归因规则认定 WAPDA 公司身份，但

---

〔1〕 See Gustav F W Hamester GmbH & Co KG v. Republic of Ghana, ICSID Case No. ARB/07/24, Award, 18 June 2010, para. 143; Teinver S. A., Transportes de Cercanías S. A. and Autobuses Urbanos del Sur S. A. v. Argentine Republic, ICSID Case No. ARB/09/1, Decision on Jurisdiction, 21 December 2012, para. 271.

〔2〕 Tulip Real Estate and Development Netherlands B. V. v. Republic of Turkey, ICSID Case No. ARB/11/28, Award, 10 March 2014, paras. 276-278; Gustav F W Hamester GmbH & Co KG v. Republic of Ghana, ICSID Case No. ARB/07/24, Award, 18 June 2010; Electrabel S. A. v. Republic of Hungary, ICSID Case No. ARB/07/19, VII. 7. 61.

是实体违反投资协定引发的国家责任明显不同于实体违反国内合同引发的国家责任。《ILC 草案》归因规则只适用于前者而不适用于后者。就后者而言，国家无需对具有独立法人资格的实体缔结、履行合同的行为负责。[1]这一立场与《意大利与巴基斯坦BIT》第 9 条争端解决条款规定相一致，即仲裁庭管辖权仅及于缔约方与投资者之间的争端，排除对 WAPDA 公司与投资者间合同争端之管辖。[2]

在 2012 年“Khan Resources v. Mongolia 案”中，被申请方提出属人管辖权抗辩，强调蒙古国政府并非与投资者签订《创建协议》（*Founding Agreement*）的当事方。申请方则主张，蒙古国政府是《创建协议》的初始缔约方，其经由各种实体代表国家与投资者缔结合同。[3]仲裁庭认为，蒙古国与其所谓代表（representative）之间的关系必须结合国内法和事实背景进行评估。[4]例如，在认定蒙古国全资国有企业额尔敦公司（Erdene）缔结合同的真实身份时，仲裁庭指出，根据蒙古国国内法，特别是《国家和地方政府财产法》（*Law on State and Local Government Property*），额尔敦公司以国家代表身份行事。就事实背景而言，额尔敦公司在《创建协议》或《矿产协议》（*Minerals Agreement*）投资合同中承担了只有主权国家才能履行的义务，如“使用自然资源的权利”，因此有理由相信额尔敦公司是代表政府进行缔约的。

---

〔1〕 Impregilo S. p. A. v. Islamic Republic of Pakistan (II), ICSID Case No. ARB/03/3, Decision on Jurisdiction, 22 April 2005, paras. 199-210.

〔2〕 Id., para. 214.

〔3〕 Khan Resources Inc., Khan Resources B. V. and CAUC Holding Company Ltd. v. The Government of Mongolia and Monatom Co., Ltd., PCA Case No. 2011-09, Decision on Jurisdiction, 25 July 2012, para. 343.

〔4〕 Id., para. 345.

综上所述，在管辖权阶段仲裁庭通常采用初步证明法认定国有企业身份，确定自身管辖权。只有当争端当事方在管辖权阶段的诉请中涉及对国有企业归因问题的大幅论证，归因问题较为明确或程序合并等情形下才适用归因规则。此外，在东道国国有企业作为合同缔约方的情况下，也存在适用东道国国内法认定国有企业身份的情形。本书认为，仲裁庭适用初步证明法在很大程度上意味着仅因国有企业的主体属性即作出其行为可归因于东道国的假定，显然将东道国置于不利之地。于东道国而言，更有利的是在管辖权阶段处理归因问题。如果在管辖权阶段确定不存在可归因于东道国的行为，案件就无需进入实体审理阶段，也无需论证行为的合法性。因此，就东道国而言，可以考虑在管辖权阶段提交大量的相关证据，提出程序合并诉求，或者在合同争端中强调认定国有企业身份是国内法事项，尽早认定身份，降低后续实体纷争风险。

二、实体审理阶段适用《ILC 草案》认定国有企业身份

正如前文所言，仲裁庭在管辖权裁决中通常将适用《ILC 草案》归因规则认定国有企业身份留待实体审理阶段处理。在实体审理中，《ILC 草案》第 4 条、第 5 条、第 8 条是争端当事方和仲裁庭援用的主要依据。尽管适用《ILC 草案》将国有企业行为归因于政府的门槛很高，但是实践中也不乏成功案例。更值得注意的是，既有仲裁案件中也存在灵活解释、适用《ILC 草案》归因规则的主张和实践。

（一）作为“国家机关”的国有企业

《ILC 草案》第 4 条通常被视为归因规则的适用起点。根据《ILC 草案》第 4.1 条规定，只要国有企业被认定为国家机关，无

论其从事的是商业行为还是政府行为均可归因于国家。[1]《ILC草案》第4.2条是对国家机关的定义，即“国家机关包括根据一国国内法享有这种地位的任何个人或实体”。其中，“包括”一词表明，“国内法”是认定国家机关的充分不必要条件。换言之，国内法规定赋予了国有企业以国家机关的法定地位，但是国内法未作规定也不妨碍国有企业构成“事实国家机关”。既有投资仲裁裁决表明，将国有企业认定为国家机关的门槛很高，近年来将国有企业认定为“事实国家机关”的情形在不断增加。

1. 投资仲裁实践中认定“国家机关”的高门槛

考察国际投资仲裁实践可知，国有企业通常很难满足“国家机关”的法定标准和事实要素。

（1）国有企业难以构成“法定国家机关”

国内法通常被视为认定国有企业构成国家机关的重要依据，仲裁庭也将之作为身份认定的起点。[2]然而，鉴于在国内法中绝大多数国有企业均具有独立的法律人格，仲裁庭常常以此为由认定国有企业不构成《ILC草案》第4条中的国家机关。例如，“EDF v. Romania 案”仲裁庭指出，“根据罗马尼亚国内法，AIBO公司和TAROM公司两家国有企业均享有独立于国家的法律人格，不构成国家机关。”[3]“Bayindir v. Pakistan 案”仲裁庭也指出，考虑到巴基斯坦国有企业 NHA 公司是独立法人，因此无法将其

---

〔1〕 See Draft Articles on Responsibility of States for Internationally Wrongful Acts, with commentaries, 2001. Art. 4.1. 根据国际法，任何国家机关的行为都应被视为国家行为，无论该机关履行的是立法、行政、司法或任何其他职能，无论其在国家组织中的地位如何，也无论其作为中央政府机关或地方行政机关的性质如何。

〔2〕 “Almås v. Poland 案”仲裁庭裁决指出，国内法是确定一个实体作为国家机关的地位的起点。在“Jan de Nul v. Egypt 案”裁决中，仲裁庭也指出“要确定一个实体是否是国家机关，必须首先考虑国内法”。

〔3〕 EDF (Services) Limited v. Romania, ICSID Case No. ARB/05/13, Award, 8 October 2009, para. 190.

视为《ILC 草案》中的国家机关。[1]

(2)“国有属性”不足以将国有企业认定为国家机关

在投资争端中，投资者倾向于因国有企业的“国有属性”，将其推定为国家机关或政府部门的延伸。然而，投资仲裁庭否认“国有属性”在认定国有企业身份中具有决定性作用。例如，“Unión Fenosa Gas v. Egypt 案”仲裁庭指出，“根据埃及法律，EGPC 公司只是享有独立法人资格的实体，不能被视为国家机关。其由国家完全所有这一事实不会对这一结论造成实质影响。国有企业法人普遍存在于国家结构之外。”[2]“Tulip v. Turkey 案”仲裁庭也得出类似结论，“根据国际法，国家对某一实体的多数所有不足以推定其具有国家地位。虽然在某些情况下，国家所有权可能与归因问题相关，但这一要素本身不会将一个独立的公司实体转变为国家‘机关’”。[3]

(3)“公共属性”不足以将国有企业认定为国家机关

国有企业的“公共属性”包括参与公共部门、具有公共利益目标、决定受行政公法监督、对国民经济具有重要性等情形。既有案例表明国有企业的“公共属性”不足以将其认定为国家机关。例如，2012 年“Ulysseas v. Ecuador 案”裁决指出，“厄瓜多尔石油公司（Petroecuador)、石油销售公司（Petrocomercia）等国有企业作为厄瓜多尔公共部门的组成部分，鉴于其运作涉及公共利

---

〔1〕 Bayindir Insaat Turizm Ticaret Ve Sanayi A. S. v. Islamic Republic of Pakistan, ICSID Case No. ARB/03/29, Award, 27 August 2009, para. 199. 类似案件可见 Noble Ventures, Inc. v. Romania, ICSID Case No. ARB/01/11, Award, 12 October 2005, 69; Jan de Nul N. V. and Dredging International N. V. v. Arab Republic of Egypt, ICSID Case No. ARB/04/13, Award, 6 November 2008, paras. 160-161.

〔2〕 Unión Fenosa Gas, S. A. v. Arab Republic of Egypt, ICSID Case No. ARB/14/4, Award, 31 August 2018, para. 9. 97.

〔3〕 Tulip Real Estate and Development Netherlands B. V. v. Republic of Turkey, ICSID Case No. ARB/11/28, Award, 10 March 2014, para. 289.

益而受国家控制的事实并不会使他们被认定为《ILC 草案》第 4 条中的国家机关。"[1]"Unión Fenosa Gas v. Egypt 案"仲裁庭也认为，EGPC 公司被埃及法律定性为"公共当局"（public authority）并且作为埃及"石油部门"制定天然气部门战略的法定组成部分，不足以将其认定为国家机关。该实体的国家所有权及其对国有自然资源开发的参与必然涉及对公共部门的关切。但是，参与公共部门不等同于构成国家机构中不可分割的一部分。此外，国有企业决定受行政公法监督的事实也不足以将其认定为国家机关。因为国有企业的运作往往与公众利益相关，按照适用于国家机关实体的相同机制要求其接受国有财务审计不足为奇。[2]类似地，"Helnan v. Egypt 案"仲裁庭也指出，国有企业具有公共目标不足以将其认定为国家机关。[3]"Almås v. Poland 案"裁决同样认为，"如果一个实体独立从事商业交易，即使这些交易对国民经济非常重要，也不会作出该实体构成事实国家机关这一推定"。[4]

（4）"主席和董事会成员由政府任命"不足以将国有企业认定为国家机关

在"Unión Fenosa Gas v. Egypt 案"中，投资者主张 EGPC 公司的主席和董事会成员由政府官员指定，并且被指定的董事会成员中包括政府官员。然而，仲裁庭认为，这些因素不足以表明 EGPC 公司"缺乏真正的自治"，或者缺少"独立的余地"（margin of independence）。此外，EGPC 公司董事会的决定必须送交石油

[1] Ulysseas, Inc. v. The Republic of Ecuador, PCA Case No. 2009-19, Final Award, 12 June 2012, para. 135.

[2] Unión Fenosa Gas, S. A. v. Arab Republic of Egypt, ICSID Case No. ARB/14/4, Award, 31 August 2018, paras. 9. 98-9. 99.

[3] Helnan Hotels v. Egypt, Decision on Jurisdiction, 2006, paras. 85-86.

[4] Kristian Almås and Geir Almås v. Republic of Poland, PCA Case No. 2015-13, Award, 27 June 2016, para. 210.

部长批准、修正或撤销的事实，无法表明石油部长事实上行使这一权力监督 EGPC 公司的正常活动。其实，这无异于私人公司的股东否决权。[1]在“Jan de Nul v. Egypt 案”中，尽管埃及政府参与了其国有企业 SCA 公司董事和经理的任命，并且 SCA 公司的所有决定须向总理报告并获其批准，但是 SCA 公司并不构成埃及国家的一部分，并且 SCA 公司的活动具有商业性质且财务自治，因此不符合“国家机关”的结构性要求。[2]

2. 国有企业被认定为“事实国家机关”的案件分析

论及国家机关的认定，学者的关注点常局限于相关实体是否构成“法定国家机关”。[3]仲裁庭的分析也往往止步于此，即在因国有企业具有独立法人地位而否认其“法定国家机关”身份后，很少进一步论证国有企业能否构成“事实国家机关”。[4]然而根据《ILC 草案》第 4 条的评论，某一实体在国内法中享有独立的法律人格、承担独立的赔偿责任，并非该实体不构成国家机关的决定性要素。[5]虽然原则上具有商业目的的国有企业不被视为国家机关，但这是可以被推翻的假定。只要存在证据表明相关实体在事实上或法律上过分服务于政府目的、缺少自己的决策机关、仅负责执行国家决定或受到国家普遍控制或指导，就可将其

〔1〕 Unión Fenosa Gas, S. A. v. Arab Republic of Egypt, ICSID Case No. ARB/14/4, Award, 31 August 2018, paras. 9. 106-9. 107.

〔2〕 Jan de Nul N. V. and Dredging International N. V. v. Arab Republic of Egypt, ICSID Case No. ARB/04/13, Award, 6 November 2008, paras. 161-162.

〔3〕 崇雨晨：“国际投资仲裁中企业行为归因于国家的认定标准及其实践——以 White Industries Australia Limited v. Republic of India 案为视角”，载《北京仲裁》2016 年第 4 期；王少棠：“国家与国有企业关系——论归因规则在国际投资仲裁中的适用”，载《北京仲裁》2019 年第 2 期。

〔4〕 See Jan de Nul N. V. and Dredging International N. V. v. Arab Republic of Egypt, ICSID Case No. ARB/04/13, Award, 6 November 2008.

〔5〕 See Draft Articles on Responsibility of States for Internationally Wrongful Acts, with commentaries, 2001, p. 42.

认定为事实上的国家机关。[1]近年来，争端当事方和投资仲裁庭开始关注将国有企业认定为“事实国家机关”的可能性。例如，在“Hamester v. Ghana 案”中，申请方主张加纳国有企业加纳可可委员会是“事实国家机关”。[2]在“Almås v. Poland 案”中，仲裁庭在论证国有企业不构成“法定国家机关”后，主动进一步分析国有企业能否构成“事实国家机关”。[3]在下列案件中，仲裁庭明确将国有企业认定为“事实国家机关”。

（1）“Deutsche Bank v. Sri Lanka 案”

在 2012 年裁决的“Deutsche Bank v. Sri Lanka 案”中，仲裁庭主要从四个方面论证了斯里兰卡国有企业 CPC 公司构成《ILC 草案》第 4 条中的国家机关：其一，仲裁庭承认斯里兰卡最高法院的判决，即将 CPC 公司定性为“一个披着法人外衣的政府机构”且受到“深入且普遍的国家控制”。因此，仲裁庭认为 CPC 公司即使不是全部也主要受到国家控制。仲裁庭强调，虽然国有企业被视为国家机关的情况比较罕见，但是国有企业的独立法人资格并不妨碍将其认定为国家机关。其二，CPC 公司明显受到国家控制。CPC 公司由国家完全所有且享有司法豁免权，斯里兰卡石油部长有权任命和罢免 CPC 公司的董事。根据 CPC 公司的章程，其以实现国家利益为目的实施斯里兰卡的石油政策。此外，大量证据表明，政府对 CPC 公司的人事、财政和决策施加了重要控制。更为重要的是，无论斯里兰卡石油部门的指导是否有助于实现 CPC 公司的利益最大化，CPC 公司都要遵从该部门的指导。

---

〔1〕 Katia Yannaca-Small ed. , *Arbitration Under International Investment Agreements: A Guide to the Key Issues*, 2nd ed. , Oxford University Press, 2018, p. 369.

〔2〕 Gustav F W Hamester GmbH & Co KG v. Republic of Ghana, ICSID Case No. ARB/07/24, Award, 18 June 2010 Para. 154.

〔3〕 See Kristian Almås and Geir Almås v. Republic of Poland, PCA Case No. 2015-13, Award, 27 June 2016, paras. 208-210.

其三，仲裁庭掌握了 CPC 公司受到斯里兰卡直接指挥的大量证据。其四，斯里兰卡内阁和部长的指令迫使 CPC 公司启动对冲计划，而 CPC 公司除了服从指令别无选择。因此，CPC 公司构成《ILC 草案》第 4 条意义上的国家机关。[1]

（2）"Flemingo DutyFree v. Poland 案"

在 2016 年裁决的"Flemingo DutyFree v. Poland 案"中，波兰国有企业 PPL 公司作为开发和运营波兰机场而创设的法律实体，其股份完全归波兰国库所有。申请人主张 PPL 公司是在交通部的监督和控制下运作的国家机关，波兰则坚称 PPL 公司是一个独立的商业实体，交通部对某些 PPL 公司行动的批准只是形式上的，并不存在 PPL 公司接受该部门指导的迹象。仲裁庭在审查 PPL 公司是否构成《ILC 草案》第 4 条的"国家机关"时指出，国内法否认某一实体的国家机关地位并不影响该实体被认定为"事实国家机关"。[2]因此，波兰国内立法将 PPL 公司定性为"独立"的国有企业并不会阻止仲裁庭进一步确认 PPL 公司国有企业身份。

值得注意的是，仲裁庭在考察事实要素的过程中非常重视波兰交通部国务院秘书兹比格涅夫·里纳谢维奇（Zbigniew Rynasiewicz）先生发表的声明。秘书先生在 2011 年的波兰议会中指出，"PPL 公司是一个在交通部结构内运作的企业"。接着，在 2013 年的公开声明中他指出，"当谈到投资问题时，交通部部长负责监督 PPL 公司的行为。在某种程度上，我们也会对所有与 PPL 公司运营相关的问题负责……"这一声明证实了交通部正在参与波兰华沙肖邦机场的现代化建设。考虑到 PPL 公司在波兰交

---

〔1〕 Deutsche Bank AG v. the Democratic Socialist Republic of Sri Lanka, ICSID Case No. ARB/09/2, Award, 31 October 2012, para. 405.

〔2〕 Flemingo DutyFree Shop Private Limited v. the Republic of Poland, UNCITRAL, Award, 12 August 2016, para. 433.

通部结构内运作和波兰交通部以 PPL 公司为媒介参与肖邦机场现代化建设的事实，仲裁庭认为 PPL 公司构成“事实国家机关”，其行为或不行为可归因于波兰政府。[1]

（3）“Ampal v. Egypt 案”

2017 年裁决的“Ampal v. Egypt 案”体现出国有企业签署投资合同条款的身份在认定“事实国家机关”中的重要作用。与“Unión Fenosa Gas v. Egypt 案”仲裁庭拒绝将埃及国有企业 EGPC 公司认定为国家机关不同的是，“Ampal v. Egypt 案”仲裁庭将 EGPC 公司认定为《ILC 草案》第 4 条中的国家机关。“Ampal v. Egypt 案”的争议源于以色列政府和埃及政府之间的一项早期协议。根据该协议规定，埃及政府“授权国有企业 EGPC 公司代表国家石油部门谈判……并签订合同。”[2]而在“Unión Fenosa Gas v. Egypt 案”中，根据争议合同（SPA）第 24.1（h）条规定，EGPC 公司在缔结协议时的身份是本人（principal），而不是代理人（agent）、受托人（fiduciary）或者其他任何身份。这表明在“Unión Fenosa Gas v. Egypt 案”中，EGPC 公司在缔结协议时并非被申请方的代理人，而是协议的真正主体。根据作为协议准据法的埃及国内法，考虑到 EGPC 公司独立于被申请方的地位，EGPC 公司的合同义务不会引发埃及政府的合同义务。[3]

（4）“Sehil v. Turkmenistan 案”

在 2021 年裁决的“Sehil v. Turkmenistan 案”中，案件纠纷涉及土耳其投资者瑟希尔公司（Sehil）与土库曼斯坦国有实体缔

---

[1] Flemingo DutyFree Shop Private Limited v. Republic of Poland, UNCITRAL, Award, 12 August 2016, paras. 434-435.

[2] Ampal-American Israel Corporation and others v. Arab Republic of Egypt, ICSID Case No. ARB/12/11, Decision on Liability and Heads of Loss, 21 February 2017, para. 141.

[3] Unión Fenosa Gas, S. A. v. Arab Republic of Egypt, ICSID Case No. ARB/14/4, Award, 31 August 2018, paras. 3.23, 9.69.

结的建筑和翻新合同，争端双方就这些国有实体是否构成国家机关存在分歧。被申请方认为，合同是由投资者瑟希尔公司与东道国国有实体缔结的，由于这些国有实体具有独立于土库曼斯坦政府的法人人格，《ILC 草案》第 4 条不适用。申请方则主张，在特定情况下，国有实体也可以构成国家机关。[1]仲裁裁决认为土库曼斯坦国家石油公司（Turkmenneft）构成《ILC 草案》第 4 条的国家机关。尽管该案仲裁庭承认，一个实体具有独立法人人格和商业目的构成一个可反驳的假设，即该实体不是国家机关，但是，就土库曼斯坦国家石油公司而言，土库曼斯坦政府赋予其有效管理油气方面的战略性国家资源等大量的政府目标，远超过其商业目标，特别是该公司章程列出的主要任务更类似于国家机关而不是商业实体的权能。[2]此外，不同于普通国有企业的活动资金仅来自该企业的自有利润，土库曼斯坦国家石油公司的活动资金还来源于国家预算资金。这种使用公共资金对实体的运营提供资助的做法也形成强有力的假定，即国家控制该实体的主要活动。[3]

由上可见，在审查东道国国有企业是否构成国家机关时，“国内法”是认定国有企业“国家机关”身份的充分非必要条件[4]；单凭“国家所有制”“公共属性”“政府任命国有企业领导层”等要素皆不足以将国有企业认定为国家机关，但是会成为仲裁庭裁决的辅助性证据。在仲裁庭审查国有企业是否构成“事实国家机

---

〔1〕 Muhammet Cap & Sehil Insaat Endustri ve Ticaret Ltd. Sti. v. Turkmenistan, ICSID Case No. ARB/12/6, Award, 4 May 2021, para. 741.

〔2〕 Muhammet Cap & Sehil Insaat Endustri ve Ticaret Ltd. Sti. v. Turkmenistan, ICSID Case No. ARB/12/6, Award, 4 May 2021, para. 755.

〔3〕 Muhammet Cap & Sehil Insaat Endustri ve Ticaret Ltd. Sti. v. Turkmenistan, ICSID Case No. ARB/12/6, Award, 4 May 2021, para. 756.

〔4〕 Meg Kinnear et al. eds., "Building International Investment Law: The First 50 Years of ICSID", *ICSID Review - Foreign Investment Law Journal*, Vol. 31, 3 (2016), p. 27.

关”时，东道国国内法院的裁决、国家官员发表的声明、投资合同条款、企业承担的政府目标和使用公共资金等皆可能构成身份认定的重要事实依据。

（二）“行使政府权力”的国有企业

《ILC 草案》第 5 条是关于国有企业行使政府权力的归因标准，与《ILC 草案》第 4 条和第 8 条的不同之处在于，依据第 5 条归因需要对国有企业涉案行为的具体性质进行区分。[1]根据《ILC 草案》评注可知，第 5 条的立法目的是适用于“取代国家机关行使政府权力要素的实体，以及已经私有化但保留某些公共或监管职能的前国有企业”。[2]这也使得第 5 条常被视为认定国有企业政府身份的重要依据。然而，《ILC 草案》没有明确界定“政府权力”的范围，根据第 5 条评注第（6）段规定，何为“政府”取决于特定的社会、有关国家的历史和传统。其中，重要的并非“权力”的内容，而是权力授予实体的方式、行使权力的目的、政府在多大程度上需要为实体行为负责。[3]简而言之，起草者认为应确保这一概念的灵活性，不适合预先作出一般界定。“政府权力”的要素在具体案件中表现为事实、法律和实践的混合。[4]

1. 强调国有企业在开展特定不法行为时“行使政府权力”

欲满足《ILC 草案》第 5 条的归因情形，必须证明两个连续要件：其一，不法行为必须由有权行使政府权力的实体实施；其

---

〔1〕 赵海乐：“论国有企业‘政府权力’认定的同源异流——国家责任、国家豁免与反补贴实践比较研究”，载《人大法律评论》2015 年第 2 期。

〔2〕 See Draft Articles on Responsibility of States for Internationally Wrongful Acts, with commentaries, 2001, p. 43.

〔3〕 See Draft Articles on Responsibility of States for Internationally Wrongful Acts, with commentaries, 2001, p. 43.

〔4〕 F-W Oil Interests, Inc. v. The Republic of Trinidad and Tobago, ICSID Case No. ARB/01/14, Award, 2006, para. 203.

二，政府权力必须是在开展特定不法行为时实施的。[1]据此，若想基于《ILC 草案》第 5 条认定国有企业的主权身份，申请方不仅需要证明国有企业获得政府权力授权，而且需要证明国有企业在从事争议行为时行使了政府权力。第一个要件往往比较容易证明[2]，而第二个要件则较难实现。多数案件都因无法证明国有企业在开展特定行为时行使了政府权力，而未能依据《ILC 草案》第 5 条将国有企业行为归因于国家。

（1）“Jan de Nul v. Egypt 案”

2008 年“Jan de Nul v. Egypt 案”仲裁裁决指出，埃及国有企业 SCA 公司根据公共采购法律管辖招标程序的政府授权与投资者签订合同，符合政府授权要件。然而，这不足以证明 SCA 公司从事争议行为时行使了这一授权，无论 SCA 公司在投标过程中拒绝延长时间的理由为何，都不能证明其行使了政府授权，因为任何私人合同主体都可以类似的方式行事。[3]“Ulysseas v. Ecuador 案”仲裁庭也指出，基于《ILC 草案》第 5 条归因规则认定国有企业身份的重点并不在于国有企业缔结合同性质的“公法性”或“私法性”，而是在于国有企业缔结合同时是否行使了政府权力。[4]

---

〔1〕 Gustav F W Hamester GmbH & Co KG v. Republic of Ghana, ICSID Case No. ARB/07/24, Award, 18 June 2010. Para. 176; Jan de Nul N. V. and Dredging International N. V. v. Arab Republic of Egypt, ICSID Case No. ARB/04/13, Award, 6 November 2008, paras. 163-164.

〔2〕 当前本书发现只有“Unión Fenosa Gas v. Egypt 案”裁决驳回根据《ILC 草案》第 5 条提出的归因诉请的依据为申请方没有证明有关实体被法律“授权”行使政府权力。See Unión Fenosa Gas, S. A. v. Arab Republic of Egypt, ICSID Case No. ARB/14/4, Award, 31 August 2018, para. 9. 114.

〔3〕 Jan de Nul N. V. and Dredging International N. V. v. Arab Republic of Egypt, ICSID Case No. ARB/04/13, Award, 6 November 2008, para. 170.

〔4〕 Ulysseas, Inc. v. The Republic of Ecuador, PCA Case No. 2009-19, Final Award, 12 June 2012, paras. 138-139.

（2）“Bayindir v. Pakistan 案”

2009 年“Bayindir v. Pakistan 案”仲裁裁决指出，巴基斯坦国有企业 NHA 公司被授予一般性权力本身不足以构成《ILC 草案》第 5 条的归因情形。这一归因规则还要求国有企业在特定情况下以主权能力行事，而仲裁庭并不认为 NHA 公司在开展违反条约的行为时行使了政府权力。因此，根据《ILC 草案》第 5 条，NHA 公司的行为不可归因于巴基斯坦。[1]

（3）“Hamester v. Ghana 案”

在 2010 年“Hamester v. Ghana 案”中，仲裁庭根据《ILC 草案》第 5 条仔细评估了加纳国有企业加纳可可委员会在处理与投资者的合同时，其行为是类似于任何合同缔约方或股东，还是行使监管权力的国家实体。这种分析必然集中于政府权力的利用。仲裁庭指出，一个公共实体为了实现某种普遍利益、使命或目的而实施的行为，不足以构成《ILC 草案》第 5 条意义上的可归因行为。[2]

（4）“Bosh v. Ukraine 案”

2012 年“Bosh v. Ukraine 案”涉及乌克兰国立大学的行为是否符合《ILC 草案》第 5 条归因要件的判断。乌克兰国立大学是由政府出资设立的国有企业。仲裁庭首先指出，“根据乌克兰第 1496/99 号总统令与乌克兰教育法，乌克兰国立大学享有提供高等教育服务水平和管理其治下国有资产的职能，构成获得政府授权的实体”，满足第一个条件。然而，由于乌克兰国立大学有权自主订立和终止合同，无需乌克兰政府额外授权；涉案合同本身属于纯商业合同，并且乌克兰国立大学受争议的合同行为没有行

〔1〕 Bayindir Insaat Turizm Ticaret Ve Sanayi A. S. v. Islamic Republic of Pakistan, ICSID Case No. ARB/03/29, Award, 27 August 2009, para. 123.

〔2〕 Gustav F W Hamester GmbH & Co KG v. Republic of Ghana, ICSID Case No. ARB/07/24, Award, 18 June 2010, para. 202.

使上述授权，乌克兰国立大学与投资者缔结和终止合同的行为不能归因于国家。[1]

（5）“InterTrade v. Czech Republic 案”

2012 年“InterTrade v. Czech Republic 案”仲裁庭在分析捷克国有企业 LCR 公司的行为能否归因于捷克政府时，认可 LCR 公司获得政府授权，但是需要确定 LCR 公司在开展争议行为时是否行使了这一授权。[2] 申请方提出的归因理由是，“LCR 公司的任务不只是开发国家森林以获取最大利益，更是旨在实现更广泛的公共利益，必须在这一背景下看待 LCR 公司（包括投标在内）的相关行为。”[3] 仲裁庭认为申请方的理由过于笼统，因为国家实体总是被视为服务于公共利益，但是这不足以构成《ILC 草案》第 5 条的归因情形。国有企业在某些活动中可能行使了政府授权，但是在其他活动中可能没有行使政府授权。如果企业的行为仅与商业活动有关，与行使政府授权无关，就不能将企业行为归因于国家。[4] 随后，仲裁庭先援引相似的“Jan de Nul v. Egypt 案”裁决，论证 LCR 公司公开招标森林采伐权的行为是“以自己名义行事并担责”的行为，是其他任何经济行为者都可以从事的营利性商业活动，并不涉及政府权力的行使。[5] 接着，仲裁庭又援引“CSOB v. Slovak Republic 案”裁决主张，即便 LCR 公司

---

〔1〕 Bosh International, Inc. and B&P Ltd. Foreign Investments Enterprise v. Ukraine, ICSID Case No. ARB/08/11, Award, 25 October 2012, paras. 163-178.

〔2〕 InterTrade Holding GmbH v. The Czech Republic, UNCITRAL, PCA Case No. 2009-12, Final Award, 29 May 2012, para. 181.

〔3〕 InterTrade Holding GmbH v. The Czech Republic, UNCITRAL, PCA Case No. 2009-12, Final Award, 29 May 2012, para. 182.

〔4〕 InterTrade Holding GmbH v. The Czech Republic, UNCITRAL, PCA Case No. 2009-12, Final Award, 29 May 2012, para. 183.

〔5〕 InterTrade Holding GmbH v. The Czech Republic, UNCITRAL, PCA Case No. 2009-12, Final Award, 29 May 2012, paras. 183-186.

的设立阶段处于中央经济向市场经济的转型时期，也不会影响仲裁庭的结论。具言之，捷克农业部根据捷克《林业法案》全面负责森林管理，其将合同监管权授予 LCR 公司这一事实并不会导致国家需要对 LCR 公司的所有行为负责。因为投资者的诉请未指向任何与行使政府权力相关的行为，其主要诉求在于不公平的商业投标行为。[1]

2. 国有企业被认定“行使政府权力”的案件分析

据本书考察，截至 2020 年 6 月，只有两起案件仲裁庭根据《ILC 草案》第 5 条将国有企业行为归因于东道国。本部分主要分析这两起案件仲裁庭对“行使政府权力”要素之认定。

(1)“Flemingo DutyFree v. Poland 案”

在“Flemingo DutyFree v. Poland 案”中，仲裁庭首先指出，波兰国内法对国有企业 PPL 公司进行了明确授权，符合要件一。就要件二而言，“仲裁庭注意到，PPL 公司章程将机场航站楼的建设、扩建和维护纳入了 PPL 公司的活动范围；PPL 公司与波兰交通部部长于 2010 年签订的《肖邦机场现代化履行协议》将 1 号航站楼的现代化建设置于交通部的控制之下；交通部国务秘书在议会中明确承认交通部对肖邦机场 1 号航站楼现代化建设的责任；PPL 公司在与投资者签订引发争议的《租赁协议》(*Lease Agreements*) 之前，需要获得国家财政部的批准；国家财政部要求 PPL 公司在签订或修订《租赁协议》时均需获其批准。”因此，仲裁庭认定，PPL 公司在从事与《租赁协议》相关的行为时行使了政府权力。[2]

---

[1] InterTrade Holding GmbH v. The Czech Republic, UNCITRAL, PCA Case No. 2009-12, Final Award, 29 May 2012, paras. 188.

[2] Flemingo DutyFree Shop Private Limited v. the Republic of Poland, UNCITRAL, Award, 12 August 2016, paras. 436-446.

（2）“Saint-Gobain v. Venezuela 案”

2016 年“Saint-Gobain v. Venezuela 案”是另一起适用《ILC 草案》第 5 条认定国有企业行为归因于东道国的案件。该案裁决指出，委内瑞拉国有企业 PDVSA 公司被授予政府权力，在对委内瑞拉诺普（Norpro Venezuela）工厂开展国有化的过程中，不仅履行了“管理员”（caretaker）职能，而且也是工厂国有化的监督人和推动者。被申请方对此没有异议。不仅如此，被申请方承认，在 2010 年底举行的谈判中，PDVSA 公司“已接到指示，要将工厂过渡到国家控制下运营”。PDVSA 公司在 2010 年 8 月 30 日会议期间发表的声明也证实了这一点，即“委内瑞拉总统已向其发出具体指示，要求将诺普工厂移交给国家控制”。然而，该案仲裁庭并没有具体分析 PDVSA 公司行为是如何满足《ILC 草案》第 5 条下两个要件的。[1]

由上可见，虽然根据《ILC 草案》评论，第 5 条常被视为将国有企业行为归因于国家的重要法律依据，但是实践表明，很难证明东道国国有企业在开展不法行为中“行使了政府权力”，基于第 5 条成功归因的两个案件也并不具有代表性。就“Flemingo DutyFree v. Poland 案”而言，仲裁庭已经根据《ILC 草案》第 4 条认定 PPL 公司构成“事实国家机关”，第 5 条的归因规则仅起到补充性论证作用。在“Saint-Gobain v. Venezuela 案”中，鉴于被申请方并未提出异议，仲裁庭也没有展开详细分析。

（三）“受政府指示、指挥或控制的”国有企业

根据《ILC 草案》第 8 条规定，“受政府指示、指挥或控制的”国有企业是指，当国有企业行为与国家之间存在特殊事实关

---

〔1〕 Saint-Gobain Performance Plastics Europe v. Bolivarian Republic of Venezuela, ICSID Case No. ARB/12/13, Decision on Liability and the Principles of Quantum, 30 December 2016, para. 458.

系时（specific factual relationship），即国有企业所实施的不法行为是受到政府指示（instruction）、指挥（direction）或者控制（control）的，即可将之视为国家行为。其中，"指示""指挥""控制"构成独立要素，只需证明东道国国有企业的不法行为满足其中之一即可。这一条款的设置源于国际法中的有效性原则，即有必要考虑行为实体与国家机构之间是否存在真正联系。

1. 严格的"有效控制"标准

多数仲裁庭在考察国有实体行为能否基于《ILC 草案》第 8 条归因于东道国时均强调"有效控制"这一严格标准。例如，在"Hamester v. Ghana 案"中，仲裁庭在一开始就提示适用《ILC 草案》第 8 条归因标准的严格性，要求申请方证明"国家对实体的总体控制（general control）和国家对特定行为的具体控制（specific control）"。[1]这也构成对"有效控制"的双重检验标准。其中，判断国家具体控制要件的主要依据在于是否有证据表明"国家为了主权利益将其对企业的控制或所有者权益作为实现特定结果的手段"，[2]无论国家在企业中持股比例为何皆不足以直接将企业行为归因于国家。[3]

例如，"Electrabel v. Hungary 案"裁决指出，根据《ILC 草案》第 8 条的归因规则，需要满足非常严格的"控制程度"要求。在

---

〔1〕"Jan de Nul v. Egypt 案""Almås v. Poland 案""Gavrilovic and Gavrilovic d. o. v. Republic of Croatia 案""Tulip v. Turkey 案""Teinver v. Argentina 案"仲裁庭均强调基于《ILC 草案》第 8 条归因规则的"有效控制"标准。

〔2〕Draft Articles on Responsibility of States for Internationally Wrongful Acts, with commentaries, 2001, p. 48.

〔3〕See Lao Holdings N. V. v. Lao People's Democratic Republic I, ICSID Case No. ARB（AF）/12/6, Decision on the Merits, 10 June 2015, paras. 81-82. 该案中，老挝政府在沙湾城（Savan City）公司中持股比例为 30%，仲裁庭认为证据表明 30%的所有者权益并不构成控制。如下案例所述，政府持有多数股权尚不能直接将企业行为归因于国家，更不用说本案中的少数股权了。

该案中，由于国家没有专门利用其企业中的所有者权益或对企业的控制实现特定结果，不构成《ILC 草案》第 8 条下的“受国家指挥”的企业。[1]随后，在“Tulip v. Turkey 案”中，仲裁庭首先指出，仅仅基于土耳其国有企业埃姆拉克公司由国家机关 TOKI 多数所有的事实，不足以构成《ILC 草案》第 8 条中的归因情形。从普通公司法的角度来看，因为埃姆拉克公司受到 TOKI 的控制，所以其也受土耳其政府的控制。从投票权控制和董事会的代表性来看，TOKI 有能力对埃姆拉克公司行使主权控制。然而，具体到本案，需要考察埃姆拉克公司在从事合同管理这一特定行为时，是否受到 TOKI 主权意义上的指示、指挥或控制，而不是追求公司商业利益的一般性控制。[2]最终仲裁庭以多数决裁定，“虽然埃姆拉克公司受到土耳其国家机关 TOKI 的管理和控制，但是根据《ILC 草案》第 8 条规定，埃姆拉克公司履行、维持和终止投资合同的行为不能归因于国家。因为没有证据表明国家基于主权利益将其控制作为实现特定结果的手段”。[3] 在 2018 年裁决的“Marfin v. Cyprus 案”中，仲裁庭在审议塞浦路斯莱基（Laiki）银行、银行董事会的作为或不作为能否归因于塞浦路斯政府的过程中，再次认可根据《ILC 草案》第 8 条归因需要满足严格的“有效控制”检验标准。仲裁庭经过考察申请方对塞浦路斯莱基银行管理行为的质疑后指出，被申请方列举的证据只能证明莱基银行受到政府的总体控制，但是无法证明莱基银

〔1〕 Electrabel S. A. v. Republic of Hungary, ICSID Case No. ARB/07/19, Decision on Jurisdiction, Applicable Law and Liability, 30 November 2012, para. 7. 137.

〔2〕 Tulip Real Estate and Development Netherlands B. V. v. Republic of Turkey, ICSID Case No. ARB/11/28, Award, 10 March 2014, paras. 304-305.

〔3〕 Tulip Real Estate and Development Netherlands B. V. v. Republic of Turkey, ICSID Case No. ARB/11/28, Award, 10 March 2014, paras. 311-326.

行及其董事会采取的特定行动是受到政府的指挥或控制。[1]

此外，既有投资仲裁案件表明，如下事实不构成《ILC 草案》第 8 条的归因情形：其一，由受政府影响的国有或国家控制企业开展活动，这一事实本身不足以将此类实体的行为归因于国家[2]；其二，强力建议（strong advice）和谈判邀请（invitation to negotiate）不等同于政府指示（instruction）[3]；其三，政府鼓励不构成政府控制，例如在"Pezold v. Zimbabwe 案"中，虽然有充分证据表明津巴布韦政府参与并鼓励其国有企业开展涉案行为，但仲裁庭不认为入侵者的行为源于政府的直接命令，或在最初侵犯申请人财产时受到政府直接控制。[4]

2. 国有企业被认定为"受政府指示、指挥或控制"之仲裁实践

诚然，上述标准似乎意味着很难基于《ILC 草案》第 8 条进行归因，然而实践中不乏成功归因的案例。仲裁庭可能基于政府指示、指挥、控制中的一个或多个要素认定国有企业行为归因于国家。

（1）"EDF v. Romania 案"

"EDF v. Romania 案"仲裁庭认定，AIBO 公司和 TAROM 公

---

〔1〕 Marfin Investment Group Holdings S. A. and Others v. Republic of Cyprus, ICSID Case No. ARB/13/27, Award, 26 July 2018, paras. 670-679. 此外，该案仲裁庭退一步指出，即便采用低于"有效控制"要求的归因标准，也无法将莱基银行的行为归因于东道国政府。例如关于申请方对莱基银行董事会主席选举受到塞尔维亚政府指挥和控制的质疑，仲裁庭认为董事会选举出的主席虽然是塞尔维亚中央银行推荐的人选，但是申请方不能证明董事会在选举时别无选择，只能选择这一推荐人选，因此不能支持申请方的主张。

〔2〕 Electrabel S. A. v. Republic of Hungary, ICSID Case No. ARB/07/19, Decision on Jurisdiction, Applicable Law and Liability, 30 November 2012, para. 7. 95.

〔3〕 Id. , paras. 7. 109-7. 111.

〔4〕 Bernhard von Pezold and Others v. Republic of Zimbabwe, ICSID Case No. ARB/10/15, Award, 28 July 2015, paras. 446-448.

司两个罗马尼亚国有企业开展的不法行为“受到政府的指示或指挥”，因此根据《ILC 草案》第 8 条，该不法行为可归因于国家。在根据《ILC 草案》第 8 条认定国有企业身份时，仲裁庭指出，有证据表明，罗马尼亚交通部发布的一系列指令（mandate）、指示或指挥其国有企业以违反投资条约的方式行使其在 ASRO 公司（EDF 公司与 AIBO 公司成立的合资企业）中的股东权利。此外，也有证据表明，罗马尼亚国家正在利用其在公司（AIBO 公司和 TAROM 公司）中的所有者权益或控制权实现“特定结果”。在本案中，这一“特定结果”是指终止或不再延长罗马尼亚国有企业与 EDF 公司和 ASRO 公司的合同安排，并建立拍卖制度。〔1〕被申请方主张，交通部的指令（mandate）无论是从法律上还是事实上，都不能被理解为是交通部对公司的命令（order）。仲裁庭否认这一观点。经过对“指令”用语的分析，仲裁庭认为无论是从法律层面还是事实层面，交通部的指令对于 AIBO 公司和 TAROM 公司的行为都产生了约束性效果。〔2〕有学者指出，仲裁庭同时分析指示（instruction）的法律（de jure）效果和事实（de facto）效果是恰到好处的，因为国家追求的特定结果不仅可以通过发布具有法律约束力的指示（instruction）实现，而且可以通过施加事实上的政治或制度压力实现。考虑到国家对国有企业决策机构的普遍影响，事实上（de facto）的沟通渠道可能更有效地推动国有企业开展特定行为。〔3〕

---

〔1〕 EDF（Services）Limited v. Romania, ICSID Case No. ARB/05/13, Award, 8 October 2009, para. 201.

〔2〕 EDF（Services）Limited v. Romania, ICSID Case No. ARB/05/13, Award, 8 October 2009, paras. 203-209.

〔3〕 Csaba Kovács, *Attribution in International Investment Law*, Wolters Kluwer, 2018, p. 198.

（2）“Bayindir v. Pakistan 案”

“Bayindir v. Pakistan 案”仲裁庭指出，每一项被诉的不法行为都是巴基斯坦国有企业 NHA 公司终止合同决定的直接后果。NHA 公司这一决定是在获得巴基斯坦政府明确批准（clearance）的情况下作出的。相关证据包括，2001 年 4 月会议中，巴基斯坦政府的穆沙拉夫（Musharraf）将军准许 NHA 公司主席贾韦德（Javed）将军诉诸可适用的合同救济措施，包括终止与投资者缔结的合同。与之相似，巴基斯坦交通部长卡齐（Qazi）将军承认，如果没有巴基斯坦政府高层的相关指示，NHA 公司不可能作出终止合同的决定。[1]因此，仲裁庭认为 NHA 公司的行为基于《ILC 草案》第 8 条可归因于国家。同时，“Bayindir v. Pakistan 案”裁决指出，国有企业的行为性质（无论是商业性还是政府性）不影响适用《ILC 草案》第 8 条的归因效果。此外，仲裁庭认识到，在外国武装干预或国际刑事责任等其他情形中适用《ILC 草案》第 8 条的高标准控制要求可能无法适应国际经济法的现实。如果投资争端的具体事实证明确有必要，高标准的控制要求不应成为行为归因的阻碍。[2]

（3）“UAB E Energija v. Latvia 案”

在“UAB E Energija v. Latvia 案”中，仲裁庭需要解决的问题是，拉脱维亚是否指示、指挥或控制其国有企业雷泽克纳热网（Rēzeknes Siltumtīkli）和雷泽克纳能源公司（Rēzeknes Enerģija）起诉拉特加勒能源公司（Latgales Enerģija），导致后者的银行账户被冻结。仲裁庭认为，尽管不存在“指示、指挥或控制”的直接证

〔1〕 Bayindir Insaat Turizm Ticaret Ve Sanayi A. S. v. Islamic Republic of Pakistan, ICSID Case No. ARB/03/29, Award, 27 August 2009, paras. 125, 128.

〔2〕 Id., para. 130.

据，但是根据“大量间接证据”可以推断出存在上述情形。[1]这些间接证据其中之一是拉脱维亚雷泽克内市市长在2007年的新闻访谈记录中暗示雷泽克纳热网在申请扣押拉特加勒能源公司资产的一天后，终止与拉特加勒能源公司的合同关系。[2]

（4）“CC/Devas v. India 案”

在“CC/Devas v. India 案”中，关于能否根据《ILC 草案》第8条将印度国有企业安得利公司（Antrix）援引不可抗力的行为归因于国家，仲裁庭也基于新闻稿中的证据作出可归因的裁决。仲裁庭指出，安得利公司援引不可抗力的行为是“在印度政府的指示、指挥或控制下实施的行为”。印度政府于2011年2月17日发布的新闻稿确认了其授权印度空间部（DOS）“指示安得利公司废止其与德瓦斯公司（Devas）之间的合同”。2011年2月23日，DOS副秘书告知安得利公司，其将无法租赁任何S波段转发器，安得利公司与投资者之间的协议“将立即废止”。因此，可以适用《ILC 草案》第8条认定安得利公司的行为可归因于被申请方。[3]

（5）“Ampal v. Egypt 案”

如前所述，“Ampal v. Egypt 案”仲裁庭在认定埃及国有企业EGPC公司构成国家机关的基础上，进一步指出，包括EGPC公司董事会的会议记录等大量证据表明EGPC公司和EGAS公司始终在国家的指导和控制下行事，其作出的缔结和终止与投资者合

---

〔1〕 UAB E Energija (Lithuania) v. Republic of Latvia, ICSID Case No. ARB/12/33, Award, 22 December 2017, paras. 826-827.

〔2〕 UAB E Energija (Lithuania) v. Republic of Latvia, ICSID Case No. ARB/12/33, Award, 22 December 2017, para. 828.

〔3〕 CC/Devas (Mauritius) Ltd., Devas Employees Mauritius Private Limited and Telcom Devas Mauritius Limited v. India, PCA Case No. 2013-09, Award on Jurisdiction and Merits, 25 July 2016, paras. 288-290.

同的决定都经过了埃及政府最高层的同意。该案中，EGPC 公司和 EGAS 公司终止合同的行为是受埃及政府指示、指挥或控制下作出的，属于《ILC 草案》第 8 条的归因情形。[1]

由上可见，官方会议中的领导人发言、新闻稿、董事会会议记录等均可构成国有企业行为被认定为“受政府指示、指挥或控制”的关键证据。

(四) 宽泛适用《ILC 草案》归因规则的仲裁实践

在适用《ILC 草案》归因规则认定国有企业身份时，绝大多数投资仲裁庭都按照与国家关系由近及远的顺序，依次适用《ILC 草案》第 4 条、第 5 条、第 8 条归因规则。仲裁庭在严格区分上述归因规则的基础上，分别考察每种归因规则的适用要素和适用结果。[2]然而，也存在未严格适用《ILC 草案》归因规则的实践。

1. “Nykomb v. Latvia 案”

2003 年“Nykomb v. Latvia 案”仲裁庭仅笼统地指出，根据国际法中的归因规则，拉脱维亚需为其国有企业拉脱维亚电力公司（Latvenergo）的行为负责，但是并没有明确适用哪条归因规则。该案仲裁庭在处理归因问题时，主要强调对东道国国有企业与东道国市场关系这一事实要素的考量，即“拉脱维亚电力市场受政府高度管控，拉脱维亚电力公司在拉脱维亚电力市场中具有支配地位，既是国内主要的电力生产商，也是国家电网中唯一的电力经销商，明显是国家工具。在外国投资者文茨皮尔斯公司（Windau）经营的市场中，拉脱维亚电力公司没有任何商业自由，

---

[1] Ampal-American Israel Corporation and Others v. Arab Republic of Egypt, ICSID Case No. ARB/12/11, Decision on Liability and Heads of Loss, 21 February 2017, para. 146.

[2] Luca Schicho, “Attribution and State Entities: Diverging Approaches in Investment Arbitration”, *The Journal of World Investment & Trade*, Vol. 12, 2 (2011), p. 298.

不享有谈判电价的自由，但是受到且自认为受到由立法机关和监管机构确定由热电联产发电厂发电的购买价格约束。因此拉脱维亚电力公司不能被视为独立的商事企业，而明显构成拉脱维亚国内电力市场组织的组成部分，也是执行国家关于电力定价决策的工具。”〔1〕

有学者指出，该案仲裁庭采取了最简单的分析路径，仅分析了国有企业拉脱维亚电力公司的所有权与控制权关系及其行为的政府性质。该案仲裁裁决表明，任何非“纯粹商事”而是具备政府职能重要要素的行为均应归因于国家，但是仲裁庭并未对此进行充分论证。〔2〕有学者对此表示遗憾，认为裁决中的论点很有意义，本可为后续案件提供有益指导，但是因其没有明确援引具体规则，很难从最终裁决中推断出如何适用具体规则得出这一相关结论。〔3〕也有学者对这一路径表示支持，主张在认定国有企业行为的归因时必须同时考虑“结构”和“职能”测试，不能与既有仲裁庭一样对“职能”测试作出“严格”解读，而应将其解释为该实体在国内经济中的整体职能。〔4〕

2. “Waste Management v. Mexico 案”

2004 年“Waste Management v. Mexico 案”仲裁庭在认定墨西

〔1〕 Nykomb Synergetics Technology Holding AB v. Republic of Latvia, SCC Case No. 118/2001, Arbitral Award, 16 December 2003, para. 4. 2.

〔2〕 Janas Wetterfors, “The First Investor-State Arbitration Award Under the 1994 Energy Charter Treaty Nykomb Synergetics Technology Holding Ab, Sweden （‘Nykomb’） vs. The Republic of Latvia-A Case Comment”, TDM, 1 (2005), p. 7.

〔3〕 Luca Schicho, “Attribution and State Entities: Diverging Approaches in Investment Arbitration”, *The Journal of World Investment & Trade*, Vol. 12, 2 (2011), p. 296.

〔4〕 Enrico Milano, “The 2008 Investment Arbitration Between Italy and Cuba: The Application of the Rules of Attribution and the 1993 BIT's Scope Ratione Personae Under Scrutiny”, in Nerina Boschiero et al. eds., *International Courts and the Development of International Law: Essays in Honour of Tuttio Treves*, T. M. C. Asser Press, 2013, p. 747.

哥国有银行公共工程银行（Banobras）行为能否归因于国家时指出，据其掌握的材料来看，公共工程银行是否构成《ILC 草案》第 4 条中的国家机关值得怀疑。在与城市和州政府的信贷交易中，公共工程银行是否行使了《ILC 草案》第 5 条中的政府授权尚不清楚，也不存在证据证明公共工程银行拒绝支付行为是受到城市或州政府的"指挥或控制"。然而就本裁决而言，可以假定根据 NAFTA 的宗旨，公共工程银行的行为可以一种或另一种方式归因于墨西哥。〔1〕

3. "Noble Ventures v. Romania 案"

2005 年裁决的"Noble Ventures v. Romania 案"是偏离《ILC 草案》适用规则的又一仲裁实践。该案仲裁庭在适用《ILC 草案》第 5 条考察罗马尼亚国有企业 SOF/APAPS 公司行为能否归因于政府时，拒绝对 SOF/APAPS 公司从事的争议行为作出"政府性"或"商业性"的区分。换言之，仲裁庭在认定国有企业获得罗马法授权后，没有考察《ILC 草案》第 5 条适用的第二个要件——"行使政府权力"要素，就认定 SOF/APAPS 公司行为可归因于罗马尼亚。〔2〕

4. "EnCana v. Ecuador 案"

在 2006 年裁决的"EnCana v. Ecuador 案"中，仲裁庭在讨论国有企业厄瓜多尔石油公司行为的归因问题时指出，"厄瓜多尔石油公司必须服从总统和其他领导的指示，总检察长根据法律拥有并行使权力'监督合同履行并为此目的提出或采纳必要的司法行动来保护国家财产和公共利益。'证据显示，这一权力扩张至监

〔1〕 Waste Management Inc. v. United Mexican States (No. 2), ICSID Case No. ARB (AF) /00/3, Final Award, 30 April 2004, para. 75.

〔2〕 Noble Ventures, Inc. v. Romania, ICSID Case No. ARB/01/11, Award, 12 October 2005, para. 82.

督和控制厄瓜多尔石油公司对参与合同的履行以及可能的重新磋商。因此厄瓜多尔石油公司缔结、履行和重新磋商参与合同（或拒绝这样做）的行为可归因于厄瓜多尔。因此，到底是基于《ILC 草案》第 5 条还是第 8 条得出这一结论并不重要。"[1]该案仲裁庭对于《ILC 草案》第 5 条和第 8 条的适用相当于降低了"行使政府权力"和"控制"要素的"门槛"。因为若单独适用《ILC 草案》第 5 条，有必要更加详细地考察监管权力的本质以确定其是否构成政府权力，以及这些权力行使的程度。若单独适用《ILC 草案》第 8 条，需要详细分析监管权力真正的行使程度。在该案中，仲裁庭通过诉诸两种可能的归因规则，避免了对任一规则的彻底审查。仲裁庭可能认为，有迹象表明存在适用其他规则的可能性，进而降低了每一归因规则的适用"门槛"。[2]

5. "Italy v. Cuba 案"

2008 年"Italy v. Cuba 案"裁决认为，古巴国有企业酒店集团（Grupo Hotelero）的行为不可归因于东道国。对此该案仲裁员坦齐（Tanzi）教授提出不同意见：首先，在解读《ILC 草案》归因标准时，应该充分考虑国有企业与东道国市场的关系并对之进行宽泛解读。当投资东道国为计划经济国家或国家主导经济市场的情况下更应如此。其次，关于《ILC 草案》第 4 条中国家机关的认定没有必要区分国家的统治权（iure imperii）和政府的商业行为（iure gestionis）。[3]最后，当前仲裁庭在判断实体与国家联系时，过于强调"职能"要素，而并未给予"结构"要素充分重

---

[1] EnCana Corporation v. Republic of Ecuador, LCIA Case No. UN 3481, Award, 3 February 2006, para. 154.

[2] Luca Schicho, "Attribution and State Entities: Diverging Approaches in Investment Arbitration", *The Journal of World Investment & Trade*, Vol. 12, 2 (2011), p. 296.

[3] Republic of Italy v. Republic of Cuba, Dissenting Opinion of Attila Tanzi, 15 July 2008, paras. 12, 14.

视。在“Italy v. Cuba 案”中，酒店集团在古巴旅游业的发展和吸引外国投资方面发挥出重要作用。在与外国投资者打交道时，其在古巴对外贸易部的监督和控制下行事。有证据表明，本案中，不同国家当局与酒店集团之间存在密切联系。然而，如果机械化地适用《ILC 草案》条款，这种情况可能无法归因于东道国。例如：酒店集团可能不完全符合《ILC 草案》第 4 条中国家机关的认定标准；在与意大利投资者卡里贝公司（Caribe）和图拉公司（Figurella）签订合同时，酒店集团可被视为以私人身份行事，因此不符合《ILC 草案》第 5 条归因要件；既有证据不足以根据《ILC 草案》第 8 条将酒店集团的行为与古巴当局的指示和控制相联系。据此，有学者认为《ILC 草案》的适用必须考虑相关的事实和法律背景。在“Italy v. Cuba 案”中，于作为小企业的意大利投资者卡里贝公司和图拉公司而言，其在国家严格监管和控制的市场上投资并享有 BIT 的保护，仲裁庭本应予以充分考虑。[1]

6. “Bayindir v. Pakistan 案”

上文已提及，“Bayindir v. Pakistan 案”仲裁庭主张《ILC 草案》第 8 条高水平的控制要求不应妨碍必要情况下的归因效果。[2]该案仲裁庭对其调查结果是否符合《ILC 草案》第 8 条中的习惯国际法标准，似乎关系到国家对 NHA 公司相关行动的指挥、指示或控制行为在多大程度上可以被恰当地定性为国家对 NHA 公司行动的“有效控制”。与其说仲裁庭质疑“有效控制”要求的实

〔1〕 Enrico Milano, “The 2008 Investment Arbitration Between Italy and Cuba: The Application of the Rules of Attribution and the 1993 BIT's Scope Ratione Personae Under Scrutiny”, in Nerina Boschiero et al. eds., *International Courts and the Development of International Law: Essays in Honour of Tuttio Treves*, T. M. C. Asser Press, 2013, pp. 745-748.

〔2〕 Bayindir Insaat Turizm Ticaret Ve Sanayi A. S. v. Islamic Republic of Pakistan, ICSID Case No. ARB/03/29, Award, 27 August 2009, para. 130.

质内容，不如说是在寻求将该规则适用于特定案件、具体事实时的灵活性。有学者认为，原则上投资仲裁领域的这种做法本身既不存在问题，也不会不利于习惯国际法的一致性。只要构成指挥、指示或控制的国家行为与被指控对其采取行动的独立实体的相关行为间不存在太大差距，并且独立实体在实施相关行为时可以被恰当地描述为在“代表”国家行事，某种程度的灵活性可能是适当且合理的。〔1〕

上述宽泛适用《ILC 草案》归因规则的仲裁实践和予以支持的学者，均以防止东道国将国有企业作为其代理人侵犯投资者利益为目的，认为在判断东道国国有企业行为的归因性时应宽泛解读归因规则。〔2〕然而，上述观点的发展可能导致如下后果：一方面，宽泛适用《ILC 草案》中的归因标准，充分考量东道国国有企业及东道国市场关系，可能会导致发展中国家面临为其国有企业商事行为承担责任的较大风险。另一方面，当东道国认识到国有企业引发国家责任的高风险，可能会加强对国有企业的控制和管理，或者将授权国有企业与外资合作、管理外资的任务转移给国家机关，从而降低国有企业不法行为引发国家责任的风险。然而，这无疑会损害国际投资的效率。〔3〕

三、实体审理阶段适用 IIAs 认定国有企业身份

随着 IIAs 中国有企业条款的发展，投资者也开始诉诸这些条

〔1〕 Simon Olleson, “Attribution in Investment Treaty Arbitration”, *ICSID Review-Foreign Investment Law Journal*, Vol. 31, 2 (2016), p. 482.

〔2〕 Shaheeza Lalani and Rodrigo Polanco eds., *The Role of the State in Investor-State Arbitration*, Brill Nijhoff, 2015, p. 384.

〔3〕 Andrey V. Kuznetsov, “The Perils of Noble Ventures and the Value of Preserving the Distinction Between a State Entity's Acts of Commercial and Governmental Character for the Purpose of Attribution in Investment Treaty Arbitration”, *International Trade Law Journal*, Vol. 19, 2011, pp. 55-56.

款认定国有企业身份，规制东道国责任。[1]当前关于 IIAs 中的国企条款是否构成特别归因规则，尚不存在一致的仲裁实践。这也在一定程度上影响了它们与《ILC 草案》归因规则之间的适用关系。鉴于既有 IIAs 中主要存在两类国企条款：一是 ECT 中的国企条款（第 22.1 条），二是美式 IIAs 中的国企条款。本部分拟围绕上述两类条款的定性和适用进行分析。

（一）ECT 国企条款的性质之争

在本书中 ECT 国企条款是指 ECT 第 22.1 条的规定，即“各缔约方应当确保其维持或设立的任何国有企业以符合本条约第三部分（投资）规定的缔约方义务的方式，在其领域内开展销售商品及服务的活动。”[2]这一条款的立法目的在于确保政府不能通过其所有、控制或者支持的能源运输垄断企业开展“国家保护主义”活动，从而规避自身的条约义务。[3]然而，ECT 第 22.1 条的定性尚存争议。

1. ECT 第 22.1 条定性之仲裁实践

当前与 ECT 第 22.1 条相关的仲裁实践可见于“Nykomb v. Latvia 案”“Petrobart v. Kyrgyz 案”“AMTO v. Ukraine 案”“Plama v. Bulgaria 案”和“Al-Bahloul v. Tajikistan 案”。然而既有裁决未能明晰 ECT 第 22.1 条的性质。

具言之，既有案件仲裁庭对 ECT 第 22.1 条作出了不同的解读。例如：“Nykomb v. Latvia 案”仲裁庭将 ECT 第 22.1 条定性

[1] See Nykomb Synergetics Technology Holding AB v. The Republic of Latvia, SCC, Award, 16 December 2003, para. 1.2.3; Plama Consortium Limited v. Republic of Bulgaria, ICSID Case No. ARB/03/24, 27 August 2008, Award, para. 296.

[2] The Energy Charter Treaty, 1994, Art. 22.

[3] Mirian Kene Omalu, *NAFTA and the Energy Charter: Treaty Compliance with, Implementation and Effectiveness of International Investment Agreements*, Kluwer Law International, 1999, p. 136.

为《ILC 草案》的补充性规则。[1]“Petrobart v. Kyrgyz 案”仲裁庭将 ECT 第 22.1 条视为国家义务规则，在认定吉尔吉斯共和国是否应对其国有企业 KGM 公司的行为负责时，完全依赖 ECT 第 22.1 条中规定的“维持或设立”这一先决条件。该案仲裁庭指出，由于 KGM 公司是吉尔吉斯共和国维持和设立的，国家对于 KGM 公司的商业行为负有某些义务，但是并未明确国家的义务范围。[2]“AMTO v. Ukraine 案”仲裁庭则将 ECT 第 22.1 条视为国家的一项积极义务。该案仲裁庭认为，根据 ECT 第 22.1 条，国家无需为国有企业未履行合同义务承担责任，而是负有“确保”国有企业在从事治理、管理和组织活动方面能够遵守 ECT 第三部分规定的一般义务。[3]“Al-Bahloul v. Tajikistan 案”仲裁庭承认，ECT 第 22.1 条是针对国有企业制定的具体规则。该案仲裁庭在肯定“AMTO v. Ukraine 案”对 ECT 第 22.1 条定性的同时[4]，又指出 ECT 第 22.1 条的可仲裁性问题迄今为止尚未得到检验。[5]

上述案件仲裁庭在对 ECT 第 22.1 条作出初步定性后，未再进行后续详细分析。例如：“Nykomb v. Latvia 案”仲裁庭指出，可根据《ILC 草案》认定拉脱维亚国有企业拉脱维亚电力公司行

---

[1] Nykomb Synergetics Technology Holding AB v. The Republic of Latvia, SCC, Award, 16 December 2003, para. 4.2.

[2] Petrobart Limited v. The Kyrgyz Republic, SCC Case No. 126/2003, Arbitral Award, 29 March 2005, para. 77.

[3] Limited Liability Company AMTO v. Ukraine, SCC Case No. 080/2005, 26 March 2008, Award, paras. 111-112.

[4] “AMTO v. Ukraine 案”仲裁庭认为，ECT 第 22.1 条不应被理解为国家的严格责任规则，而应被理解为一项独立的义务。See Mohammad Ammar Al-Bahloul v. The Republic of Tajikistan, SCC Case No. V (064/2008), Partial Award on Jurisdiction and Liability, 2 September 2009, paras. 170-172.

[5] Mohammad Ammar Al-Bahloul v. The Republic of Tajikistan, SCC Case No. V (064/2008), Partial Award on Jurisdiction and Liability, 2 September 2009, paras. 170-172.

为归因于国家，而无需考察 ECT 第 22.1 条这一补充性规则。[1]"Petrobart v. Kyrgyz 案"仲裁庭也因无法确定吉尔吉斯共和国未能确保 KGM 公司以符合 ECT 第三部分义务的方式开展业务这一事实[2]，而放弃了对 KGM 公司行为归因问题的详细考察。[3]"Plama v. Bulgaria 案"仲裁庭以保加利亚国有银行保加利亚国有银行（Biochim）不存在不法行为为由，认为其没有必要处理归因问题，也没有必要分析 ECT 第 22.1 条的规定。[4]"Al-Bahloul v. Tajikistan 案"仲裁庭也指出，无论如何理解 ECT 第 22.1 条规定，只有首先存在充分的事实依据证明国有企业开展了被指控的行为，仲裁庭才需要解决这些问题。鉴于并不存在相应的证据，仲裁庭认为没有必要讨论违反 ECT 第 22.1 条的可仲裁性问题。[5]

由上可见，仲裁庭通过适用《ILC 草案》或者优先考察行为不法性巧妙地回避了对 ECT 第 22.1 条定性这一棘手问题的处理，导致其仍是一个悬而未决的事项。有学者指出，上述案件仲裁庭似乎并不认为其主要任务是以最有效和最有说服力的方式解决争端当事方关注的焦点问题，而是以说服 IIAs 缔约方、投资仲裁庭

---

〔1〕 Nykomb Synergetics Technology Holding AB v. The Republic of Latvia, SCC, Award, 16 December 2003, para. 4.2.

〔2〕 Petrobart Limited v. The Kyrgyz Republic, SCC Case No. 126/2003, Arbitral Award, 29 March 2005, para. 8.25.

〔3〕 Michael Feit, "Responsibility of the State Under International Law for the Breach of Contract Committed by a State-Owned Entity", *Berkeley Journal of International Law*, Vol. 28, 1 (2010), pp. 172–173.

〔4〕 Plama Consortium Limited v. Republic of Bulgaria, ICSID Case No. ARB/03/24, 27 August 2008, Award, paras. 298–302.

〔5〕 Mohammad Ammar Al-Bahloul v. The Republic of Tajikistan, SCC Case No. V (064/2008), Partial Award on Jurisdiction and Liability, 2 September 2009, paras. 173–174.

和学术界等相关支持者的方式，为解释 IIAs 提供注释。[1]

2. ECT 第 22.1 条定性之理论分析

本书认为，结合上述仲裁实践、条约文本和学者观点，可以对 ECT 第 22.1 条作出如下界定。

（1）ECT 第 22.1 条不构成特别归因规则

第一，就仲裁实践而言，虽然既有裁决未明确指出，但是可以推断出其无意将 ECT 第 22.1 条解释为《ILC 草案》第 55 条中的特别归因规则。例如，"Nykomb v. Latvia 案" 仲裁庭适用《ILC 草案》排除 ECT 第 22.1 条的适用显然没有将之视为特别归因规则。在其他案件中，仲裁庭更倾向于将 ECT 第 22.1 条定性为国家义务规则。

第二，考察 ECT 第 22.1 条的用语可以发现，这一条款既不同于《ILC 草案》中的一般归因规则，也不同于美国 IIAs 中的国企条款。根据 ECT 第 22.1 条规制国家责任，意味着国有企业行为与国家之间无需存在习惯法中的归因联系。例如，根据《ILC 草案》规定，国家为其国有企业不法行为承担责任的前提是该国有企业构成"国家机关"或"行使政府权力"或受到"政府指示、指挥或控制"。然而，ECT 第 22.1 条只要求国有企业为国家"维持或设立"即可。如果 ECT 缔约方有意将 ECT 第 22.1 条塑造为超出习惯国际法的特别归因规则，应作出更为明确的规定。否则将 ECT 第 22.1 条宽泛解释为可取代《ILC 草案》的特别归因规则，会破坏《ILC 草案》在对立利益之间达成的微妙平衡。不仅如此，ECT 第 22.1 条被置于条约的"杂项条款"（Miscellaneous Provisions）之下，进一步表明应对 ECT 第 22.1 条进行更为严格的解读，因为缔约方似乎不太可能将影响力较大的条款列在

[1] Thomas W. Wälde and Kaj Hobér, "The First Energy Charter Treaty Arbitral Award", *Journal of International Arbitration*, Vol. 22, 2 (2005), pp. 95-96.

如此模糊的标题下。[1]有学者指出，ECT 第 22.1 条对归因而言可能不具有必要性，并且其适用范围也不比《ILC 草案》第 8 条更广泛。ECT 第 22.1 条的意义也许就在于构成确定国家责任的标准。[2]

（2）将 ECT 第 22.1 条视为对既有归因规则的强调

将 ECT 第 22.1 条定性为对既有归因规则的强调而不是替代似乎更有说服力。也就是说，ECT 第 22.1 条并没有实质性地修改《ILC 草案》中认定国家责任的既定原则，只是进一步强调一个国家不能借助国有企业开展不法行为来规避国家责任。根据 ECT 的目标和宗旨，国家应对其国有企业行为承担更广泛的国家责任，而不是更少的国家责任。这也排除了 “AMTO v. Ukraine 案” 裁决将 ECT 第 22.1 条解释为国家对国有企业行为仅负有 “积极义务” 或者说 “适当注意义务” 的观点。这种解释意味着国家只负有 “确保” 国有企业遵守相关行为的义务。这种限制国家责任、减少投资者权利的解释显然不符合 ECT 保护投资的宗旨。[3]

（二）美式 IIAs 国企条款的定性与适用

美式 IIAs 中的国企条款常见表述为：“每一缔约方应确保其维持或设立的任何国有企业的行为不得违背该方在本条约下的义务，只要该企业行使该方授予它的任何监管、行政或其他政府权力，如征收、颁发许可证、批准商业交易或强制施加配额或费用，或其他收费。”[4]既有投资仲裁实践对于这一条款的定性及

---

〔1〕 Thomas W. Wälde and Kaj Hobér, “The First Energy Charter Treaty Arbitral Award”, *Journal of International Arbitration*, Vol. 22, 2 (2005), p. 174.

〔2〕 K. Hobér, “State Responsibility and Investment Arbitration”, *Journal of International Arbitration*, Vol. 25, 5 (2008), p. 560.

〔3〕 Michael Feit, “Responsibility of the State Under International Law for the Breach of Contract Committed by a State-Owned Entity”, *Berkeley Journal of International Law*, Vol. 28, 1 (2010), pp. 174-175.

〔4〕 NAFTA, Art. 1503. 2.

其与《ILC 草案》归因规则间的关系尚存争议。

1. 定性之争

既有仲裁实践对于美式 IIAs 国企条款的定性存在两种立场：一是将之认定为特别归因规则，二是将之认定为国家的积极义务。

（1）特别归因规则

考察既有案件可知，多数仲裁庭均承认美式 IIAs 国企条款构成《ILC 草案》第 55 条中的特别归因规则。例如：在“UPS v. Canada 案”中，仲裁庭承认 NAFTA 第 15 章中与垄断行为和国有企业归因相关的条款构成特别归因规则〔1〕；2016 年“Mesa v. Canada 案”仲裁庭与“UPS v. Canada 案”仲裁庭持相同立场，也承认 NAFTA 第 1503.2 条的特别法地位。〔2〕“Al Tamimi v. Oman 案”仲裁庭也承认《美国与阿曼 FTA》第 10.1.2 条构成国有企业特别归因规则。〔3〕

（2）积极义务

2012 年裁决的“Bosh v. Ukraine 案”仲裁庭则采取了不同立场。该案仲裁庭明确否认美式 IIAs 国企条款的归因属性，认为其仅构成国家的积极义务。在该案中，申请方同时援引《ILC 草案》第 4 条、第 5 条和《美国与乌克兰 BIT》第 2.2（b）条提出将乌克兰国有大学行为归因于国家的诉请。对此被申请方并未以《美国与乌克兰 BIT》第 2.2（b）条排除《ILC 草案》适用进行抗辩。该案仲裁庭援引美国总统给参议院的函件中对《美国与乌克兰 BIT》第 2.2（b）条的解释，即该条“旨在确保缔约方不能

---

〔1〕 United Parcel Service of America Inc. v. Government of Canada, ICSID Case No. UNCT/02/1, Award on the Merits, 24 May 2007, paras. 59-62.

〔2〕 Mesa Power Group, LLC v. Government of Canada, UNCITRAL, PCA Case No. 2012-17, Award, 24 March 2016, para. 375.

〔3〕 Adel A Hamadi Al Tamimi v. Sultanate of Oman, ICSID Case No. ARB/11/33, Award, 27 October 2015, paras. 316, 319.

利用国有或国家控制企业规避其在条约下的义务……即使缔约方出于行政或其他原因选择将部分权力分配给一家国有企业也要遵守条约义务……”据此，该案仲裁庭明确否认这一条款具有归因效果，主张其仅要求乌克兰承担一项积极义务，确保任何行使政府授权的“国有企业”以符合 BIT 缔约方义务的方式行事。

有学者认为，“Bosh v. Ukraine 案”仲裁庭未将《美国与乌克兰 BIT》第 2.2（b）条认定为特别归因规则，与相关案件仲裁庭对 ECT 第 22.1 条的定性相一致并对此表示支持。该学者指出，一方面，投资协定的目的如果是提高投资保护水平，仅仅重申一般国际法中的归因规则似乎有些奇怪。另一方面，确保国有企业以“不违背缔约方条约义务”的方式行事中的“义务”似乎过于宽泛，几乎不存在实质性内容。类似规定也可见于投资之外的缔约实践，其目的似乎是要求国家负有“适当注意义务”，如国有企业的治理、管理和组织的结构性措施，以及国家的行政控制义务。因此，投资条约中的这类条款对投资者而言可能是毫无希望的独立诉由。如果可以发现东道国对于其他实体条款的违反，他们几乎不会增加实体保护或救济，不会提供任何独立的损害赔偿基础，并需要就国有企业的组织和监督的内部事项进行辩论，这些事项可能需要大量的取证努力，但收效甚微。[1]

笔者并不同意上述观点，认为应该将美式 IIAs 中的国企条款认定为特别归因规则。原因之一在于，美式 IIAs 中的国企条款不同于 ECT 第 22.1 条的规定。前者与《ILC 草案》第 5 条的构成非常相似，而后者缺少“行使政府权力”要素。原因之二在于，尽管美式 IIAs 中的国企条款没有直接处理国有企业行为的归因问

〔1〕 Georgios Petrochilos，“Bosh International，Inc. and B&P Ltd. Foreign Investments Enterprise v. Ukraine：When Is Conduct by a University Attributable to the State?”，*ICSID Review-Foreign Investment Law Journal*，Vol. 28，2（2013），pp. 270-271.

题，从字面意思看，它旨在确定国家对其国有企业的警惕（vigilance）义务。[1]然而，这一义务恰恰源于国家和国有企业的密切关系。[2]因此，似乎没有理由不将该条视为归因规则。诚然，在“Bosh v. Ukraine 案”中，是否将《美国与乌克兰 BIT》第 2.2（b）条认定为特别归因规则，不会影响该案对国有企业的身份认定结果。因为该案适用的《ILC 草案》第 5 条与《美国与乌克兰 BIT》第 2.2（b）条的表述和结构高度相似。但是，在其他案件中则可能会影响到国有企业的身份认定结果，“UPS v. Canada 案”即为例子，详见下文分析。

2. 美式 IIAs 国企条款与《ILC 草案》归因规则之关系

既有仲裁实践对于美式 IIAs 国企条款与《ILC 草案》归因规则之关系尚存分歧，一种观点认为前者应排除后者的适用，另一种观点则认为前者不影响后者的适用。

（1）美式 IIAs 国企条款排除《ILC 草案》归因规则的适用

将美式 IIAs 国企条款认定为特别归因规则的效果在于可以根据《ILC 草案》第 55 条规定，排除草案中归因规则的适用。例如，在“UPS v. Canada 案”中，UPS 公司依据 1981 年《加拿大邮政公司法》（*The Canada Post Corporation Act*）及加拿大司法和行政声明，主张加拿大邮政公司构成“政府的一部分”。[3]加拿大在抗辩中虽未予以否认，仅强调 NAFTA 第 1503.2 条构成归因规则的“特别法”，依据《ILC 草案》第 55 条“特别法优先”原则应排除《ILC 草案》第 4 条和第 5 条的适用。最终加拿大的主

---

[1] Andrew Newcombe and Lluis Paradell, *Law and Practice of Investment Treaties: Standards of Treatment*, Kluwer Law International, 2009, p. 461.

[2] Csaba Kovács, *Attribution in International Investment Law*, Wolters Kluwer, 2018, p. 176.

[3] United Parcel Service of America Inc. v. Government of Canada, ICSID Case No. UNCT/02/1, Award on the Merits, 24 May 2007, paras. 50-51.

张获得仲裁庭支持，认为根据 NAFTA 缔约方精心设计、起草的第 11 章和第 15 章使第 1503.2 条构成特别归因规则。因此，《ILC 草案》第 4 条和第 5 条所反映的一般“剩余法律”（residual law）不适用于当前情况。仲裁庭进一步指出，该条款意味着，并非国有企业所有违反 NAFTA 第 11 章和第 15 章的行为都会引发国家责任，而仅限于国有企业行使政府授权的特定情况。由上可见，依据《ILC 草案》第 4 条，加拿大邮政公司本可能被认定为“国家机关”，无论其行为性质为何均可归因于国家〔1〕，但由于 NAFTA 第 1503.2 条的排他性适用，因加拿大邮政公司开展被诉行为时未行使政府授权而无法归因于国家〔2〕，限缩了国家为其国有企业承担责任的范围。

2015 年裁决的“Al Tamimi v. Oman 案”仲裁庭在认定阿曼政府是否需要为其国有企业 OMCO 公司的行为负责时，接受了被申请方的抗辩理由，即缔约方可以通过具体规定限制实体行为归因于国家的情况。只要缔约方选择这样做，习惯国际法或《ILC 草案》中所载有的任何更广泛的归因规则都无法直接适用。〔3〕据此，该案裁决指出，阿曼石油和矿产部门（Ministry of Oil and Minerals）通过持有 OMCO 公司 99%的股份，或通过影响 OMCO 公司董事、经理对 OMCO 公司行使“有效控制”的指控无论成立与否，都与《美国与阿曼 FTA》第 10.1.2 条国企条款中的归因测试无关。仲裁庭适用美式 IIAs 国企条款完全排除了《ILC 草案》

〔1〕 See UN, Draft Articles on Responsibility of States for Internationally Wrongful Acts, with commentaries (2001), 2008, Art. 4.1. “根据国际法，任何国家机关的行为都应被视为国家行为……”

〔2〕 United Parcel Service of America Inc. v. Government of Canada, ICSID Case No. UNCT/02/1, Award on the Merits, 24 May 2007, para. 78.

〔3〕 Adel A Hamadi Al Tamimi v. Sultanate of Oman, ICSID Case No. ARB/11/33, Award, 27 October 2015, para. 321.

第5条和第8条的适用。与之类似，2016年“Mesa v. Canada 案”仲裁庭也承认 NAFTA 第1503.2条构成“特别法”，因此无需依据《ILC 草案》第8条审查被申请方国企行为的归因性。[1]

值得注意的是，正在审理的“Elliott Associates v. Korea 案”和“Alicia Grace and Others v. Mexico 案”均涉及东道国国有企业行为能否归因于国家之争，并且可适用的 IIAs 中载有国企条款。[2]虽然仲裁裁决尚未作出，但是美国和加拿大作为非争端方，向仲裁庭提交的非争端当事方意见中均明示或默示承认美式 IIAs 国企条款构成特别归因规则，可排除《ILC 草案》归因规则的适用。[3]

（2）美式 IIAs 国企条款不影响《ILC 草案》归因规则的适用

投资仲裁实践中，美式 IIAs 国企条款未影响国家责任范围的情形主要有两种：一是将条款定性为国家初级义务规则而非次级归因规则[4]；二是虽未否认条款的归因属性，但将其与《ILC 草案》归因规则并行适用。

就第一种情况而言，鉴于美式 IIAs 国企条款具有“义务性”与“归因性”表述共存的特殊结构，多数仲裁庭对该条款的定性采用较为模糊且包容的态度，很少明确否认该条款的任

[1] Mesa Power Group, LLC v. Government of Canada, UNCITRAL, PCA Case No. 2012-17, Award, 24 March 2016, para. 365.

[2] “Elliott Associates v. Korea 案”涉及的是《美国与韩国 FTA》第11.1.3（b）条；“Alicia Grace and Others v. Mexico 案”涉及的是 NAFTA 第1503.2条。

[3] See Elliott Associates L. P. v. Republic of Korea, PCA Case No. 2018-51, United States Article 1120.4 Submission, 7 February 2020, para. 4. Alicia Grace and Others v. United Mexican States, ICSID Case No. UNCT/18/4, Article 1128 Submission of the United States of America, 24 August 2021, paras. 9-12.

[4] 根据国际法委员会对《ILC 草案》的评注，初级义务规则是指界定国际义务内容的条款，违反这些义务会引发国家责任；次级归因规则是指国家对国际不法行为（或不行为）负责，以及由此产生的法律后果的一般条件，这些规则与国际义务内容无关。See UN, Draft Articles on Responsibility of States for Internationally Wrongful Acts, with commentaries (2001), 2008, p. 31.

一属性。[1]只有 2012 年裁决的"Bosh v. Ukraine 案"仲裁庭明确否认该条款的归因属性，认为其仅构成国家的积极义务。[2]在该案中，申请方同时援引《ILC 草案》第 4 条、第 5 条和《美国与乌克兰 BIT》第 2.2（b）条提出将乌克兰国有大学行为归因于国家的诉请。对此被申请方并未以《美国与乌克兰 BIT》第 2.2（b）条排除《ILC 草案》适用进行抗辩。[3]该案仲裁庭援引美国总统给参议院的函件中对《美国与乌克兰 BIT》第 2.2（b）条的解释，即该条"旨在确保缔约方不能利用国有或国家控制企业规避其在条约下的义务……即使缔约方出于行政或其他原因选择将部分权力分配给一家国有企业也要遵守条约义务……"[4]据此，该案仲裁庭明确否认这一条款具有归因效果，主张其仅要求乌克兰承担一项积极义务，确保任何行使政府授权的"国有企业"以符合 BIT 缔约方义务的方式行事。[5]

就第二种情况而言，也有仲裁庭在默认 IIAs 国企条款归因性质的基础上，认可其与《ILC 草案》归因规则并行适用之可能。例如，2006 年"F-W Oil v. Trinidad & Tobago 案"裁决承认，《美国与特立尼达和多巴哥 BIT》第 15.2 条所表达的缔约方意图和目

[1] 例如：有的仲裁庭未对该条款作出明确定性，See Alex Genin, Eastern Credit Limited, Inc. and A. S. Baltoil v. Republic of Estonia, ICSID Case No. ARB/99/2, Award, 25 June 2001, para. 327；有的仲裁庭明确承认该条款具有义务和归因双重属性，See United Parcel Service of America Inc. v. Government of Canada, ICSID Case No. UNCT/02/1, Award on the Merits, 24 May 2007, paras. 54-55, 69；有的仅提及该条款的归因属性，但并未否认该条款的义务属性，See Adel A Hamadi Al Tamimi v. Sultanate of Oman, ICSID Case No. ARB/11/33, Award, 27 October 2015, para. 321, etc.

[2] Bosh International, Inc. and B&P Ltd. Foreign Investments Enterprise v. Ukraine, ICSID Case No. ARB/08/11, Award, 25 October 2012, paras. 181, 183.

[3] Id, paras. 148-162.

[4] Id, para. 181.

[5] Bosh International, Inc. and B&P Ltd. Foreign Investments Enterprise v. Ukraine, ICSID Case No. ARB/08/11, Award, 25 October 2012, para. 183.

的与《ILC 草案》第 5 条没有区别〔1〕，特定归因标准作为“特别法”存在取代或补充《ILC 草案》归因规则适用之可能。〔2〕而在 2016 年裁决的“Ulysseas v. Ecuador 案”中，关于厄瓜多尔国有企业行为能否归因于国家问题而言，争端双方均未主张《美国与厄瓜多尔 BIT》第 2.2（b）条国企条款构成排除《ILC 草案》适用的“特别法”，而是将其与《ILC 草案》第 4 条、第 5 条并行适用。〔3〕仲裁庭也对这一立场予以支持，并对《美国与厄瓜多尔 BIT》第 2.2（b）条和《ILC 草案》第 5 条作出同义解释。〔4〕

上述仲裁实践表明，美式 IIAs 中的国企条款对国家责任范围的影响取决于该条款是否构成《ILC 草案》第 55 条的“特别法”排除草案归因规则适用。与仲裁实践类似，学界对此也莫衷一是。例如，有学者完全赞成“UPS v. Canada 案”裁决，强调《ILC 草案》具有“剩余性”（residual），美式 IIAs 中国企条款涉及了归因问题，因此无需适用《ILC 草案》的归因规则。〔5〕也有不少学者质疑美式 IIAs 国企条款排除《ILC 草案》归因规则适用的合法性，认为该条款仅构成初级义务规则〔6〕，或者主张该条款不存在明确排除《ILC 草案》归因规则适用的意图。〔7〕本书认

〔1〕 F-W Oil Interests, Inc. v. Republic of Trinidad & Tobago, ICSID Case No. ARB/01/14, Award, 3 March 2006, para. 203.

〔2〕 Id, para. 206.

〔3〕 Ulysseas, Inc. v. The Republic of Ecuador, PCA Case No. 2009 - 19, Final Award, 12 June 2012, paras. 124-125.

〔4〕 Id, paras. 135-139.

〔5〕 See James Crawford S. C., “Investment Arbitration and the ILC Articles on State Responsibility”, *ICSID Review-Foreign Investment Law Journal*, Vol. 25, 1 (2010), p. 131.

〔6〕 See Martins Paparinskis, “Investment Treaty Arbitration and the (New) Law of State Responsibility”, *European Journal of International Law*, Vol. 24, 2 (2013), p. 629.

〔7〕 See Jürgen Kurtz, “The Paradoxical Treatment of the ILC Articles on State Responsibility in Investor-State Arbitration”, *ICSID Review-Foreign Investment Law Journal*, Vol. 25, 1 (2010), p. 208; Crina Baltag, *ICSID Convention After 50 Years: Unsettled Issues*, Kluwer Law

为，美式 IIAs 国企条款具有归因属性，与《ILC 草案》归因规则存在冲突且前者存在可识别的排斥性意图，构成优先于《ILC 草案》适用的“特别法”。[1]

第三节　国有企业投资者诉请资格之国际投资法规制

与持续存在的东道国国有企业身份认定之争相比，国有企业投资者的身份问题近几年才引起广泛关注。2009 年后国有企业投资者的数量迅猛增长，当其投资权利受到东道国侵犯时能否成为 ISDS 的适格申请方也成为学界争论的焦点。如引言部分所述，当前至少有 21 起关于国有企业投资者诉诸投资仲裁的案件。其中，有 12 起案件诉诸 ICSID、4 起诉诸 PCA、2 起诉诸 SCC、1 起诉诸 ICC[2]、1 起诉诸新加坡国际仲裁中心（Singapore International Arbitration Center，SIAC）[3]、1 起诉诸伦敦国际仲裁院

（接上页）International B. V.，2016，pp. 203-204；Marko Milanovic，“Special Rules of Attribution of Conduct in International Law”，*International Law Studies*，Vol. 96，2020，p. 309.

〔1〕具体分析参见张金矜：“论 IIAs 中‘国有企业行使政府授权’条款对国家责任范围的限缩”，载《国际经济法学刊》2021 年第 4 期。

〔2〕因立陶宛法院下令扣押加里宁格勒地方政府拥有的立陶宛建筑而引起的诉请。See Kaliningrad Region v. Lithuania，ICC，Final Award（not public），28 January 2009.

〔3〕韩国国有电力公司韩国西部电力公司（Kowepo）已根据《印度与韩国 BIT》和《全面经济伙伴关系协定》（CEPA）对印度发起仲裁程序，主张印度政府未能履行其对印度先锋天然气发电有限公司（Pioneer Gas Power Limited）所有的马哈拉施特拉邦（Maharashtra）发电厂的天然气供应承诺，而韩国西部电力公司持有该发电厂 40% 的股份。该案裁决正在进行中。Korea Western Power Co. v. The Republic of India，Notice of Arbitration，29 November 2019. See Lisa Bohmer，“Korean Power Company Makes Good on Earlier Threats to Initiate Arbitration Proceedings Against India”，available at https://www.iareporter.com/articles/korean-power-company-makes-good-on-earlier-threats-to-initiate-arbitration-proceedings-against-india/，last visited on 2020-12-10.

(LCIA)。[1] 此外，也有一些与国有企业投资者相关的案件正在酝酿之中，例如：一家乌克兰国有电力公司已经指示其外部法律顾问就5年前克里米亚征收其财产行为向俄罗斯提请投资仲裁[2]；一家从事港口管理的乌克兰国有企业也正准备聘请律师就克里米亚征收其资产向俄罗斯提起投资仲裁。[3]

上述诉诸不同仲裁机构的案件数量以及ICSID仲裁裁决相较于非ICSID仲裁裁决的执行优势表明，投资者更倾向于将其与东道国的争端诉诸ICSID。然而与其他仲裁庭相比，ICSID仲裁对于争端的管辖范围更窄，仅处理私人投资者与国家间的争端。国有企业作为由“国家直接或间接所有，直接或间接控制”的实体，经常被推定为代表主权国家行事的国家实体。[4]因此有必要适用相关规则确定国有企业投资者能否构成ISDS中的适格申请方。[5]

---

〔1〕 迪拜环球港务集团（DP World）是迪拜的国有港口运营商，由于该运营商受到吉布提的排斥，迪拜环球港务集团基于合同将吉布提诉诸LCIA投资仲裁并获得仲裁庭的支持。See Damien Charlotin, “Dubai Port Operator Claims Victory in Doraleh Port Dispute”, available at https://www.iareporter.com/articles/dubai-port-operator-claims-victory-in-doraleh-port-dispute/, last visited on 2022-3-1.

〔2〕 Jack Ballantyne, “Counsel in Place for New Crimea Claim”, available at https://globalarbitrationreview/article/counsel-in-place-for-new-crimea-claim, last visited on 2022-2-8.

〔3〕 Cosmo Sanderson, “Ukrainian Port Authority Prepares Claim Over Crimean Assets”, available at https://globalarbitrationreview/article/ukrainian-port-authority-prepares-claim-over-crimean-assets, last visited on 2022-3-11.

〔4〕 正如“Maffezini v. Spain案”仲裁庭所言，“如果一实体直接或间接归国家所有，就会产生一个可反驳的假设，即该实体是一个国家实体。如果一个实体由国家直接或间接控制，也会获得同样的结果。如果一个实体的目的或目标是履行政府性质的职能，或者通常由国家保留的职能，或者本质上通常不由私营企业或个人履行的职能，也会产生类似的推定。”Emilio Agustín Maffezini v. The Kingdom of Spain, ICSID Case No. ARB/97/7, Decision of the Tribunal on Objections to Jurisdiction, 25 January 2000, para. 77.

〔5〕 See Duncan Matthews and Simon Milnes, “Potential Investor-State Issues in Belt and Road Initiative Projects”, *Asian Dispute Review*, Vol. 21, 2 (2019), p. 59.

本节中对投资者诉请资格的规制是指限制国有企业投资者在ISDS中的诉请资格。本节内容主要包括国际投资法限制国有企业投资者诉请资格的历史渊源、IIAs及《ICSID公约》限制国有企业投资者诉请资格的案例实践及相关争议。

一、国际投资法限制国有企业投资者诉请资格之历史渊源

在20世纪60年代国家间缔结BITs和创设ISDS机制之时，国有企业投资者尚未成为缔约方的重点关注对象，相关讨论也仅限于“只言片语”。回顾国际投资条约和ISDS机制的产生历史，有助于深入理解国际投资法限制国有企业投资者诉请资格之根本原因。

（一）IIAs保护私人投资的初衷

溯及BITs的磋商历史可知，IIAs的谈判与达成完全出于保护私人投资及私人投资者的需要，全然不涉及有关国有企业投资的任何考虑，更不存在将国有企业投资区分为“商业行为”和“主权行为”的相关记录。二战后，欧洲去殖民化运动达到高潮，位于新独立国家的外国投资者不仅失去了前殖民政权下的法律保护，而且面临着新政权推动的经济国有化威胁。因此，德国、瑞典、法国等资本输出国开始与资本输入国缔结BITs以保护其海外投资者在东道国的私人财产。[1]早期的BITs并不包含ISDS，仅规定争端可诉诸联合国国际法院或者国家间临时仲裁，直至1969年《乍得与意大利BIT》才开始将ISDS纳入其中。[2]

值得注意的是，早在1983年美国就将“国有企业”纳入美

〔1〕 Katia Yannaca-Small ed., *Arbitration Under International Investment Agreements: A Guide to the Key Issues*, 2nd ed., Oxford University Press, 2018, p. 7.

〔2〕 Rudolf Dolzer and Christoph Schreuer, *Principles of International Investment Law*, 2nd ed., Oxford University Press, 2012, p. 7.

国 BITs 的投资者定义条款，随后加拿大也采纳了相同的做法。诚然，这种定义条款会起到保护国有企业投资者的效果，但是考察美国 BITs 的缔约历史可知，这并非缔约者的本意。这些发达国家将“国有企业”纳入投资者定义的初衷在于确保东道国国有企业可以被视为该缔约方的“公司”，从而使其私人投资者能与东道国国有企业享有同等待遇。鉴于当时作为投资东道国的发展中国家通常拥有大量的公共部门和国有企业，这一条款对资本输出国而言非常重要。[1]

（二）国际投资争端解决的“去政治化”目标

在 ISDS 创设之前，若外国私人投资者的权利受到东道国侵犯，其既可以请求母国提供外交保护，也可以寻求母国支持并代表其将东道国诉诸国际法庭（international tribunal）。然而，上述路径因母国参与引入的“政治因素”可能导致如下问题：其一，外交保护实践可能会升级为武装冲突。例如，拉丁美洲国家就曾遭受外国投资者母国政府派遣部队的武装干预和占领。[2]其二，一些资本输入国会将投资者放弃母国外交保护作为其投资准入条件。其三，即使母国政府愿意代表投资者诉诸国际法庭，也可能发现东道国政府并不愿意接受国际法庭的管辖。事实上，投资者母国政府也可能担心影响其与东道国在其他事项上的关系，而不愿意代表投资者向东道国提起诉请，以防被东道国视为一种不友好的举动。尤其在争议案件事实不完全清楚的情况下，政治因素可能构成投资者母国政府代表或支持投资者寻求救

〔1〕 Kenneth J. Vandevelde, *U. S. International Investment Agreements*, Oxford University Press, 2009, p. 149.

〔2〕 Aron Broches, *Selected Essays: World Bank, ICSID, and Other Subjects of Public and Private International Law*, Martinus Nijhoff Publishers, 1995, pp. 167-168. 从 20 世纪至 21 世纪初，国家与投资者间的争端具有高度的政治性，并导致频繁的外交保护实践。

济的主要阻碍。

由上可见，国际投资争端解决中的“政治因素”很大程度上剥夺了投资者获得公正救济的机会，并大大降低其开展海外投资的积极性。为了鼓励那些作为有限公共发展资金重要补充的外国私人资本进入发展中国家，促进发展中国家发展〔1〕，世界银行于1965年出台《ICSID公约》，设立了专门处理投资者和东道国间投资争端的国际投资争端解决机制，即ISDS机制。〔2〕ISDS机制的创设在一定程度上可以避免因母国参与而引发的“政治干预”，为投资者提供更为有效的权利救济路径。

当前，也有学者指出，允许国有企业投资者作为ISDS中的申请方，可能会将作为传统政治外交支持替代方式的ISDS机制转变为一种国家间争端解决机制，无异于过去的外交支持〔3〕，削弱了ISDS机制的“去政治化”目标。〔4〕

---

〔1〕 Aron Broches, *Selected Essays: World Bank, ICSID, and Other Subjects of Public and Private International Law*, Martinus Nijhoff Publishers, 1995, pp. 192–193.

〔2〕 ICSID也是唯一一个专门为处理投资争端而设计的国际调解/仲裁制度。Dispute Settlement: Investor-State-UNCTAD Series on Issues in International Investment Agreements (UNCTAD/ITE/IIT/30), UNCTAD, 2003, p. 15. 在ICSID仲裁之外，PCA、LCIA、ICC和SCC也都是解决投资争端的重要仲裁机制。但是，ICSID仲裁与之相比存在如下两个优势：一是ICSID裁决不需要国内法院的审查，二是ICSID裁决在《ICSID公约》缔约方的效力等同于其国内法院判决的效力。因此，在符合条件的情况下，投资者通常倾向于选择ICSID仲裁。P. Blyschak, “State-Owned Enterprises and International Investment Treaties: When Are State-Owned Entities and Their Investments Protected?”, *Journal of International Law and International Relations*, Vol. 6, 2 (2011), p. 16, pp. 18–19.

〔3〕 Karl P. Sauvant, Lisa E. Sachs and Wouter P. F. Schmit Jongbloed, *Sovereign Investment: Concerns and Policy Reactions*, Oxford University Press, 2012, p. 262.

〔4〕 Martins Paparinskis, “The Limits of Depoliticisation in Contemporary Investor-State Arbitration”, *Select Proceedings of the European Society of International Law*, 3 (2010), p. 18; David Schneiderman, “Revisiting the Depoliticization of Investment Disputes”, in Karl P. Sauvant ed., *Yearbook on International Investment Law and Policy 2010–2011*, Oxford University Press, 2011, p. 694.

(三)《ICSID 公约》否定有关母国政府诉请资格之提议

根据《ICSID 公约》的缔约历史可知，其创设目的即在于弥补外交保护、国家间争端解决机制和私人间争端解决机制的不足，减少政治因素对投资者权利救济的负面影响。[1]《ICSID 公约》明确排除了 ICSID 仲裁庭对于国家间争端和私人间争端的管辖。[2]在《ICSID 公约》磋商进程中，赋予投资者母国诉请资格的相关提案均未获得支持。例如，法国代表德根（Deguen）先生曾提出，“一国政府及其国民很可能同时参与到另一缔约方的投资活动之中。这种情况下，也许最好的方案是允许所有三方都参与仲裁。否则，就同一个争端可能会作出两个相互冲突的决定。”对此，布罗切斯先生回应指出，“这种情况最好通过两国间的协定来处理，即约定国家将遵守 ISDS 机制作出的决定，而不宜将这种极端例外情况纳入《ICSID 公约》条款之中。”[3]这种严格的管辖权限制最终体现在《ICSID 公约》第 25.1 条中“另一缔约方国民”的规定。

(四) 缔约历史上的布罗切斯标准

关于 ICSID 仲裁中国有企业投资者的诉请资格问题，《ICSID 公约》并未作出明确规定。1962 年 1 月 19 日发表的《ICSID 执行理事会纪要》曾专门就国有企业能否作为适格申请方的问题予以回应：“就‘私人投资者’一词是否旨在排除东道国政府与外

---

〔1〕 由 ICC 等私人组织设立的仲裁庭往往不为各国政府所接受，而 PCA 作为当时唯一的国际公法属性的仲裁庭又不向私人诉请者开放。此外，就 PCA 而言，1960 年，PCA 出台了一项程序规则为国家与非国家实体提供了仲裁和调解程序。然而，由于 PCA 是通过条约建立的，但该程序规则本身并不是条约规范，一国据此提交仲裁的承诺很难被定性为国际法义务。为仲裁机制构建一个全面的条约框架有助于确保仲裁承诺的不可撤销性。

〔2〕 国家间争端可诉诸 PCA 等公法性国际仲裁，私人间争端可诉诸 ICC 等商事仲裁。

〔3〕 *The History of the ICSID Convention*, Volume II, ICSID Publication, 2009, p. 401.

国国有企业投资者之间的争端而言，如果国有企业选择将自己同化为私人企业而不是政府机构，那么只要争端中的政府一方同意，就没有理由阻止国有企业投资者诉诸 ICSID 仲裁机制。”[1]在《ICSID 公约》随后的审议过程中，这一声明虽然从未遭受反驳，但是执行理事会的报告也未曾予以重申。显然，这一声明并未厘清认定国有企业投资者诉请资格的相关标准。理论界和实务界就国有企业投资者诉请资格发展出了不同的认定标准，例如，有的支持结构标准[2]，有的则偏好职能标准。[3] 1972 年布罗切斯先生提出的布罗切斯标准获得了较为广泛的认可，并被投资仲裁实践中的争端当事方和仲裁庭多次援引和适用。

布罗切斯先生指出，《ICSID 公约》第 25.2 条并未明确规定符合“另一缔约方国民”资格的主体是否必须为私人主体。《ICSID 公约》以促进外国私人投资为主要目的，并且其序言中使用了“私人国际投资”这一语词。然而，在当今世界基于资金来源对私人投资和公共投资作出的传统区分，即便没有过时，也不再有意义。当前存在很多将私人资本和政府资本相结合的公司和全部股份都归政府所有的公司，但在法律性质和业务活动方面，这些公司与完全私营的企业是不可区分的。因此，就《ICSID 公

---

[1] *The History of the ICSID Convention*, Volume II, ICSID Publication, 2009, p. 11.

[2] 例如，有学者认为，在裁定国家实体能否诉诸 ICSID 仲裁时，ICSID 仲裁庭应该采用狭义解释。只有在该实体的所有相关因素和与国家的联系如资本结构、公司结构、股份所有权以及政府机构对公司活动的各种控制和监督手段，都显示其为私人主导时，才允许其诉诸投资仲裁。该学者认为这符合《ICSID 公约》旨在建立一个国家和私人投资者之间的仲裁机制，从而尽可能减少政治因素之于投资争端解决的影响。Moshe Hirsh, *The Arbitration Mechanism of the International Centre for the Settlement of Investment Disputes*, Martinus Nijhoff Publishers, 1993, pp. 64–65. 这种对结构标准的强调，意味着国有企业很可能因其“国家所有”属性而被排除在 ICSID 仲裁庭的管辖之外。

[3] Christoph H. Schreuer et al. eds., *The ICSID Convention: A Commentary*, 2nd ed., Cambridge University Press, 2009, p. 161.

约》而言，似乎不应取消混合经济公司或政府所有公司作为“另一缔约方国民”的资格，除非其是政府代理人或履行政府基本职能。此外，布罗切斯先生进一步解释《ICSID 公约》未就国有企业诉请资格作出明确规定的原因，即尽管参与《ICSID 公约》准备工作的缔约方代表已经就此达成了共识，但是考虑到这项任务的难度，并未试图将这一共同理解简化为法律定义，也没有必要这样做。《ICSID 公约》作为一个整体具有协商一致的性质，因此有理由留给缔约方较大的自主决定权。当然，这并不意味着在极端案件中，在秘书处、委员会或者仲裁庭权力范围之内，其不能评估这种自主决定权行使的合理性。〔1〕

布罗切斯先生的上述表述可总结为四点：其一，ICSID 仲裁庭在认定国有企业投资者能否成为适格申请方时，应尊重缔约方的意思自治。〔2〕换言之，国家可通过 IIAs 限制国有企业投资者的诉请资格。其二，尽管《ICSID 公约》没有明确禁止国有企业投资者的诉请资格，但允许仲裁庭监督（police）ICSID 管辖权的外部边界。ICSID 作为专门处理投资者与国家间投资争端的平台，剥夺国有企业投资者作为政府代理人或履行政府基本职能时的诉请资格。这种剥夺提醒仲裁庭不得无差别地受理国有企业投资者的诉请。〔3〕其三，就国有企业能否被视为“另一缔约方国民”而言，就算缔约方已经就国有企业投资者享有诉请资格达成了同意协议，ICSID 仲裁

〔1〕 Aron Broches, *Selected Essays: World Bank, ICSID, and Other Subjects of Public and Private International Law*, Martinus Nijhoff Publishers, 1995, p. 202.

〔2〕 Jil Penn, “Public vs. Private: State-Owned Enterprises as Claimants in ICSID Arbitration”, available at https://pennjil. com/public-vs-private-state-owned-enterprises-as-claimants-in-icsid-arbitration/, last visited on 2021-4-16.

〔3〕 Jil Penn, “Public vs. Private: State-Owned Enterprises as Claimants in ICSID Arbitration”, available at https://pennjil. com/public-vs-private-state-owned-enterprises-as-claimants-in-icsid-arbitration/, last visited on 2021-4-16.

庭或委员会享有最终决定权。当然，这种协议将构成国有企业满足《ICSID 公约》要求的强有力的初步证据（prima facie）。[1]其四，这一表述也为仲裁庭提供了指导，即首先考察 IIAs 中的“投资者定义”判断缔约方的意图，只要其没有将国有企业排除在外，就继续根据布罗切斯标准的两个要件考察国有企业是否享有诉请资格。

综上所述，虽然 ICSID 本身并未排除国有企业投资者的诉请资格，但是这只构成一个可推翻的假定，只有当国有企业同时满足 IIAs 和《ICSID 公约》中的投资者要求时，才能成为适格申请方。

二、IIAs 限制国有企业投资者诉请资格之方法

由于缔约方可以通过合意限制国有企业投资者的诉请资格，本部分拟考察 IIAs 中的投资者定义条款、序言条款、国有企业定义条款以及争端解决条款可能产生的限制性效果。

（一）适用投资者定义条款限制国有企业诉请资格

虽然当前绝大多数 IIAs 未将国有企业纳入投资者定义，但是通常可认为国有企业投资者可获得 IIAs 保护。本部分拟考察既有 IIAs 缔约实践中提及“国有企业”的投资者定义条款并分析其对国有企业诉请资格之影响。

1. 明确排除对国有企业投资者的保护

国有企业可能会因为“所有制”（ownership）要素被排除在“投资者定义”之外。在这种情况下，国有企业投资者及其投资无法获得 IIAs 的保护，也无法基于 IIAs 诉诸 ISDS 仲裁。例如，1983 年《巴拿马与英国 BIT》第 1（d）（1）条规定：“对于巴拿

[1] C. F. Amerasinghe, “Jurisdiction Ratione Personae Under the Convention on the Settlement of Investment Disputes Between States and Nationals of Other States”, *British Yearbook of International Law*, Vol. 47, 1 (1975), p. 227.

马而言，公司是指根据巴拿马现行法律组建的所有法人以及在巴拿马共和国境内有住所或无住所的公司和协会，国有企业除外。”[1]同年，巴拿马与瑞士和德国分别缔结的 BITs 中，也存在巴拿马单方以“所有制”要素排除国有企业投资者诉请资格的类似规定。[2]单从条约文本规定看，并不清楚巴拿马缔约方作此规定的意图为何。[3]既有投资缔约实践表明，除 1983 年巴拿马缔结的 3 个 BITs 之外，再无其他 IIAs 明确将国有企业排除在投资者定义之外。但是当东道国面临越来越多的国有企业投资者诉请时，不排除缔约方可能采取这种极端方式剥夺国有企业投资者的诉请资格。尤其当前，东道国常质疑投资于“敏感行业”的国有企业具有“战略目的”，而 ISDS 仲裁裁决的不确定性可能会危及国家安全。有些缔约方可能会认为，将国有企业排除在受保护投资者之外不失为一种“一劳永逸”的选择。[4]

2. 非对称的投资者定义

非对称的投资者定义是指，在同一个 IIAs 中，缔约一方将国有企业明确纳入投资者，而另一缔约方则未作出类似规定。根据“明示其一即排除其他”解释原则，很可能引起被申请方的管辖权抗辩，导致未明确规定一方的国有企业投资者被排除在“投资者定义”之外。[5]例如，在《中国与卡塔尔 BIT》中，双方对各

〔1〕 See United Kingdom-Panama BIT (1983), Art. 1 (d) (i).

〔2〕 Yuri Shima, “The Policy Landscape for International Investment by Government-Controlled Investors: A Fact Finding Survey”, OECD, 2015, p. 13. See Germany-Panama BIT (1983); Panama-Switzerland BIT (1983).

〔3〕 Andrea Bjorklund, *Yearbook on International Investment Law & Policy 2012-2013*, Oxford University Press, 2014, p. 552.

〔4〕 Sonia Yeashou Chen, “Positioning Sovereign Wealth Funds as Claimants in Investor-State Arbitration”, *Contemporary Asia Arbitration Journal*, Vol. 6, 2013, p. 320.

〔5〕 刘雪红：“‘国家资本主义论’下的国企投资者保护——基于投资协定革新的视角”，载《法学》2018 年第 5 期。

自受条约保护的“投资者”作出了不同的定义。于中国而言，投资者被界定为，“依法具有中华人民共和国国籍的自然人；依照中华人民共和国法律设立并在中华人民共和国境内注册的经济实体”。这一定义并未明确提及国有企业或类似语词。而卡塔尔方面对投资者的定义则包括“具有卡塔尔国国籍的公民；法人，包括根据卡塔尔国法律组建并在其境内居住的公司、普通公司、公共组织、公共和半公共实体；卡塔尔政府”。[1]类似情形也可见于《中国与加纳 BIT》，于加纳而言，投资者包括“根据加纳法律注册的，在国外投资或开展贸易的国有企业、机构和公司”。而中方的投资者定义中并未明确提及国有企业。[2]

从条约有效解释角度看，中国缔结上述两个协定时，绝大多数的中国海外投资均来自中国国有企业，即便中国缔结的 IIAs 中并未明确将国有企业纳入投资者定义，也应该视其为应有之义，否则将违背互惠原则，导致条约无效。[3]随着中国海外私人投资者数量的增加，若未来中外投资协定中再出现非对称的投资者定义条款，不排除投资仲裁庭会作出不利于中国国有企业投资者的解释或推定。

3. 不统一的投资者定义

同一国家在与不同国家缔结 IIAs 时，有时明确将“国有企业”纳入投资者定义，有时仅使用较为宽泛的语词，如“经济实体”。在既有投资仲裁实践中，即存在被申请方以此为由质疑国有企业诉请资格的案例。在“Beijing Shougang and Others v. Mongolia 案”中，争议涉及两家中国国有企业是否构成《中国与蒙古国

〔1〕 China-Qatar BIT (1999), Art. 1.

〔2〕 China-Ghana BIT (1989), Art. 1.

〔3〕 Shaheeza Lalani and Rodrigo Polanco eds., *The Role of the State in Investor-State Arbitration*, Brill Nijhoff, 2015, p. 385.

BIT》第 1.2 条“投资者定义”中的“适格投资者”。[1]被申请方指出，中国缔结的很多其他 IIAs 的投资者定义中，明确纳入了“政府机构”“公共组织”和“公共和半公共实体”等语词，而《中国与蒙古国 BIT》第 1.2 条中未出现类似语词，因此“必须对‘经济实体’作出狭义解释”，将国有企业排除在“经济实体”之外。被申请方进一步指出，申请方既不具有“商业性”也不具有“盈利性”，因此不符合“经济”的一般含义。[2]

仲裁庭并未接受被申请方的上述观点，指出《中国与蒙古国 BIT》第 1.2 条中的“经济实体”一词描述了中蒙双方受保护投资者的特征，该词系宽泛的术语表达，并未基于组织类型、商业目的、所有权或控制权对投资者作出限制。[3]仲裁庭又根据 VCLT 第 31.4 条“特殊含义”解释认为，并未发现任何迹象表明缔约方意图赋予“经济实体”一词以特殊含义。随后仲裁庭根据 VCLT 第 31.3 条的“嗣后实践”解释指出，被申请方并未提交任何此类证据支持其对“经济实体”语词的限制性解释。因此，仲裁庭裁决认为，《中国与蒙古国 BIT》第 1.2 条中的“经济实体”一词是指包括国有企业在内的“任何从事经济或商事活动的法律实体”。[4]

4. 明确将国有企业纳入投资者定义

数据显示，越来越多的 IIAs 开始将国家控制投资者纳入投资者

〔1〕《中国与蒙古国 BIT》第 1.2 条规定，对于中国而言，投资者是指：①拥有中国国籍的自然人；②根据中国法律设立并在中国境内注册的经济实体。See China-Mongolia BIT (1991), Art. 1.2.

〔2〕 Beijing Shougang and Others v. Mongolia, PCA Case No. 2010-20, Award, 30 June 2017, paras. 270-271.

〔3〕 Beijing Shougang and Others v. Mongolia, PCA Case No. 2010-20, Award, 30 June 2017, para. 412.

〔4〕 Beijing Shougang and Others v. Mongolia, PCA Case No. 2010-20, Award, 30 June 2017, paras. 413-415.

定义，其中绝大多数提到的都是国有企业。[1] 将国有企业纳入投资者定义的方式主要分为三种：一是将投资者定义中的公司（company）、企业（enterprise）、法人（juridical person）表述为“无论是私人所有还是政府所有”[2]，或者“完全由国家所有的”[3]。二是直接纳入与国有企业相关的语词，包括“国家企业”（state enterprise）[4]、“公共机构”（public institution）[5]、“国家公司和机构”（state corporation and agency）[6]。三是将“政府”纳入投资者的定义。[7]第三种定义意味着，即便国有企业被认定为政府代理人，也可以获得 IIAs 的保护。[8]在这种情形下，只要国有企业与私人企业一样开展商业活动，就应该获得投资条约的保护。[9]

---

〔1〕 Yuri Shima, “The Policy Landscape for International Investment by Government-Controlled Investors: A Fact Finding Survey”, OECD, 2015, p. 12. 作者指出，84%的 IIAs 没有提及任何类型的国家控制投资者，而提及国有企业的共有 287 个，约占样本的 16%。

〔2〕 See e. g. , US-Argentina BIT, Art. 1 (1) (b); Canada-Ecuador BIT, Art. 1 (h) (ii); Australia-Vietnam BIT, Art. 1 (1) (d) UAE-Malaysia BIT, Art. 1 (2) and (4), etc.

〔3〕 See e. g. , United Agreement for the Investment of Arab Capital in the Arab States, Art. 1. 4.

〔4〕 See e. g. , NAFTA, Art. 1139; 2004 Canada Model BIT, Art. 1; 2012 US Model BIT, Art 2. 2 (a).

〔5〕 See e. g. , China-South Korea BIT, Art. 1 (2) (b); UAE-South Korea BIT, Art. 1. 3 (b).

〔6〕 See e. g. , China-Ghana BIT (1989), Art. 1.

〔7〕 See Yuri Shima, “The Policy Landscape for International Investment by Government-Controlled Investors: A Fact Finding Survey”, OECD, 2015, pp. 13-14. 作者指出，将政府纳入投资者的定义的 IIAs 约占调查样本总数的 65%，包括科威特、卡塔尔、阿联酋、美国、加拿大和日本等国缔结的 IIAs。

〔8〕 See Lu Wang, “State Controlled Entities as Qualified ‘Investors’: Implications for the Pacific Region Investment Treaty Making”, *Transnational Dispute Management* (*TDM*), Vol. 12, 1 (2015), p. 15.

〔9〕 Id. , p. 55.

诚然，明确将国有企业纳入投资者定义，似乎意味着所有国有企业投资者均可获得投资条约的保护。但是这仅应被视为国有企业享有诉请资格的一种可推翻的假定。由下文可知，投资条约中的序言条款、国有企业的定义条款、争端解决条款以及《ICSID公约》中的“布罗切斯标准”都可能成为否认国有企业投资者诉请资格的重要依据。

（二）适用序言条款限制国有企业诉请资格

即便国有企业未被排除在投资者定义之外，其诉请资格也有可能因为条约的序言条款受到限制。因为有时宽泛的投资者定义可能会与条约序言条款中的目的和宗旨相冲突。一些以“保护私人投资”和“争端解决去政治化”为目标的早期 IIAs 即为例子。[1]例如，在1965年缔结的《德国与伊朗 BIT》中，于德国而言，投资者是指“任何法人和任何商事或其他企业或联盟”。于伊朗而言，投资者是指“任何法人或企业或机构（institution）”。[2]其中，“机构”一词通常可被理解为包括公共实体。由此可见，双方对于“投资者”的宽泛界定足以赋予国有企业受 BIT 保护的适格投资者身份。然而，该条约的序言条款规定：“本条约……旨在激励私人企业的商业能动性”（stimulate private business initiative）。[3]这虽然不构成对国有企业诉请资格的公然剥夺，但是暗示这类公共主体作出的投资或者说主权投资不能获得保护。诚然，当前大部分 IIAs 序言条款并未特别强调“私人投资”或

〔1〕 P. Blyschak, “State-Owned Enterprises and International Investment Treaties: When Are State-Owned Entities and Their Investments Protected?”, *Journal of International Law and International Relations*, Vol. 6, 2 (2011), pp. 24–25.

〔2〕 Germany-Iran, Islamic Republic of BIT (1965), Art. 8. 4.

〔3〕 Germany-Iran, Islamic Republic of BIT (1965), Preamble.

"争端去政治化"，似乎排除了国有企业投资者的诉请障碍。[1]但是随着国有企业投资者诉请的增多，为应对主权投资带来的风险，不排除缔约方会选择在"序言条款"中做文章。

(三) 适用国有企业定义条款限制国有企业诉请资格

随着国有企业投资者的强势崛起和国有企业定义的精细化发展，国有企业定义条款可能成为限制国有企业诉请资格的"新门槛"。由上可知，最初美国 BITs 或 FTAs 中纳入国有企业定义的目的是防止东道国国有企业成为国家规避责任的工具。绝大多数 IIAs 对于国有企业的定义简单且模糊，很难被投资争端解决机制适用，更遑论产生规制效果。然而，随着 2011 年联合国贸易和发展会议（UNCTAD）将"国有跨国企业"定义纳入《世界投资报告》，2015 年以来经济合作与发展组织（OECD）、CPTPP 和 USMCA 对国有企业定义的精细化发展，不仅表现出国有企业投资者经济地位的提高，而且表明西方发达经济体意图借助国有企业定义条款，通过塑造国有企业私人投资者身份的方式限制国有企业的诉请资格。[2]

例如，根据 USMCA 投资章节第 14.1 条规定，受保护的投资者包括"一缔约方的企业"。[3]关于"企业"的范围可见于 USMCA 第 1.5 条中的一般定义，"企业是指一个实体……无论营利与否、无论是私人所有、政府所有还是政府控制的公司、信托、合伙……"由此可见，国有企业投资者可以成为投资章节中的适格申请方。然而，USMCA 第 22 章国有企业章节将国有企业定义为

---

〔1〕 例如，2002 年更新的《德国与伊朗 BIT》中即删除了"私人企业"的表述。See Germany-Iran, Islamic Republic of BIT (2002), Preamble.

〔2〕 刘雪红："论国有企业私人投资者身份认定及启示——以 ICSID 仲裁申请人资格为视角"，载《上海对外经贸大学学报》2017 年第 3 期。

〔3〕 USMCA (2018), Art. 14.1.

“主要从事商事活动的企业”，商事活动是指“企业以营利为导向开展的活动……” USMCA 第 22.2 条规定：“本章适用于国有企业（SOE）、国家企业（state enterprise）或者指定垄断实体影响或可能影响缔约方贸易或投资的活动……”此外，USMCA 投资章节第 14.3 条规定：“本章与其他章节不一致之处，以其他章节规定优先。” USMCA 上述条款的规定意味着，只有以营利为主要目标的国有企业才能成为投资争端中的适格申请方。这相当于将国有企业的“活动目的”作为认定国有企业享有诉请资格的条件，剥夺“非营利目的”国有企业的诉请资格，然而实践中很难区分国有企业活动中的营利目的和非营利目的。

（四）适用争端解决条款限制国有企业诉请资格

USMCA 的附件 14-D 规定了墨西哥与美国间 ISDS 条款。该附件对适格申请方作出如下界定：“附件当事方的投资者为投资争端中的适格当事方。不包括被附件另一缔约方视为非市场经济体的非附件缔约方中的法人或自然人（Person）所有或控制的投资者。”〔1〕这也被学者称为“毒丸条款”。〔2〕根据该条款规定，对“非市场经济体”的认定完全取决于附件当事方的主观意愿。〔3〕这一条款虽然没有直接限制国有企业投资者的诉请资格，但是在被美国视为“非市场经济体”的国家中，国有企业的比重较高且通常构成海外投资的“主力军”。〔4〕假定由中国国有企业在墨西哥

〔1〕 USMCA（2018），Annex 14-D，Art. 1.

〔2〕 韩立余：“国际法视野下的中国国有企业改革”，载《中国法学》2019 年第 6 期；孙南翔：“《美墨加协定》对非市场经济国的约束及其合法性研判”，载《拉丁美洲研究》2019 年第 1 期。

〔3〕 See USMCA（2018），Annex 14-D，Art. 1.

〔4〕 例如，美国商务部在铝箔反倾销调查中仍将中国视为“非市场经济国家”。参见于佳欣：“商务部：美继续认定中国为‘非市场经济国家’是对中国实际情况的严重歪曲”，载 http://www.xinhuanet.com//politics/2017-10/31/c_ 1121886051.htm，最后访问日期：2020 年 10 月 31 日。

设立的子公司向美国投资，若该投资者与美国政府发生投资争端，美国可以该投资者受中国国有企业所有或控制为由，否认该投资者的诉请资格。这显然限制了投资于墨西哥的中国国有企业投资者再开展海外投资时的救济权利。USMCA 作为美国最新的经贸缔约实践，这一争端解决条款很有可能成为未来美国缔结 IIAs 的范本，甚至会为其他缔约方所效仿，防止东道国被国有企业所有或控制的投资者诉至 ISDS 机制。

由上可见，在 IIAs 层面，缔约方可能通过设计投资者定义条款、序言条款、国有企业定义条款和争端解决条款直接或间接限制国有企业投资者的诉请资格。若上述障碍均不存在，国有企业投资者可成为 PCA、ICC、SCC 仲裁中的适格申请方。然而，若诉诸 ICSID 仲裁，国有企业投资者则还需满足《ICSID 公约》“一缔约方国民”的要求。

三、《ICSID 公约》限制国有企业投资者诉请资格之标准

相较于赋予国有企业投资者较为宽泛保护的 IIAs 而言，《ICSID 公约》的保护范围较窄。尽管国有企业并不会因其“国有”属性被当然剥夺其在 ICSID 仲裁中的诉请资格〔1〕，但是当国有企业境外投资行为被认定为政府投资时，将因无法构成公约中的“另一缔约方国民”而丧失诉诸 ICSID 仲裁的资格。〔2〕绝大多数 IIAs 中的“投资者定义条款”“序言条款”和“争端解决条款”很少涉及国有企业投资者公私身份的认定标准，精细化的“国有企业定

〔1〕 例如，“CSOB v. Slovak Republic 案”仲裁庭指出，被申请方提出的捷克政府在 CSOB 银行中拥有超过 65%股份这一事实本身，并不能否定 CSOB 银行的诉请资格。

〔2〕 Mark Feldman, “State-Owned Enterprises as Claimants in International Investment Arbitration”, *ICSID Review-Foreign Investment Law Journal*, Vol. 31, 1 (2016), p. 35.

义条款”仅出现于晚近 FTAs 的国有企业章节之中。[1]因此，在 ICSID 仲裁实践中认定国有企业投资者公私身份仍需诉诸布罗切斯标准。

（一）布罗切斯标准的可适用性之争

由前文可知，尽管《ICSID 公约》文本中完全没有提及国有企业投资者的诉请资格问题，但是《ICSID 公约》谈判史上形成的布罗切斯标准成为当前争端当事方积极援引和 ICSID 仲裁庭判断国有企业诉请资格的重要依据。一般而言，若被申请方未就国有企业诉请资格提出管辖权异议，ICSID 仲裁庭不会主动（sua sponte）适用布罗切斯标准认定国有企业投资者的真正身份。[2]考察既有的 ICSID 仲裁实践，目前至少有 7 起案件涉及布罗切斯标准的适用及解释。[3]

然而，在理论层面和实务层面，布罗切斯标准的可适用性尚存争议。相关质疑包括该标准具有“时代属性”[4]、太过抽象难

---

〔1〕其中，只有“国有企业定义条款”中的“商事活动”标准构成判断国有企业投资者公私身份的“行为目的”要素。

〔2〕See Julien Fouret, Rémy Gerbay and Gloria M. Alvarez eds., *The ICSID Convention, Regulations and Rules: A Practical Commentary*, Edward Elgar Publishing, 2019, p. 144. See also CDC Group plc v. Republic of Seychelles, ICSID Case No. ARB/02/14; Telenor Mobile Communications A. S. v. The Republic of Hungary, ICSID Case No. ARB/04/15; Hrvatska Elektroprivreda dd v. Republic of Slovenia, ICSID Case No. ARB/05/24. 其中，通常认为“CDC Group plc v. Republic of Seychelles 案”仲裁庭默认适用了布罗切斯标准。

〔3〕包括“CSOB v. Slovak Republic 案”“CDC v. Seychelles 案”“Rumeli Telekom v. Kazakhstan 案”“Abengoa and COFIDES v. Mexico 案”“Flughafen Zurich v. Venezuela 案”“Beijing Urban Construction v. Yemen 案”，以及“Masdar v. Spain 案”。

〔4〕例如，在“Rumeli Telekom v. Kazakhstan 案”中，被申请方指出，布罗切斯先生对于“缔约方一方国民”的理解是在冷战期间作出的，当时为了使多边条约生效，布罗切斯先生需要解决一些由于政治原因碰巧是国有的真正的商业企业的特殊性，并未考虑到缔约方查封一家私人企业的情形。See Rumeli Telekom A. S. and Telsim Mobil Telekomunikasyon Hizmetleri A. S. v. Republic of Kazakhstan, ICSID Case No. ARB/05/16, Award, 29 July 2008, para. 293.

以适用[1]、概念不清[2]等。本书认为，上述质疑并不能否认布罗切斯标准的历史地位及其为 ICSID 仲裁实践作出的贡献。我们应该在认可布罗切斯标准的基础上，致力于在仲裁实践过程中予以完善，而不是全然推翻。有鉴于此，本书并不打算纠结于布罗切斯标准两要件的具体措辞和概念问题，而是拟在投资仲裁庭就布罗切斯标准两要件已达成的“共识”基础上，依次分析“履行政府基本职能”和“政府代理人”两要件否定国有企业诉请资格之适用争议，只要符合其中任一要件，国有企业投资者行为即可构成国家行为，争端将被定性为国家间争端。[3]

（二）适用“履行政府基本职能”要件限制国有企业诉请资格

研析既有案例可知，投资仲裁庭对于“履行政府基本职能”要件的适用主要关注国有企业投资者的“行为性质”而非“行为目的”要素。这也引发了学界争论。

---

〔1〕 例如，有学者提出，布罗切斯先生指出布罗切斯标准构成谈判各方的“共识”（common understanding），但并没有提出可以指导 ICSID 仲裁实践的相关例证。See Reza Mohtashami and Farouk El-Hosseny, “State-Owned Enterprises as Claimants Before ICSID: Is the Broches Test on the Ebb?”, *BCDR International Arbitration Review*, 2 (2016), p. 377.

〔2〕 例如，有学者指出，就“行使政府基本职能”而言，不完全清楚布罗切斯先生指的是哪方政府。人们通常会假定是国有企业的母国政府。但是根据习惯国际法，通常一国只能在本国域内行使公共权力或者说政府职能。See Reza Mohtashami and Farouk El-Hosseny, “State-Owned Enterprises as Claimants Before ICSID: Is the Broches Test on the Ebb?”, *BCDR International Arbitration Review*, 2 (2016), p. 377. 国有企业在东道国领土上履行“基本上是政府职能”的情况很少，除海外军事基地和外交或领事机构之外，很难举出其他例子。See Duncan Matthews and Simon Milnes, “Potential Investor-State Issues in Belt and Road Initiative Projects”, *Asian Dispute Review*, Vol. 21, 2 (2019), p. 61. See also Lu Wang, “State Controlled Entities as Qualified ‘Investors’: Implications for the Pacific Region Investment Treaty Making”, *Transnational Dispute Management* (*TDM*), Vol. 12, 1 (2015), p. 27.

〔3〕 Julien Fouret, Rémy Gerbay and Gloria M. Alvarez eds., *The ICSID Convention, Regulations and Rules: A Practical Commentary*, Edward Elgar Publishing, 2019, p. 143.

1. 考察国有企业投资者的行为性质

在涉及布罗切斯标准的案件中，多数仲裁庭强调“行为性质”要素在认定国有企业投资者“履行政府基本职能”中的作用。例如，“CSOB v. Slovak Republic 案”是 ICSID 裁决的第一起与国有企业投资者诉请资格相关的案件。CSOB 银行是一家捷克国有银行，其以斯洛伐克政府违反《整顿协议》（*Consolidation Agreement*）为由，将斯洛伐克政府诉诸 ICSID 仲裁。在 1999 年该案的管辖权裁决中，针对被申请方对 CSOB 银行诉请资格的管辖权异议，仲裁庭强调 CSOB 银行的行为性质并非行为目的构成“履行政府基本职能”的判断要素。仲裁庭认为，该案发生在捷克由指令经济转型为市场经济的特殊时期，尽管 CSOB 银行是在国家政策驱动下开展的贷款活动，但是这并未导致该银行交易活动本身丧失商业属性。虽然国家的经济转型决定涉及政府职能的行使，但是这并不意味着 CSOB 银行利用了这些国家政策，在有或没有政府合作的情况下进行重组以在自由市场经济中竞争并不是在履行国家职能，也不能证明 CSOB 银行为实现上述目标而采取的措施涉及对国家或政府职能的行使。CSOB 银行行为是政府行为还是私人行为取决于其行为性质。最后，就 CSOB 银行与斯洛伐克政府缔结的涉案协议而言，双方争议的焦点在于缔结合同的行为是由政府主导的私有化进程推动的，还是 CSOB 银行为增强自身商业地位的商业决策。然而，仲裁庭认为决定性要素并不在此，起决定性作用的是 CSOB 银行缔结合同行为的性质。在本案中，CSOB 银行巩固自身金融地位、吸引私人资本的行为无异于一般商业银行。即便 CSOB 银行磋商《整顿协议》和《贷款协议》所获得的优惠条件得益于捷克政府和斯洛伐克政府的期盼，即 CSOB 银行在自由市场环境中得以生存并能够提供必要的银行服务，也无法改变 CSOB 银行行为的商业本质。[1]

在 2005 年“CDC v. Seychelles 案”的撤销裁决中，仲裁庭在案件事实部分指出，CDC 公司是一家根据 1985 年公司法于英国成立的国有企业，是英国政府在发展中国家的投资工具。虽然当时 CDC 公司完全由英国政府所有，但是公司的日常运营不受政府的指导或干预。[2]被申请方虽然在开始时对仲裁庭提出管辖权异议，但是随后又撤回了这一异议。[3]值得注意的是，虽然裁决没有明确提及布罗切斯标准，但是仲裁庭在裁决中主动承认 CDC 公司活动本质的商业属性，这体现出仲裁庭对行为性质的重视。

2008 年裁决的“Rumeli Telekom v. Kazakhstan 案”的争议焦点为，土耳其私人企业在被主权国家查封（seize）的情况下是否还具有 ICSID 诉请资格。虽然该案申请方并非国有企业，但是其在诉状中援引布罗切斯标准和“CSOB v. Slovak Republic 案”裁决主张，判断申请方地位应以实际争端中相关实体的行为性质为依据。土耳其国家机关 TSDIF 在接管鲁梅利公司（Rumeli）和特尔西姆公司（Telsim）后，任命了新的经理，但这两个企业仍然从事电信业务。[4]虽然仲裁庭最终没有就如何适用或者解释布罗切斯标准作出回应，但是其裁决默认“行为性质”要素在认定投

---

〔1〕 Ceskoslovenska Obchodni Banka, A. S. v. The Slovak Republic, ICSID Case No. ARB/97/4, Decision of the Tribunal on Objections to Jurisdiction, 24 May 1999, paras. 20, 21, 23-25.

〔2〕 CDC Group plc v. Republic of Seychelles, ICSID Case No. ARB/02/14, Decision on Annulment, 29 June 2005, para. 2.

〔3〕 Id, para. 34.

〔4〕 Rumeli Telekom A. S. and Telsim Mobil Telekomunikasyon Hizmetleri A. S. v. Republic of Kazakhstan, ICSID Case No. ARB/05/16, Award, 29 July 2008, paras. 211-213.

资者诉请资格中的重要作用。[1]

在 2013 年裁决的“Abengoa and COFIDES v. Mexico 案”中，仲裁庭多数意见认为，申请方 COFIDES 公司作为一家由西班牙政府控股的国有企业并不会改变 COFIDES 公司活动的商业性质和相关投资的私人属性。COFIDES 公司“既未被纳入国家的一般行政管理，也未行使任何公共权力机构的特权”。

在 2014 年裁决的“Flughafen Zürich v. Venezuela 案”中，被申请方以瑞士行政区的国有企业投资者苏黎世机场（Flughafen Zürich）开展政府活动为由，提出管辖权抗辩。仲裁庭指出，苏黎世机场未参与控制瑞士领空活动，其主要业务是经营和管理苏黎世及世界各地的机场。这并不是不可委托的核心公共活动，私人企业也可以承担机场的运营管理工作。例如，新埃斯帕塔州就同意让私人财团参与玛格丽塔岛机场的管理。[2]因此，苏黎世机场的活动不涉及“履行政府基本职能”。

2017 年裁决的“Beijing Urban Construction v. Yemen 案”（简称“BUCG 案”）涉及中国国有企业 BUCG 公司的诉请资格之争。ICSID 仲裁庭首次承认布罗切斯标准中的两个要素是《ILC 草案》第 5 条和第 8 条中归因规则的“翻版”表达。被申请方援引 M. 费尔德曼（M. Feldman）学者的观点指出，“CSOB v. Slovak Republic

[1] 仲裁庭指出，《ICSID 公约》第 25. 2b 条规定是为了扩张 ICSID 的管辖权而不是限制它。特尔西姆公司不再是电信领域的活跃公司（active company）这一事实，并不妨碍 ICSID 对案件的管辖。根据 BIT 的规定，并不会以所谓的公司将是空壳公司为由将目光投向公司之外，也不会自这类公司在另一缔约方设立之时就将其排除在 BIT 的保护范围之外。TSDIF 任命特尔西姆公司和鲁梅利公司的经理并没有以任何方式结束两公司存续或终止申请方对两公司的所有权。证据表明，TSDIF 不是申请方股份的持有者。在某种程度上，可以将 TSDIF 类比为接管人、清算人或司法经理人，其依法作为公司经理的存在并不会影响 ICSID 的管辖权。

[2] Flughafen Zürich A. G. and Gestión e Ingenería IDC S. A. v. Bolivarian Republic of Venezuela, ICSID Case No. ARB/10/19, Award, 18 November 2014, paras. 275, 283-286.

案”仲裁庭错误适用了布罗切斯标准，原因之一在于仲裁庭在确定CSOB银行是否在履行政府职能时仅注重其活动的性质，而未考虑其活动的真正目的。[1]然而，BUCG案仲裁庭支持了“CSOB v. Slovak Republic案”仲裁庭的裁决。就BUCG公司在机场候机楼的工作是否履行了政府职能而言，被申请方援引中国对外经济贸易部的声明主张，“中国政府是管理、运营和战略决策的最终决定者。”仲裁庭则认为，被申请方对于BUCG公司在中国国家控制经济大背景下的定位虽然有说服力，但是在很大程度上与本案不相关。仲裁庭结合《ILC草案》第5条的“在特定情况下”语词，考察BUCG公司在萨那国际候机楼项目中是否履行了政府基本职能。结果显示，没有证据证明BUCG公司在活动中履行的是政府职能，而不是商业职能。因此，BUCG公司在也门境内并没有开展主权行为。

在2019年裁决的“Landesbank v. Spain案”中，被申请方西班牙政府质疑申请方的诉请资格。西班牙主张，由于申请方由德国的州（Länder）所有，因此德国政府应为这些国有银行的行为负责，这些申请方等同于德国政府，两者之间的争端是国家间争端。仲裁庭不同意这一论点，而是认为这些国有银行并非完全由一个或多个州所有，并且他们都具有独立于国家的法律人格。因此，他们构成缔约方的投资者而不是缔约方本身。此外，仲裁庭也强调，被申请方的代理律师无法证明根据《ILC草案》中的规则可将申请方的行为归因于国家。[2]不同于前述案件，该案争端当事方和仲裁庭皆未提及布罗切斯标准，也未具体适用相关要件，但是仲裁庭对《ILC草案》的提及，似乎认可适用《ILC草

[1] Beijing Urban Construction Group Co. Ltd. v. Republic of Yemen, ICSID Case No. ARB/14/30, Decision on Jurisdiction, 31 May 2017, Footnote 14.

[2] See Landesbank Baden-Württemberg and Others v. Kingdom of Spain, ICSID Case No. ARB/15/45, Decision on the Intra-EU Jurisdictional Objection, 25 February 2019, para. 98.

案》中归因规则判断申请方诉请资格，默认行为性质的重要性。

由上可见，ICSID 仲裁实践普遍认可“特定情况下”的“行为性质”构成判断国有企业投资者是否履行政府基本职能的重要标准。

2. 国有企业投资者的行为目的之争

与 ICSID 仲裁庭积极审查国有企业投资者“行为性质”要素不同的是，其常常有意忽略对“行为目的”要素的考察。例如，“CSOB v. Slovak Republic 案”仲裁庭主张，在判断 CSOB 银行是否行使了政府职能时，重点必须放在其所从事的活动性质而非目的上。〔1〕在随后裁决的“Flughafen Zürich v. Venezuela 案”和 BUCG 案中，ICSID 仲裁庭也未就如何界定和区分国有企业的“行为目的”和“行为性质”给出满意答案。〔2〕目前，是否将“行为目的”作为“履行政府职能”的考量要素尚存较大争议。

(1) 考察“行为目的”之反对论

反对考察“行为目的”要素的学者认为，“CSOB v. Slovak Republic 案”仲裁庭排除“行为目的”的裁决更具有实践意义。一方面，确定国有企业“行为目的”这一主观要素对仲裁庭要求过高，在实践中很难适用〔3〕，可能会导致仲裁程序和裁决过程被严重复杂化。例如，大多数中央控制的中国国有企业肩负多重任务，几乎不可能将商业目的与其他中央政府政策和中央高层领导

〔1〕 Ceskoslovenska Obchodni Banka, A. S. v. The Slovak Republic, ICSID Case No. ARB/97/4, Decision of the Tribunal on Objections to Jurisdiction, 24 May 1999, para. 20.

〔2〕 Anran Zhang, “The Standing of Chinese State-Owned Enterprises in Investor-State Arbitration: The First Two Cases”, *Chinese Journal of International Law*, Vol. 17, 4 (2018), p. 1150.

〔3〕 See Lu Wang, “State Controlled Entities as Qualified ‘Investors’: Implications for the Pacific Region Investment Treaty Making”, *Transnational Dispute Management* (*TDM*), Vol. 12, 1 (2015), pp. 27-28; Wei Yin, “Regulating the State Capitalism: Is There an Optimal Regulatory Model for Sovereign Wealth Fund Investment?”, *Journal of World Trade*, Vol. 54, 1 (2020), p. 176.

人的政治关切区分开来。这种分析要求仲裁庭具备考量投资者母国政策的能力，甚至需要掌握中国精英政治方面的专业知识。[1]另一方面，审查国有企业的主观目的也会增加ISDS裁决的不确定性风险，违背《ICSID公约》的核心政策目标，降低国有企业向ICSID仲裁庭提出诉请的可能性。[2]在国有企业投资者占据“半壁江山”的局势下，这无疑会削弱ICSID仲裁庭在投资争端解决中的影响力，不利于机构的发展。[3]不仅如此，考虑到国有企业不可避免地会受到国家宏观政策影响，过分强调投资者的主观目的，限缩解释ICSID管辖权，进而否定国有企业投资者诉请资格，不仅违背布罗切斯标准的初衷，甚至还可能导致ICSID沦为反对发展中国家或经济转型国家的工具，严重损害相关国家的长远利益。[4]

（2）考察“行为目的”之支持论

在认定国有企业诉请资格时，将“行为目的”作为判断要素的观点为被申请方质疑国有企业投资者地位提供了有力支持。[5]支持论的依据之一在于区分国有企业“商业行为”和“政府行

〔1〕 Shaheeza Lalani and Rodrigo Polanco eds., *The Role of the State in Investor-State Arbitration*, Brill Nijhoff, 2015, pp. 400-401. 梁一新：“论国有企业在ICSID的仲裁申请资格”，载《法学杂志》2017年第10期。

〔2〕 例如，淡马锡是一个新加坡国家控股的公司，就其投资于印度电信行业产生的争端而言，即便其曾威胁要将争端提交至投资者与国家间仲裁，但还是同意遵守印度国内法院和行政部门的裁定。See Julien Chaisse and Dini Sejko, “Investor-State Arbitration Distorted: When the Claimant Is a State”, in Leïla Choukroune, *Judging the State in International Trade and Investment Law: Sovereignty Modern, the Law and the Economics*, Springer, 2016, p. 87.

〔3〕 Andrea Bjorklund, *Yearbook on International Investment Law & Policy 2012-2013*, Oxford University Press, 2014, pp. 566-567.

〔4〕 陈嘉、杨翠柏：“国际投资仲裁中的国有企业投资者地位认定：构造、趋势与因应”，载《现代经济探讨》2018年第6期。

〔5〕 例如，在BUCG案中，被申请方援引了费尔德曼学者的观点，强调目的要素的重要性。

为”的国内法及其他国际法实践中均存在对“行为目的”要素的考量。〔1〕就国内法实践而言，美国联邦第五巡回上诉法院〔2〕、澳大利亚法律委员会及其外资安全审查机制〔3〕、加拿大最高法院〔4〕在实践中，均强调“行为目的”要素在确定“行为性质”中的重要作用。

就国际法实践而言，《联合国国家及其财产管辖豁免公约》第2.2条中也存在关于“交易目的”的考量要求。〔5〕上诉机构在WTO DS379案中发展出的“有意义的控制”标准，暗示出对“主观目的”的考量要求。〔6〕不仅如此，《关税与贸易总协定》(GATT) 和WTO主张所有权中立的部分理由也在于只有实体在

---

〔1〕 例如，有学者在考察国内法和其他国际法领域的发展趋势的基础上指出，“CSOB v. Slovak Republic案”仲裁庭完全专注于实体活动的性质而不考虑其目的的做法不具有说服力。参见刘雪红：“论国有企业私人投资者身份认定及启示——以ICSID仲裁申请人资格为视角”，载《上海对外经贸大学学报》2017年第3期。

〔2〕 美国联邦第五巡回上诉法院曾指出，“除非考察特定行为的目的，否则就无法确定行为的性质”。

〔3〕 澳大利亚法律委员会声明指出，“由于‘政府性行为’和‘商业性行为’的分类本身就是一种有目的的行为，不可能不参照人类活动的目的而对其行为的性质和目的作出概念性区分”。此外，澳大利亚政府在外资安全审查过程中关注外国政府投资者的投资行为是否出于商业目的，是否独立于外国政府的商业化运营等。参见张薇：“澳大利亚外资审查法律制度及应对建议”，载《国际经济合作》2011年第2期。

〔4〕 加拿大最高法院指出，“就争议的活动而言，想要完全脱离它的目的而对其性质作出‘一劳永逸’的界定是不可能的”。

〔5〕《联合国国家及其财产管辖豁免公约》第2.2条规定，在确定一项合同或交易是否为第1款(c)项所述的“商业交易”时，应主要参考该合同或交易的性质，但如果合同或交易的当事方已达成一致，或者根据法院地国的实践，合同或交易的目的与确定其非商业性质有关，则其目的也应予以考虑。

〔6〕 See P. Blyschak, “State-Owned Enterprises and International Investment Treaties: When Are State-Owned Entities and Their Investments Protected?”, *Journal of International Law and International Relations*, Vol. 6, 2 (2011), pp. 29-30. 参见刘雪红：“论国有企业私人投资者身份认定及启示——以ICSID仲裁申请人资格为视角”，载《上海对外经贸大学学报》2017年第3期。

双边贸易体系中运作的动机和行为才是最重要的。[1]《圣地亚哥原则》作为规制 SWF 的软法规范也强调考察投资者目的的重要性。[2]也有学者指出，鉴于《ILC 草案》第 5 条与布罗切斯标准中的“履行政府基本职能”的高度相似性，因此应该根据前者解读后者。《ILC 草案》第 5 条评论指出，“特别重要的不仅是权力的内容，还包括授予实体权力的方式、行使权力的目的以及实体对政府行使权力负责的程度。”[3]仲裁庭在适用《ILC 草案》第 5 条认定东道国国有企业身份时，均考察了国有企业的行为目的。[4]因此，在适用布罗切斯标准时也应强调对“行为目的”要素的考量。[5]

支持论的依据之二在于现代国有企业的转型要求纳入“行为目的”考量。有学者指出，“CSOB v. Slovak Republic 案”仲裁庭排除“行为目的”要素考量的合理性在于该案发生于东欧国家从计划经济向市场经济快速过渡的特殊背景下，国有企业的任何行为都必然带有国家政治属性和目的。然而，自 20 世纪 80 年代以来，随着国有企业私有化和公司制改革的持续推进，现代国有企业与私人企业在公司结构方面差别不大，且存在以私行为掩盖国家政策或战略执行的现象。加上国有企业规模、资金、行为的复杂性，更难区分国

〔1〕 Philip I. Levy, “The Treatment of Chinese SOEs in China's WTO Protocol of Accession”, *World Trade Review*, Vol. 16, 4 (2017), pp. 641-642.

〔2〕 也有学者指出，根据《圣地亚哥原则》，考察 SWF 的活动目的对于确保审慎且合理的投资实践具有重要意义。See Karl P. Sauvant ed., *Yearbook on International Investment Law and Policy 2010-2011*, Oxford University Press, 2012, p. 624.

〔3〕 Draft Articles on Responsibility of States for Internationally Wrongful Acts, with commentaries, 2001, p. 43.

〔4〕 例如，在“Hamester v. Ghana 案”中，根据《ILC 草案》第 5 条规定，仲裁庭考察了加纳可可委员会规制市场、出口可可、鼓励可可产业发展的使命（mission）。在“EDF v. Romania 案”中，仲裁庭考察了两个罗马尼亚国有企业的“公司目标”（corporate objects）。

〔5〕 Mark Feldman, “State-Owned Enterprises as Claimants in International Investment Arbitration”, *ICSID Review-Foreign Investment Law Journal*, Vol. 31, 1 (2016), p. 34.

有企业的公私行为，因此有必要结合行为目的等多重要素来判断行为的性质。[1]

支持论的依据之三源于 ICSID 管辖权要求。有学者从 ICSID 的管辖权角度指出，如果不考虑国有企业投资者的活动目标，就有可能将 ICSID 管辖权扩张至国家间争端。以“CDC v. Seychelles 案”为例，国有企业 CDC 公司发放贷款的目标是实现长期减贫。然而，若不进一步分析贷款人的使命、资本来源和决策结构，向借款人发放贷款的活动均可以被定性为商业活动。这显然减损了布罗切斯先生对私人投资和公共投资的区分成果。[2]

值得注意的是，尽管既有投资仲裁实践并未将国有企业投资者的“行为目的”作为考量要素，但是支持论的强势发展可能会成为东道国的抗辩理由并影响未来仲裁裁决结果。同时，在“履行政府基本职能”要件之外，也有学者认为在分析“政府代理人”要件时，应该纳入“行为目的”考量。[3]此外，CPTPP 和 USMCA 国有企业定义中的“从事商事活动”规定意味着，只有以商业目的开展投资行为的国有企业才能成为适格申请方。[4]这

---

〔1〕 刘雪红：“论国有企业私人投资者身份认定及启示 ——以 ICSID 仲裁申请人资格为视角”，载《上海对外经贸大学学报》2017 年第 3 期。

〔2〕 Karl P. Sauvant ed., *Yearbook on International Investment Law and Policy 2010-2011*, Oxford University Press, 2012, p. 623.

〔3〕 Penn Jil, “Public vs. Private: State-Owned Enterprises as Claimants in ICSID Arbitration”, available at https://pennjil.com/public-vs-private-state-owned-enterprises-as-claimants-in-icsid-arbitration/, last visited on 2021-4-16. 根据“代理人”的内涵，无论是基于“非商业性质”还是“非商业目的”，投资者都不应获得 ICSID 诉请资格。该评论指出，根据《韦氏词典》，“代理人”的定义是“被授权代表另一个人或代替另一个人作为一个政府的代表、使者或官员”。《布莱克法律词典》对“代理人”作出相似界定，即“被授权代表或代替他人行事的人；代表”。因此，确定一个实体是否“作为政府的代理人”需要进行“目的调查”。此外，否认具有“政府目的”的申请方资格有助于推进《ICSID 公约》目标的实现，即避免投资争端的政治化。

〔4〕 参见本节二（四）。

种条约层面的明确规定显然为被申请方要求仲裁庭考察国有企业投资者的“行为目的”提供了有力支持。

（三）适用“政府代理人”要件限制国有企业诉请资格

在适用布罗切斯标准的仲裁案件中，只有少数仲裁庭关注到“政府代理人”要件的适用。

1. “政府代理人”要件之仲裁实践

就“政府代理人”要件而言，“CSOB v. Slovak Republic 案”仲裁庭因忽视了这一要件的分析而备受指责。在后续的“Abengoa and COFIDES v. Mexico 案”“Flughafen Zürich v. Venezuela 案”和 BUCG 案中，仲裁庭对这一要件进行了考察。

（1）“Abengoa and COFIDES v. Mexico 案”

2013 年裁决的“Abengoa and COFIDES v. Mexico 案”中的第二个申请方 COFIDES 公司是西班牙国有企业，被申请方认为 COFIDES 公司是西班牙政府的代理人。仲裁庭多数意见否认这一观点并指出，“代理人”是被授权以第三方的名义行事和订立合同，代表第三方并以第三方的名义行事的人。仲裁庭认为，COFIDES 公司仅以自己的名义而非西班牙政府的名义行事，因此没有必要分析国家能否成为《西班牙与墨西哥 BIT》中的适格投资者。[1]该案裁决似乎表明，如果国家可以成为 BIT 中的受保护投资者，即便 COFIDES 公司是以西班牙政府代理人身份行事，也可以诉诸 ICSID。然而，这一推论并不符合 ICSID 仲裁的属人管辖要求。

〔1〕 Filip Balcerzak and Luke Eric Peterson, “Newly-Obtained Mexican BIT Award Reveals That Arbitrators Disagreed on Jurisdiction Over State-Owned Claimant; Details Emerge of Final Settlement Sum”, available at https://www.iareporter.com/articles/newly-obtained-mexican-bit-award-reveals-that-arbitrators-disagreed-on-jurisdiction-over-state-owned-claimant-details-emerge-of-final-settlement-sum/, last visited on 2021-5-21.

（2）“Flughafen Zürich v. Venezuela 案”

在“Flughafen Zürich v. Venezuela 案”中，ICSID 仲裁庭就苏黎世机场是否作为瑞士的国家代理人行事进行了分析。仲裁庭认为，苏黎世机场不是瑞士的国家代理人，因为它没有代表瑞士或为瑞士政府利益行事；苏黎世机场中超过 60%的股份为私人股东所有，政府当局对董事会没有控制权；苏黎世机场在 6 家瑞士交易所上市，其宗旨是创造价值，而不是捍卫瑞士的公共利益。因此，仲裁庭得出结论认为，苏黎世机场的活动不能被视为政府活动。〔1〕

（3）BUCG 案

在 BUCG 案中，仲裁庭承认“政府代理人”要件与《ILC 草案》第 8 条的相似性。就 BUCG 公司在本投资项目中是否作为中国政府的代理人而言，被申请方主张，中国政府出版物和官方指令表明，BUCG 公司以实现中国的国家利益为活动目标。BUCG 公司的党委不仅要注重监督人力资源、财务和物资，也要负责“监督科学发展观和国家政策的落实，促进企业在履行政治和社会责任方面发挥的主导作用”。被申请方援引“Maffezini v. Spain 案”的裁决，即“在确定某一实体是否构成国家机构（state body）时的测试需要考虑不同要素，如所有权、控制、本质、目标与宗旨以及所采取行动的性质。”〔2〕

ICSID 仲裁庭则认为，于中国国有企业而言，国家对于这些企业的控制机制和企业结构均较为常见。然而如上所述，问题并不在于国有企业的公司结构，而在于其是否在特定情况下以政府

〔1〕 Flughafen Zürich A. G. and Gestión e Ingenería IDC S. A. v. Bolivarian Republic of Venezuela, ICSID Case No. ARB/10/19, Award, 18 November 2014, paras. 275, 283-286.

〔2〕 Beijing Urban Construction Group Co. Ltd. v. Republic of Yemen, ICSID Case No. ARB/14/30, Decision on Jurisdiction, 31 May 2017, paras. 37-38.

代理人身份行事。本案并没有证据证明在也门修建机场候机楼时，BUCG 公司作为中国政府的代理人，或作为任何相关意义上的“代理人”。相反，证据记录显示，BUCG 公司以总承包商的身份参与了机场项目的公开竞标，并凭借其商业价值在其他承包商竞争者中脱颖而出。正如也门在其他场合所主张的，其终止建筑合同的原因在于 BUCG 公司未能按照商业上可接受的标准在机场建设中提供商业服务，而非基于中国的决定或政策。因此，根据被申请人在其他场合的立场，目前的争议根本不是一个违反条约的纠纷，而只是一个普通的商业争议，应适用《施工合同》（*Construction Contract*）第 67 条的争议解决条款。因此，仲裁庭认为，在机场建设活动中，BUCG 公司是以商业承包商身份履行合同的，而非中国政府代理人身份。[1]

2. 适用《ILC 草案》第 8 条解读“政府代理人”要件

与“履行政府基本职能”要件相比，“政府代理人”要件似乎更加抽象。因此自 BUCG 案开始，仲裁庭开始强调“政府代理人”要件与《ILC 草案》第 8 条的相似性，似乎“人为地”赋予“政府代理人”以“国家控制”的内涵。

（1）适用《ILC 草案》第 8 条解读之实践

在 BUCG 案之前，投资仲裁庭并未承认《ILC 草案》在解读布罗切斯标准中的作用。自 BUCG 案起，投资仲裁庭开始逐渐认可《ILC 草案》归因规则在解释布罗切斯标准和确定管辖权中的重要作用。[2] 在 2018 年裁决的“Masdar v. Spain 案”中，虽然马斯达尔公司（Masdar）不是国有企业，但是仲裁庭在考察马斯

---

〔1〕 Beijing Urban Construction Group Co. Ltd. v. Republic of Yemen, ICSID Case No. ARB/14/30, Decision on Jurisdiction, 31 May 2017, para. 39-40.

〔2〕 例如，在北京城建诉也门案中，仲裁庭承认《ILC 草案》的第 5 条和第 8 条就是布罗切斯标准的“翻版”表达。在马斯达尔公司诉西班牙案中，仲裁庭认可《ILC 草案》中的归因原则在确定管辖权中的重要作用。

达尔公司的诉请资格时，也分别适用《ILC 草案》第 5 条和第 8 条分析了布罗切斯标准的两要件。仲裁庭在分析“政府代理人”要件时指出，“被申请方没有举出任何令人信服的证据证明阿布扎比政府对其投资者行使了总体控制并控制了它的投资决定”。[1]

(2)《ILC 草案》第 8 条与“政府代理人”要件之区别

由本章第二节中关于适用《ILC 草案》第 8 条将东道国国有企业行为归因于政府的分析可以看出，该条的“有效控制”标准设置了较高的归因门槛。然而，鉴于《ILC 草案》第 8 条和布罗切斯标准间适用目的之差异，后者应具有更高门槛。《ILC 草案》第 8 条的适用目的是规制国有企业不法行为可能引发的国家责任问题，防止国家利用其国有企业规避责任，而布罗切斯标准旨在排除不适格的国有企业投资者。正如有学者提出，出于规制东道国责任的目的，可能只需要在国有企业的某些不法行为与其所有国或控制国之间建立联系即可。然而，当适用布罗切斯标准的“政府代理人”要件时，可能需要更广泛的分析。特别是仅以国有企业投资活动和行为的某些方面可归因于其母国尚不足以否定国有企业的诉请资格，有必要对国有企业的活动和目标进行更加全面的分析。[2]上述差异也意味着，应审慎适用《ILC 草案》第 8 条解释布罗切斯标准中的“政府代理人”要件。[3]

---

〔1〕 Masdar Solar & Wind Cooperatief U. A. v. Kingdom of Spain, ICSID Case No. ARB/14/1, Award, 16 May 2018, paras. 170-171.

〔2〕 P. Blyschak, "State-Owned Enterprises and International Investment Treaties: When Are State-Owned Entities and Their Investments Protected?", *Journal of International Law and International Relations*, Vol. 6, 2 (2011), pp. 38-39.

〔3〕 Id., p. 39.

（3）适用《ILC 草案》第 8 条解读之异议

学界对于适用《ILC 草案》解释“政府代理人”要件也存在不同意见。例如，有学者指出《ILC 草案》第 8 条本身尚存在适用难题，很难为布罗切斯标准的适用提供指导。[1]也有学者质疑根据《ILC 草案》第 8 条的“指挥或控制”标准判断“政府代理人”要素之实践可能。即便国有企业的日常决策由受过商业培训的员工负责，但是其总是或者至少在某种意义上处于国家的控制之下。所谓“控制”，到底是指最终的控制能力，还是仅指控制程度？国有企业具备诉请资格是否取决于政治行为者参与管理的程度？仲裁员具有判断能力吗？这些问题均导致国有企业身份认定的不确定性。[2]

上述争议表明，就国有企业投资者的诉请资格而言，《ILC 草案》虽为布罗切斯标准的适用提供了分析框架，但布罗切斯标准显然并非身份认定的最终答案。关于国有企业投资者行为如何受到政治引导这一可能带有政治色彩的问题，仲裁庭可能也不愿触

---

〔1〕 刘雪红：“‘国家资本主义论’下的国企投资者保护——基于投资协定革新的视角”，载《法学》2018 年第 5 期。该学者指出《ILC 草案》第 8 条对于“国有股、人事权、财务权等哪些指标构成国企被政府控制的标准并不存在进一步的规定和指引，也没有发展出具体的证据规则，由此也存在实践适用困难。”并且国际贸易法和国际投资法在争端解决实践中对于《ILC 草案》第 8 条对国企进行身份判断时存在严重的分歧和误用，也没能发展出具体的操作规则。WTO DS379 案——最新的 DS437 案中关于“公共机构”的认定也不一样。在 DS379 案中，WTO 上诉机构在判断中国商业银行是否构成公共机构时抛弃政府占股比例为主的形式判断，发展出注重实质的“有意义的控制”标准，但是 WTO 也未敢进一步界定何为“有意义的控制”。ICSID 仲裁庭在北京城建诉也门案中，避开了党组织参与国企治理是否必然会造成对国企控制等问题的阐述，而这恰恰是“国家资本主义论”攻击中国国企身份的重要论据。能否发展出“政府控制”判断要素的习惯规则？该学者认为，《ILC 草案》第 8 条的规定无法为布罗切斯要素判断提供更为详细指引，并且也不存在统一的国际实践，很容易因制度缺陷而被滥用。

〔2〕 See Duncan Matthews and Simon Milnes, “Potential Investor-State Issues in Belt and Road Initiative Projects”, *Asian Dispute Review*, Vol. 21, 2 (2019), p. 61.

及。因此，在未来缔约实践中可能需要发展出更加具体的标准来认定国有企业身份，进而降低认定国有企业投资者诉请资格的不确定性。[1]

本章小结

当国有企业被卷入投资争端时，企业的“国有属性”常引发争端当事方对其身份的公私属性之争。国有企业公私身份的认定既具有程序意义，也具有实体意义。于东道国国有企业而言，身份认定决定东道国能否成为投资仲裁中的适格被申请方及责任主体；于国有企业投资者而言，身份认定决定其能否成为 ISDS 机制的适格申请方，获得 IIAs 的保护。国际投资法“公私分立”的结构特质使其具备处理国有企业身份认定问题的能力。国际投资法中有关身份认定的法律依据表明，“国有制”并非国际投资法认定国有企业身份的决定性要素，也可以说国有企业的身份认定并不存在严格公式，需要依据相关规范和特定事实进行“逐案分析”。[2]

就东道国国有企业身份认定而言，国际投资仲裁尚不存在一致实践。在管辖权阶段，不同仲裁庭在认定国有企业身份时采用了初步证明法、归因规则法和东道国国内法三种不同进路。其中，初步证明法在很大程度上仅因国有企业的主体属性，即作出其行为可归因于国家的假定。在实体审理阶段，虽然适用《ILC 草案》归因规则认定国有企业行为归因于国家的门槛很高，但是

---

〔1〕 See Duncan Matthews and Simon Milnes, “Potential Investor-State Issues in Belt and Road Initiative Projects”, *Asian Dispute Review*, Vol. 21, 2 (2019), p. 62.

〔2〕 See Shaheeza Lalani and Rodrigo Polanco eds., *The Role of the State in Investor-State Arbitration*, Brill Nijhoff, 2015, p. 384.

仍存在将国有企业认定为“事实国家机关”，将国有企业争议行为认定为“行使政府权力”或“受政府指示、指挥或控制”的仲裁实践。不仅如此，也不乏宽泛适用《ILC 草案》归因规则降低国有企业行为归因门槛的仲裁实践。在适用 IIAs 国企条款认定国有企业身份时，既存在对国企条款的定性之争，也存在 IIAs 国企条款与《ILC 草案》归因规则的适用关系之争，本书认为 IIAs 国企条款可构成排除《ILC 草案》归因规则适用的特别归因规则。

国际投资仲裁限制国有企业投资者诉请资格的原因包括投资条约保护私人投资者的初衷和国际投资争端解决的“去政治化”目标。缔约方可以通过设计 IIAs 中的投资者定义条款、序言条款、国有企业定义条款和争端解决条款限制国有企业的诉请资格。即便国有企业投资者构成 IIAs 中受保护的投资者，在诉诸 ICSID 仲裁时，仍需经受《ICSID 公约》缔约史上形成的布罗切斯标准的检验。投资仲裁实践中，布罗切斯标准的抽象性也引发了较大的适用争议，包括“行为目的”要素是否构成“履行政府基本职能”判断要素之争、适用《ILC 草案》第 8 条解释“政府代理人”要件之争。

本书认为，在国有企业身份认定中，“国有制”即便不构成规范性要素，也构成重要的“事实要素”。[1] 鉴于既有身份认定规范的抽象性、投资仲裁实践的不确定性以及国际经贸规则的持续发展，国有企业身份认定的结果仍存在较大的变数。随着国有企业对国际投资活动的深入参与，未来缔结的新一代 IIAs 中会出现越来越多与国有企业相关的条款。缔约方可能会利用缔约实践

---

〔1〕 例如，有学者指出，根据《ILC 草案》第 5 条和第 8 条认定行为归因时，“政府所有制”即便不是决定性因素，也是重要的考量因素。See Jaemin Lee, “State Responsibility and Government-Affiliated Entities in International Economic Law: The Danger of Blurring the Chinese Wall Between State Organ and Non-State Organ as Designed in the ILC Draft Articles”, *Journal of World Trade*, Vol. 49, 1 (2015), p. 128.

澄清 IIAs 中国企条款的性质及其与《ILC 草案》归因规则的关系，通过发展国有企业定义条款和争端解决条款（“毒丸条款”）限制国有企业投资者的诉请资格，进而提高国有企业身份认定的确定性。在投资仲裁实践中，《ILC 草案》第 4 条“事实国家机关”、第 8 条“受政府指示、指挥或控制”，以及东道国“政府与市场”的关系可能会在仲裁庭认定东道国国有企业身份中产生更大影响。于国有企业投资者而言，不排除“行为目的”可能成为未来仲裁庭认定国有企业投资者诉请资格的重要考量。

第三章

国有企业公平竞争问题之国际投资法规制

若说第二章的重点内容为国际投资法对国有企业政府行为之规制，那么本章的研究对象则是国际投资法之于国有企业商事行为之规制。近年来，国有企业对国际投资活动的深入参与引发了国际社会对国际投资公平竞争环境的高度关注。[1]长期以来，公平竞争被视为国际投资环境乃至整个国际经济法律体系所追求的重要目标，也是高水平投资保护标准的重要体现。[2]传统上，国际投资法中的“公平竞争”理念主要强调基于企业“国籍”的非歧视。当前，企业之间因“所有制”导致的竞争优势或劣势使投资条约起草者和投资仲裁庭面临着“整平游戏场地”（level the playing field）的新挑战。[3]本章中公平竞争问题的范围包括但不限于竞争中立问题。[4]根据国有企业参与国际投资的方式不同，

---

〔1〕 See “5th Annual Conference on Investment Treaties and Level Playing Fields”, available at https://www.oecd.org/investment/investment-policy/OECD-Investment-Treaty-Conference-agenda-March-2019.pdf, last visited on 2020-3-4.

〔2〕 张正怡：“公平竞争议题下国有企业相关法律问题的挑战与应对”，载《岭南学刊》2016年第2期。

〔3〕 See “5th Annual Conference on Investment Treaties and Level Playing Fields”, available at https://www.oecd.org/investment/investment-policy/OECD-Investment-Treaty-Conference-agenda-March-2019.pdf, last visited on 2020-3-4.

〔4〕 当前关于国有企业竞争中立的研究文献层出不穷。本书认为，就竞争中立和公平竞争之间的关系而言，竞争中立是实现公平竞争目标的手段之一。本书中的公平竞争问题包括但不限于竞争中立。与竞争中立和公平竞争关系的相关讨论也可见于韩立余：“国际法视野下的中国国有企业改革”，载《中国法学》2019年第6期。

国有企业的公平竞争问题既源于东道国国有企业享有或提供的竞争优势，也表现为国有企业投资者享有的竞争利益及其在投资市场准入阶段受到的歧视性审查。[1]上述问题也构成新一代国际投资协定（IIAs）磋商谈判的重点议题。[2]当前，绝大多数 IIAs 中并不存在专门规制国有企业公平竞争问题的条款，但是相关规范可见于美国早期的投资缔约实践、晚近国际经贸规则（如欧盟内部及外部协定和经济合作与发展组织文件等），以及 2020 年 12 月 30 日达成的中欧《全面投资协定》（CAI）。有鉴于此，本章拟以历史上 IIAs 中国有企业公平竞争条款的缘起和发展为研究起点，结合国际投资仲裁案例和国际经贸规则中国有企业公平竞争规则的多元化发展，分别探析国际投资法规制东道国国有企业和国有企业投资者公平竞争问题之未来可能。

第一节　IIAs 中国有企业公平竞争条款之缘起与转型

随着 2016 年《跨太平洋伙伴关系协定》（TPP）［现为《全面与进步跨太平洋伙伴关系协定》（CPTPP）］中国有企业章节的面世，国有企业公平竞争问题引起学界的高度关注。诚然，当前绝大多数 IIAs 并不包含专门规制国有企业公平竞争问题的条款，但是溯及历史可以发现，在 20 世纪 40 年代至 90 年代，国有企业公平竞争条款曾出现在美国投资缔约实践中。这些条款主要

〔1〕　参见第一章第二节第三目（二）。

〔2〕　例如，如何适用国际投资条约规制国有企业公平竞争行为是 2019 年 OECD 投资条约会议的重要议题，主要国家领导人正致力于发展相关规则以处理国有企业有害的补贴行为和市场扭曲行为。See "5th Annual Conference on Investment Treaties and Level Playing Fields", available at https://www.oecd.org/investment/investment-policy/OECD-Investment-Treaty-Conference-agenda-March-2019.pdf, last visited on 2020-3-4.

以东道国国有企业为规制对象，致力于为外国私人投资者创造公平的竞争环境。原因之一在于，早期资本输出国更关注其海外私人投资者的利益。原因之二在于，当时国有企业投资者的数量甚少，其所享有的竞争优势尚未引起重视。然而值得注意的是，早期条约中也曾出现规范外国国有企业投资者与东道国国内其他企业公平竞争关系的条款，《美国与荷兰友好通商航海条约（FCN）》第 18.2 条即为例子。〔1〕

一、IIAs 中"公平竞争条款"之缘起

本书中的"公平竞争条款"，是指规范东道国国有企业相较于外国私人投资者享有不公平竞争优势的条款。本部分拟探析早期 IIAs 中"公平竞争条款"从产生至终结的历史进程及内在原因。

（一）IIAs 中的"公平竞争条款"缘起于 FCN

1. 不具有约束力的"公平竞争条款"

美国在二战后签署的 FCN 中就专门纳入了与国有企业相关的"公平竞争条款"（competitive equality provision），旨在保护其投资于东道国的企业免受当地国家补贴企业的不公平竞争。〔2〕例如，1948 年签署的《美国与意大利 FCN 草案》第二段规定："根

〔1〕 相较于保障外国私人投资者与东道国内国国有企业之间的公平竞争而言，强调对外国国有企业投资者不公平竞争行为的规制是一个随着 21 世纪发展中国家国有企业海外投资扩张可能造成东道国国内市场扭曲而出现的一个新议题。See Netherlands Friendship, Commerce, and Navigation Treaty. Art. 18.2, available at https://tcc.export.gov/Trade_ Agreements/All_Trade_Agreements/exp_005868.asp, last visited on 2020-3-4. 任何一方公共（public）所有或控制的企业，包括公司、协会、政府机构和部门，当其在另一方领土内从事商业、工业、航运或其他商业活动时，不得就私人所有和控制的企业所需承担的税收、诉讼、判决执行或其他责任，为其自身或其财产主张或要求豁免。

〔2〕 Kenneth J. Vandevelde, *The First Bilateral Investment Treaties: U.S. Postwar Friendship, Commerce, and Navigation Treaties*, Oxford University Press, 2017, p. 43.

据本条约，任一缔约方在其领土内给予另一缔约方的私人所有和私人控制企业在商业、制造业和加工业（processing）活动方面的权利和特权，宜（should）延伸至该缔约方领土内公共所有或控制的（publicly owned or controlled）、具有经济性质的企业所享有的权利和特权，前提是这种由公共所有或控制的企业实际上与私人所有和控制的企业存在竞争关系。”其后所附的但书条款规定将一些为政府提供货物或服务的企业以及为满足特定群体基本商品和服务需求的公共所有或控制的企业排除在外。[1]这一条款仅使用了“should”（宜）一词而非“shall”（应），因此并未向缔约方施加强制性义务。

2. 约束力升级的“公平竞争条款”

1952 年，美国副助理国务卿（Deputy Assistant Secretary of State）哈罗德·林德（Harold Linder）指出，东道国给予其本国国有企业的特殊优惠待遇使美国在该国的投资面临着非商业风险。[2]因此，美国在对上述条款进行适度扩展和修改后，载入其 1955 年 FCN《标准草案条约》（*Standard Draft Treaty*）的第 18.2 条，作为与其他国家磋商 FCN 的谈判范本。修改后的文本为：“缔约方承认，在任何一方的公共所有或公共控制的贸易企业或制造企业在其领土内与另一方国民或企业的私人所有或私人控制的企业进行竞争时，宜（should）维持公平竞争的条件。此类私

---

〔1〕“Italy Friendship, Commerce, and Navigation Treaty Protocol, Additional Protocol, and Exchanges of Notes Signed at Rome”, available at https://tcc.export.gov/Trade_Agreements/All_Trade_Agreements/exp_005443.asp, last visited on 2022-2-2. 这一规定不适用于以下情形中公共所有或公共控制企业所获得的补贴：①制造或加工供政府使用的货物，或向政府提供政府使用的货物和服务，或②以大大低于竞争性价格的价格，满足特定人群对基本商品和服务的需求，而这些商品和服务是这些群体实际上无法获得的。

〔2〕 Kenneth J. Vandevelde, *The First Bilateral Investment Treaties: U.S. Postwar Friendship, Commerce, and Navigation Treaties*, Oxford University Press, 2017, p. 43.

人企业应（shall）有权享有公共企业获得的任何经济方面的特殊优势，无论是以补贴、税收豁免还是其他形式。”[1]与《美国与意大利 FCN》相比，这项规定后半句增加的义务性规范意味着，FCN 中的外国私人投资者有权获得与东道国公共企业同等的优惠待遇。事实上，这项规定可能使在东道国投资的外国私人企业获得比东道国国内私人企业以及其他外国私人投资者所有或控制的企业更为优惠的待遇。FCN《标准草案条约》第 18.2 条中也包括与《美国与意大利 FCN》相同的但书条款。

在美国政府看来，这一条款为其海外私人投资者与东道国公共企业的公平竞争提供了最低保障。因为如果东道国国有企业获得由国家补贴带来的不公平竞争优势，可能会导致与其存在竞争关系的外国私人投资者破产，从而间接实现“国有化”效果。这种“蚕食性没收”（creeping confiscation）的过程会导致政府接管私人财产的结果，而无须履行正常的征收程序和支付合理的补偿。[2]1953 年美国国务院（State Department）在与尼加拉瓜谈判中进一步阐释了这一观点，“如果政府希望与同一行业的私人企业一道从事正常的商业活动，就不应该利用特殊优惠和特权损害私人利益。否则，政府就有能力让无助的私人企业破产。如果政府意图占据特定行业将私人利益排除在外，那么正确的程序应是征收已设立的企业并支付合理的补偿”。[3]

3. “公平竞争条款”的适用限制

这一时期国有企业公平竞争条款的适用存在三方面限制：

[1] Kenneth J. Vandevelde, *The First Bilateral Investment Treaties: U.S. Postwar Friendship, Commerce, and Navigation Treaties*, Oxford University Press, 2017, pp. 500 – 501, 554.

[2] Kenneth J. Vandevelde, *The First Bilateral Investment Treaties: U.S. Postwar Friendship, Commerce, and Navigation Treaties*, Oxford University Press, 2017, p. 501.

[3] Id., p. 502.

其一，这项规定不会阻止国家将经济部门国有化或建立政府垄断。相反，它仅适用于国家选择与私人企业“竞争”的情况。因此，如果私人企业选择与已经设立的国有企业竞争，则不适用该规定。其二，该条款仅适用于贸易和制造部门的国有企业，因为这些是传统上由私人企业占据的行业。美国认为，如果政府选择进入那些传统上属于私营范畴的经济部门，其理应与私人企业竞争者处于相同的竞争环境。其他部门如金融、通信和运输，则不受该条款的影响。〔1〕其三，即使东道国国有企业进入贸易和制造业，这一条款也存在 FCN《标准草案条约》第 18.2 条规定的两项适用例外。美国国务院的解释为，这些例外情况允许国家从事一些活动，如经营政府印刷办公室、生产牌照、清理贫民窟，以及为穷人提供低收入住房或学校午餐。〔2〕由此可见，FCN 中国有企业“公平竞争条款”并未否认国有企业及政府补贴的存在价值，条款的适用限制主要体现在行业局限性和社会目标例外。

4. “公平竞争条款”纳入之博弈

在缔约谈判中，美国纳入“公平竞争条款”的主张也经常遭到另一缔约方反对，但是美国政府总是试图说服另一方接受该条款。例如，在 1949 年美国和丹麦磋商新的 FCN 之时，丹麦想保留本国国有企业的特权，不想纳入“公平竞争条款”。美国国务院解释称，在条约中纳入“公平竞争条款”旨在确保私人企业不会因与国家补贴企业竞争而陷入破产困境。如果政府想要将私人企业排除在某些经济部门之外，适当的措施是进行征收并予以公正的补偿，而不应以不公平的政府竞争实现这一目标。丹麦已经设立的国有垄断企业不构成私人企业的竞争对手，无需受制于该

---

〔1〕 Kenneth J. Vandevelde, *The First Bilateral Investment Treaties: U.S. Postwar Friendship, Commerce, and Navigation Treaties*, Oxford University Press, 2017, p. 503.

〔2〕 Id., p. 503.

条款。同时，这一条款的适用范围仅及于商业、制造和加工活动，不包括银行、采矿、通信和运输等部门。最终，丹麦同意保留“公平竞争条款”。[1]

在一些缔约实践中美国也会对条款的纳入作出妥协，甚至同意删除。例如，在美国与哥伦比亚、日本、海地、韩国、德国、埃塞俄比亚、法国、多哥和泰国签订的 FCNs 中皆未出现这一条款。[2]《美国与荷兰 FCN》第 18.1 条纳入了一项特殊例外，即允许任何一方“在经济危机期间，在其认为必要的情况下，在援助国有企业方面作出特别让步，尤其以缓解失业状况为目的之时。”[3]

（二）1983 年《美国双边投资条约范本》中“公平竞争条款”之文本扩张及实践限缩

1. 范本中“公平竞争条款”适用范围之扩张

以 FCN《标准草案条约》第 18.2 条为基础，美国将“公平竞争条款”纳入其 1983 年双边投资条约（BIT）范本并扩张了该条款的适用范围。在 1983 年《美国 BIT 范本》中，“公平竞争条款”被规定在“投资待遇”标题下的第 2.6 条，由两句话构成，第一句是鼓励性而非义务性规定，即“缔约双方认识到，根据本条第 1 款和第 2 款 [国民待遇（NT）和最惠国待遇（MFN）条款] 规定，当由一缔约方或其机构或部门所有或控制的投资在该方领土内与另一方国民或公司的私人所有或控制的投资竞争时，宜（should）维持公平竞争的条件。”其中，前半句表明，公平竞争原则与 BIT 第 2.1 条和第 2.2 条的非歧视待遇“相一致”，即根据 BITs 中的 NT 条款禁止在相似情形下采取有利于东道国国有企业的歧视性措

---

[1] Kenneth J. Vandevelde, *The First Bilateral Investment Treaties: U.S. Postwar Friendship, Commerce, and Navigation Treaties*, Oxford University Press, 2017, p. 265.

[2] Id., p. 503.

[3] Netherlands Friendship, Commerce, and Navigation Treaty (1956), Art. 18.1.

施。这一条款旨在呼吁东道国避免给予其国有企业或者国家控股企业以任何竞争优势。第二句则是义务性规定，即“在涵盖投资（即私人所有或控制的投资）与缔约方境内政府所有或控制的投资处于竞争关系时，前者应（shall）获得与后者享有的任何特殊经济优势相当的待遇。”该条规定旨在避免东道国为其国家所有或控制的企业提供竞争优势，维持外国私人投资者与东道国国有企业之间的公平竞争。[1]与 FCN 中的公平竞争条款相比，1983年《美国 BIT 范本》扩大了该条款的适用范围，不再限于特定行业，而是扩张至东道国国有企业所享有的任何形式的竞争优势。

2. 缔约中“公平竞争条款”效力之限缩

与范本中“公平竞争条款”适用范围的扩张相比，在缔约实践中该条款的效力常被减损。在以 1983 年《美国 BIT 范本》为基础的缔约实践中，完全沿用范本第 2.6 条规定的情形十分罕见。据本书考察，只有 1986 年缔结的《美国与孟加拉国 BIT》第 2.5 条完全照搬了 1983 年《美国 BIT 范本》中的规定[2]，其他条约均在一定程度上限缩了义务性规范的效力。以 1982 年《美国与巴拿马 BIT》第 2.3 条的规定为例，其虽然保留了 1983 年《美国 BIT 范本》中的“鼓励性”条款，但是“义务性”部分只要求东道国给予外国私人投资者与东道国国内私人投资者相同的待遇即可。[3]换言之，相较于竞争中的私人企业，东道国可以给

[1] Kenneth J. Vandevelde, *U. S. International Investment Agreements*, Oxford University Press, 2009, p. 384.

[2] Bangladesh-United States of America BIT (1986), Art. 2. 5.

[3] Panama-United States of America BIT (1982), Art. 2. 3. “当一方国民或公司的私人所有或控制的投资在另一方领土内与其机构或部门所有或控制的投资相竞争时，另一方应给予外国私人投资者以公平公正待遇，特别是本条第 1 款中规定的待遇。在任何情况下，这种待遇都不得不同于与另一方机构或部门所有或控制的投资处于竞争情形下的另一方国民或公司的任何私人所有或控制的投资享有的待遇。”

予其国有企业以更优惠的待遇。1983 年《美国与海地 BIT》第 2.6 条也作出了类似规定。[1]

也有条约只保留了鼓励性规定，删除了义务性承诺，如 1983 年《美国与塞内加尔 BIT》第 2.7 条、1984 年《美国与刚果民主共和国 BIT》第 2.6 条、1985 年《美国与摩洛哥 BIT》第 2.6 条和 1985 年《美国与土耳其 BIT》第 2.6 条。[2]其中，刚果民主共和国对这一条款作出了特别说明，即 1984 年《美国与刚果民主共和国 BIT》第 2.6 条涉及外国私人投资者的待遇问题。扎伊尔人不能对私人所有或控制的投资作出其“应”（shall）得到与政府所有或控制的投资所享有的任何特殊经济利益同等待遇的约束性承诺，扎伊尔人只能同意将之作为一般性劝告，“宜”（should）维持公平竞争条件。[3]

（三）美国投资缔约实践中“公平竞争条款”的终结

1984 年《美国 BIT 范本》移除了“公平竞争条款”。原因之一在于，“公平竞争条款”在缔约实践中效力的减损似乎已经导致其难以实现不同所有制企业公平竞争之目标。而维持国内外私人企业之间的公平竞争可以借由 IIAs 中的 NT 条款来实现，无需再进行重复性规定。原因之二在于，“公平竞争条款”过于严格的要求常使条约磋商陷入困境。例如：1983 年《美国 BIT 范本》中的并不允许例外性规定或保留条款的存在；以实现东道国政府投资与外国私人投资者之间的同等待遇为目的的“公平竞争条

---

〔1〕 Haiti-United States of America BIT (1983), Art. 2.6. 这一条约至今都没有生效。

〔2〕 E. g., Senegal-United States of America BIT (1983), Art. 2.7. “双方认识到，根据本条第 1 款和第 2 款，当一方或其机构或部门所有或控制的投资在该方领土内与另一方国民或公司的私人所有或控制的投资竞争时，应（should）维持双方公平竞争的条件”。

〔3〕 Congo, Democratic Republic of the-United States of America BIT (1984).

款”是缔约对方反对的焦点。[1]

正因如此，1986年后的美国投资缔约实践中再难看到“公平竞争条款”。例如，1982年美国和埃及在BIT磋商过程中指出，BIT提供的保护应扩大至东道国政府经营的企业与另一缔约方企业或国民之间的竞争[2]，并在1982年《美国与埃及BIT草案》第2.6条纳入了国有企业“公平竞争条款”。[3]然而，在1985年的草案修订稿中该条款被删除，也未出现在1986年生效的正式文本中。[4]此外，国际投资仲裁实践中尚未出现与国有企业“公平竞争条款”相关的案例。

二、IIAs中国有企业“非歧视条款”之缘起

本书中的国有企业“非歧视条款”，是指避免东道国国有企业在其国内销售商品或服务时歧视外国私人投资者的规范。本部分拟探析这一条款在早期缔约实践中的产生与转型。

（一）早期美国BIT缔约实践中的国有企业“非歧视条款”

“非歧视条款”最早出现在1993年美国以1992年BIT范本为基础，与摩尔多瓦、厄瓜多尔缔结的BITs第2.2（c）条中，即“各缔约方应（shall）确保其维持或设立的任何国有企业在其领

---

〔1〕 Kenneth J. Vandevelde, *U. S. International Investment Agreements*, Oxford University Press, 2009, pp. 385-386.

〔2〕 Joseph E. Pattison, “The United States-Egypt Bilateral Investment Treaty: A Prototype for Future Negotiation”, *Cornell International Law Journal*, Vol. 2, 6 (1983), p. 321.

〔3〕 The Treaty Between the United States of America and The Arab Republic of Egypt Concerning the Reciprocal Encouragement and Protection of Investments, 1982, Art. 2. 6. “在国家经济政策和促进所有类型投资（无论是私人投资还是公共投资）愿望的背景下，双方认识到，如果在该方领土内所有或控制的投资在类似条件下与另一方国民和公司私人所有或控制的投资进行竞争时，应维持平等的竞争条件。”

〔4〕 Egypt-United States of America BIT (1986); Supplementary Protocol, Art. 2. 5.

土内销售货物或服务时给予更优惠的 NT 或 MFN。”[1]随后这一条款又相继出现在美国与白俄罗斯、乌克兰、爱沙尼亚、拉脱维亚、立陶宛缔结的 BITs 中。[2]有学者认为，在 BITs 中纳入这一条款似乎是多余的。因为即便没有这一条款，根据作为习惯国际法的《国家对国际不法行为的责任条款草案》（简称《ILC 草案》），行使政府权力的国有企业的行为也可归因于国家。[3]换言之，即便 BIT 中不包含国有企业“非歧视条款”，若国有企业行使政府权力的行为违反了 BITs 中的 NT 和 MFN 义务，也可引发东道国的国家责任。

（二）1994 年《美国 BIT 范本》中的国有企业“非歧视条款”

1994 年《美国 BIT 范本》纳入国有企业“非歧视条款”，并限制了条款的适用范围。该范本第 2.1 条规定，“每一缔约方应确保其国有企业在提供其商品或服务时，给予所涵盖投资以 NT 和 MFN。”与前述缔约实践未限制购买者相比，1994 年《美国 BIT 范本》中的条款明确将国有企业的非歧视义务限制在东道国国有企业在向投资协定涵盖投资销售货物或服务时的情形。[4]类似条款也载于 1994 年生效的《北美自由贸易协议》（NAFTA）中，但是该条款被纳入了 NAFTA 的国有企业章节而非投资章节。

（三）2004 年《美国 BIT 范本》删除了国有企业“非歧视条款”

2004 年《美国 BIT 范本》删除了国有企业“非歧视条款”，该条款也未出现在后续的《美国 BIT 范本》、NAFTA 或其他 FTAs

---

〔1〕 See Moldova, Republic of-United States of America BIT (1993), Art. 2.2 (c); Ecuador-United States of America BIT (1993), Art. 2.2 (c).

〔2〕 See e.g., Latvia-United States of America BIT (1995). Art. 2.2 (c).

〔3〕 Kenneth J. Vandevelde, *U.S. International Investment Agreements*, Oxford University Press, 2009, p. 462.

〔4〕 Kenneth J. Vandevelde, *U.S. International Investment Agreements*, Oxford University Press, 2009, p. 462.

的投资章节之中。IIAs 删除该国有企业“非歧视条款”的理由在于，缔约方认为国有企业的非歧视问题在一定程度上已经得到解决。因为根据 BIT 中的 NT 和 MFN 条款，在国有企业行使政府权力时，东道国需要为国有企业的行为承担责任。[1]这也就意味着，在投资条约语境下，如果不能确定国有企业行使政府权力，其对于外国私人投资者的歧视性措施将不会受到投资协定的规制。这与第二章中基于“归因”规制东道国国有企业行为的观点相一致。

综上所述，IIAs 中的国有企业公平竞争条款最早可追溯到 20 世纪 40 年代 FCN 中的国有企业“公平竞争条款”和 1993 年美国 BITs 缔约实践中的国有企业“非歧视条款”。虽然这两种旨在专门规制东道国国有企业竞争优势和给惠行为的条款在 BITs 缔约史上仅是“昙花一现”，但是并不意味着缔约方不再强调对国有企业公平竞争行为的规制，而是试图借助不同的载体实现这一目标。就前者而言，缔约方寄希望于适用 IIAs 中的“非歧视条款”规制东道国国有企业的受惠行为。于后者而言，对于东道国国有企业给惠行为的规制则被“移植”到自由贸易协定（FTAs）的国有企业章节（如 NAFTA 第 15 章）或国有企业条款［如《能源宪章条约》（ECT）第 22 条］。

三、IIAs 中国有企业公平竞争条款之转型

（一）非歧视待遇条款吸收“公平竞争条款”

1986 年之后，早期美国范本中的“公平竞争条款”为 IIAs 中的非歧视待遇条款所吸收。通常，IIAs 缔约方的非歧视义务（以国籍为基础）主要反映在如下条款之中：一是明确规定非歧视待遇的条款，本书称之为直接非歧视待遇条款，包括 MFN 和 NT 以及不损

［1］ Kenneth J. Vandevelde, *U. S. International Investment Agreements*, Oxford University Press, 2009, p. 462.

害标准条款（non-impairment standard）[1]。二是间接涉及非歧视的条款，本书称之为间接非歧视待遇条款，包括最低待遇标准、公平公正待遇（FET）和征收条款。[2]其中，NT 和 FET 条款被视为实现外国私人投资者与东道国国有企业公平竞争的重要依据。

1. NT 条款与“公平竞争条款”

由上可知，NT 条款被视为实现 1983 年《美国 BIT 范本》中“公平竞争条款”功能的替代品。值得注意的是，NT 条款与“公平竞争条款”存在三方面差异：

第一，NT 条款通常允许缔约方在附件中作出部门保留或事项保留。例如，NAFTA 第 1108.7（b）条规定，NT 条款不适用于“缔约一方提供的补贴或者赠款，包括政府支持贷款、担保与保险”这一情形。上述例外往往构成东道国给予其本国国有企业优惠待遇的重要形式，而“公平竞争条款”则不允许作出例外规定。

第二，两个条款对于作为外国投资者“待遇参照方”的企业定义存在差异。以 NT 为目的的公司的定义可参见 1983 年《美国 BIT 范本》第 1.2 条对“一缔约方企业”的定义，即“根据一缔约方或其政治分支机构的法律组建的公司，该缔约方或其政治分

---

〔1〕 例如，2018 年《柬埔寨与土耳其 BIT》第 2.2 条规定：“任一缔约方不得以任何方式，以不合理或歧视性措施损害此类投资的管理、维护、使用、享有、扩展或处置。” See Cambodia-Turkey BIT（2018）, Art. 2.2. 这一条款通常被视为与 FET 条款具有密切联系。例如“Saluka v. Czech Republic 案”仲裁庭指出，“违反不损害标准与违反‘公平和公正待遇’标准没有实质性区别；不损害标准仅确定了任何此类违规行为的更具体影响，即在投资者对投资的运营、管理、维护、使用、享受或处置情形下。” See Saluka Investments BV（The Netherlands）v. Czech Republic, UNCITRAL, Partial Award, 17 March 2006, para. 461.

〔2〕 Facundo Perez Aznar, “Non-Discrimination Provisions in International Investment Agreements: A First Attempt at Conceptualization”, *CTEI Working Paper*, 2012. 其中一些条款是以条约为基础的（如 NT 和 MFN 条款），另一些条款是以习惯国际法为基础的（如 FET 或征收中的非歧视条款），还有一些条款同时包含条约和习惯法的要素（如不损害条款）。

支机构在这些公司中享有实质性利益。” 以公平竞争为目的的“企业” 定义则出现在 1983 年《美国 BIT 范本》 第 2. 6 条中，即“东道国‘所有或控制’ 的任何投资”。上述定义表明，NT 条款等非歧视待遇条款的适用范围要大于“公平竞争条款” 的适用范围。正因如此，“公平竞争条款” 也常被视为非歧视待遇条款的应有之义，无需进行额外规制。

第三，“公平竞争条款” 中 “处于竞争中” 的条件与 NT 条款中的 “相似情形” 条件之间存在差异。虽然两个语词的含义均较为宽泛，但是两者之间的适用范围可能存在差异。[1]其实，NT 和 MFN 等非歧视待遇条款的目的是防止东道国因投资者的国籍而进行歧视，而 “公平竞争条款” 则是防止东道国基于所有制差异为其境内的国有企业提供相较于外资的竞争优势。投资仲裁实践表明，虽然投资处于相互竞争状态的事实有利于将他们视为处于相似情形，但是这并非决定性要素。例如，“Railroad Development v. Guatemala 案” 仲裁裁决否认投资者因可能存在相互竞争的利益而处于 “相似情形”。[2]但是问题在于，“所有制” 的差异可能会导致外国投资者与东道国国有企业无法满足非歧视待遇条款中的 “相似情形” 要求，这也构成 NT 条款在规制东道国国有企业不公平竞争优势中的局限性。不仅如此，很多国家在早期缔约实践中也曾因企业所有制原因拒绝纳入 NT 条款。[3]

2. FET 条款与 “公平竞争条款”

就 FET 条款而言，其在被纳入投资协定之前，就出现在美国

---

〔1〕 Kenneth J. Vandevelde, *U. S. International Investment Agreements*, Oxford University Press, 2009, pp. 385-386.

〔2〕 Railroad Development Corporation v. Republic of Guatemala, ICSID Case No. ARB/07/23, Award, 29 June 2012, paras. 153-155.

〔3〕 See Norah Gallagher and Wenhua Shan, *Chinese Investment Treaties: Policies and Practice*, Oxford University Press, 2009, p. 166.

与其他国家签订的贸易协定之中，规制国家垄断行为，如 1936 年《美国与洪都拉斯贸易协定》、1939 年《美国与希腊贸易协定》等。[1]鉴于此，有学者主张，FET 条款理论上应成为外国投资者要求限制东道国政府给予其国有企业优惠待遇的依据。[2]然而在实践中，FET 这一功能很少被启用。

（二）NAFTA/ECT 中的国有企业“非歧视条款”

1994 年 NAFTA 在其第 15 章“竞争政策、垄断和国有企业”第 1503 条中纳入了 1992 年美国 BIT 磋商草案中的国有企业“非歧视条款”，即“每一缔约方应确保其维持或设立的任何国有企业在向另一方投资者在其领土内的投资出售其货物或服务时给予其非歧视待遇。”[3]同时，1994 年 NAFTA 第 15 章通过纳入第 1502. 3（b）（c）（d）条关于“垄断和国有企业”规定，将“非歧视条款”的内容扩张至政府垄断活动中缔约方应该负有的义务。[4]具言之，这些义务包括：“在相关市场中购买或销售垄断商品或服务时，仅根据商业考虑行事，包括价格、质量、可用性、适销性、运输和其他购买或销售条款和条件”；“另一方在相关市场中购买或销售垄断商品或服务时，向投资者、商品和服务提供者提供非歧视性待遇”；“不得利用其垄断地位直接或间接，包括通过与母公司、子公司或其他共有企业的交易，在其领土内的非垄断市场中从事反竞争做法，对另一缔约方投资者的投资产

---

〔1〕 Todd Weiler, *The Interpretation of International Investment Law Equality, Discrimination and Minimum Standards of Treatment in Historical Context*, Martinus Nijhoff, 2013, pp. 194-195.

〔2〕 包晋：“国际经济协定中的竞争中立议题”，厦门大学 2015 年博士学位论文。

〔3〕 第 1503. 2 条规定了国有企业行使政府权力时，授予其权力的缔约方所负有的条约义务。这属于行为归因于国家问题。

〔4〕 第 1502. 3（a）条规定的是缔约方在确保其指定或维持的政府垄断在行使政府权力时，缔约方所负有的义务。这属于行为归因于国家的问题。不在本节讨论范围。

生不利影响，包括通过歧视性提供垄断商品或服务、交叉补贴或掠夺性行为”。[1]自 NAFTA 以来，美国一直利用 FTA 竞争章节规制国有企业的竞争优势，上述条款也成为 NAFTA 成员方缔结后续 FTAs 的标准范本。[2]

与 NAFTA 同一时期缔结的 ECT 中也纳入了国有企业“非歧视条款”。该条款规定在 ECT 第 22 条“国有企业和特权企业”（State and Privileged Enterprises）项下。与国有企业公平竞争相关的条款为 ECT 第 22.1 条、第 22.2 条和第 22.4 条。[3]其中，ECT 第 22.1 条的规定是对早期 BIT 中国有企业“非歧视条款”的变型，即“各缔约方应确保其维持或设立的任何国有企业以符合本条约第三部分规定的缔约方义务的方式，在其领域内开展与销售或提供货物和服务有关的活动。”其中，第三部分为缔约方“投资的促进与保护”义务。ECT 第 22.2 条规定：“任何缔约方不得鼓励或要求国有企业以不符合本条约其他条款规定的缔约方义务的方式在其区域内开展活动。”ECT 第 22.4 条的规定与第 22.2 条存在重合之处，且进一步扩大了缔约方的义务范围，即“任何缔约方不得鼓励或要求其授予专有权利或特权的任何实体以不符合本条约规定的缔约方义务的方式在其领域内开展活动。”这里的任何实体包括但不限于国有企业。

上述 IIAs 中国有企业公平竞争条款从产生至“消亡”的历史进程表明，早在 20 世纪 40 年代，美国就关注到国有企业的公平竞争问题并尝试在 IIAs 中纳入专门的规制条款。然而，随着国有企业“公平竞争条款”为非歧视待遇条款所吸收和 IIAs 中国有企

---

〔1〕 NAFTA (1994), Art. 1502.3 (b) (c) (d).

〔2〕 See Australia-United States FTA (2004), Art. 14.4; Canada-Peru BIT (2006), Art. 8; Mexico-Chile FTA (1998), Art. 14-04.

〔3〕 ECT 第 22.3 条和第 22.4 条将缔约方的义务扩张至国有企业之外的实体，第 22.3 条是关于实体行为归因于国家的义务要求。

业“非歧视条款”被移出，一定程度上意味着美国试图在投资条约层面规制国有企业努力的失败。然而近年来，在美欧等发达经济体的推动下，国有企业规制成为晚近美国、欧盟与中国三大经济体分别进行双边投资协定谈判的重要议题。〔1〕其中，2020 年 12 月 30 日，中国与欧盟达成的 CAI 是首个系统性纳入国有企业公平竞争规则的双边投资协定，也是中国首次就国际投资活动中的国有企业公平竞争问题作出有约束力的国际承诺。诚然，因政治原因中欧 CAI 生效之日尚不可知，中美 BIT 和美欧《跨大西洋贸易与投资伙伴关系协定》（TTIP）的谈判也处于搁浅状态，但是消除国有企业的公平竞争优势似乎已经成为新一代经贸协定谈判的重要议题。下文拟分别从东道国国有企业和外国国有企业投资者两个维度，探析国际投资法规制国有企业公平竞争之实践可能及未来发展。

第二节　东道国国有企业公平竞争问题之国际投资法规制

由上可知，早期美国 IIAs 中规制东道国国有企业竞争优势的“公平竞争条款”为非歧视待遇条款所吸收；规制东道国国有企业给惠行为的国有企业“非歧视条款”被纳入 FTAs 的其他章节。本节拟探析上述条款在投资仲裁实践中的规制效果，并结合中欧 CAI

〔1〕 See “EU-US TTIP Negotiations, Possible Provisions on State Enterprises and Enterprises Granted Special or Exclusive Rights or Privileges”, available at https://trade. ec. europa. eu/doclib/docs/2015/january/tradoc_ 153030. pdf, last visited on 2021-10-11; “Key Elements of the EU-China Comprehensive Agreement on Investment”, available at https://ec. europa. eu/commission/presscorner/detail/es/ip_ 20_ 2542, last visited on 2021-10-11; USCBC, “Bilateral Investment Treaties: What They Are and Why They Matter”, available at https://www. uschina. org/reports/bilateral-investment-treaties-what-they-are-and-why-they-matter, last visited on 2021-10-11.

国有企业规则和 FTAs 中国有企业公平竞争条款的多元表现形式，探析国际投资法对东道国国有企业公平竞争问题之未来规制可能。

一、东道国国有企业竞争优势之国际投资法规制

早前对东道国国有企业竞争优势的担忧主要集中于东道国政府的给惠行为（如赠款、补贴）和东道国政府的监管行为。晚近随着全球价值链的调整和技术竞争的加剧〔1〕，国际投资活动中东道国国有企业在技术领域的竞争优势也开始备受关注。据笔者考察，投资仲裁实践中与东道国国有企业公平竞争问题相关的案例并不多见。〔2〕尽管非歧视待遇条款为规制东道国国有企业的竞争优势提供了法律依据，但是既有案例表明其难以实现规制效果。这在一定程度上也推动了国际经贸规则在这一问题上的发展，这些规则的发展既有可能成为未来投资仲裁庭解释投资条约时的重要考量，也可能推动 IIAs 条款的革新。

（一）非歧视待遇条款难以规制东道国国有企业的竞争优势

1. NT 条款难以规制东道国国有企业的竞争优势

由上可知，NT 条款曾被视为“公平竞争条款”的替代性规范。外国投资者可能主张东道国给予其国有企业的歧视性和反竞争性的优惠待遇违反了 NT 义务。然而，出于三个原因，NT 条款往往难当重任。

（1）NT 条款的例外规定限制了其适用范围

通常 IIAs 中 NT 条款的适用可能受制于三种例外规定：一是

〔1〕马天月：“抓住全球价值链调整期的新机遇”，载 http://www.xinhuanet.com/tech/2019-10/16/c_1125109125.htm，最后访问日期：2021 年 10 月 16 日。朱锋：“贸易战、科技战与中美关系的‘范式变化’”，载《亚太安全与海洋研究》2019 年第 4 期。

〔2〕据本书考察，直接与东道国国有企业公平竞争问题相关的裁决只有两起，即 2007 年裁决的“UPS v. Canada 案”和 2018 年裁决的“Rusoro v. Venezuela 案”。

适用于整个协定的一般例外规定，包括国家安全、公共健康、公共秩序、公共道德和文化例外〔1〕；二是针对NT条款作出的特殊例外规定，例如，NAFTA第1108.7条和2012年《美国BIT范本》第14.5条中均纳入了政府采购例外和政府补贴、赠款例外等〔2〕；三是产业例外，例如以负面清单形式作出的产业部门保留。〔3〕因此，在上述例外情形中，当东道国国有企业获得政府补贴或赠款时，外国私人投资者不得援引NT条款主张享有同等待遇。尽管有学者指出，在政府补贴或赠款之外，东道国对其国有企业的其他歧视性和反竞争性优惠待遇可能构成对NT条款的违反〔4〕，但是如下文所述，无论是从援引NT条款负有的较高举证责任来看，还是从NT条款的精细化发展来看，该条款的适用均更有利于东道国而不是投资者。〔5〕

（2）NT条款下投资者负有较高的举证责任

当投资者援引NT条款时，常负有较高的举证责任。例如，“UPS v. Canada案”仲裁庭指出，为指控东道国行为违反了NAFTA第1102条中的NT义务，外国投资者必须证明如下三个要素：其一，缔约方在投资的设立、收购、扩张、管理、开展、运营、销

---

〔1〕 See Don Wallace Jr. and David B. Bailey, “The Inevitability of National Treatment of Foreign Direct Investment with Increasingly Few and Narrow Exceptions”, *Cornell International Law Journal*, Vol. 31, 3 (1998), p. 623; UNCTAD, “National Treatment”, UNCTAD Series on Issues in International Investment Agreements, UNCTAD, 1999, p. 44.

〔2〕 2012 U. S. Model Bilateral Investment Treaty, Art. 14. 5.

〔3〕 UNCTAD, “National Treatment”, UNCTAD Series on Issues in International Investment Agreements, UNCTAD, 1999, p. 46. 该报告中还提到了历史上曾经存在的一种互惠国民待遇条款包含的例外形式。

〔4〕 Tsuyoshi Kawase, “Trans-Pacific Partnership Negotiations and Rulemaking to Regulate State-Owned Enterprises”, available at https://voxeu.org/article/trans-pacific-partnership-negotiations-and-rulemaking-regulate-state-owned-enterprises, last visited on 2021-7-29.

〔5〕 Julien Chaisse and Tsai-Yu Lin eds., *International Economic Law and Governance: Essays in Honour of Mitsuo Matsushita*, Oxford University Press, 2016, p. 251.

售或其他处置方面给予了投资申请方以“待遇”；其二，外国投资者或投资必须与东道国当地投资者或投资处于“相似情形”；其三，缔约方给予外国投资者或投资的待遇必须“低于”本地投资者或投资享有的待遇。若投资者未能证明上述三个要素中的任何一个，都将导致诉请失败。而上述举证责任永远不会转移至被申请方。例如，在“UPS v. Canada 案”中，并不需要加拿大证明 UPS 公司和加拿大邮政未处于“相似情形”。[1]最终，该案由于申请方未能证明 UPS 公司与加拿大邮政处于“相似情形”，仲裁裁决指出，加拿大根据“出版物援助计划”（Publications Assistance Program）给予其国有企业（加拿大邮政）以补贴的行为并未违反 NT 条款。随后在“Corn Products v. Mexico 案”裁决中，仲裁庭也作出同样表述。[2]

此外，投资仲裁庭虽然会考虑东道国行为的歧视意图，但是通常认为歧视意图并非违反 NT 条款的必要条件。例如，“Mytilineos Holdings v. Serbia 案”裁决指出，就东道国对私人债权人和国有债权人的差别待遇而言，证明歧视存在的决定性要素是受指控行为的效果，而不是行为的意图。[3]相似裁决也可见于“Corn Products v. Mexico 案”，即国家是否有意基于国籍进行歧视与“相似情

---

〔1〕 United Parcel Service of America Inc. v. Government of Canada, ICSID Case No. UNCT/02/1, Award on the Merits, 24 May 2007, paras. 83-84.

〔2〕 Corn Products International Inc. v. United Mexican States, ICSID Case No. ARB (AF) /04/1, Decision on Responsibility, 15 January 2008, para. 117.

〔3〕 Damien Charlotin, “Mytilineos v. Serbia: Previously-Unseen 485 Page Award Reveals How Sachs, Bishop and Vaseljevic Dealt with Res Judicata Effect of Prior Award, Collateral Estoppel, Difference Between Counsel and Agent, And Weight of a ‘No-Prejudice’ Attempt at Settlement”, available at https://www.iareporter.com/articles/mytilineos-v-serbia-previously-unseen-485-page-award-reveals-how-sachs-bishop-and-vaseljevic-dealt-with-res-judicata-effect-of-prior-award-collateral-estoppel-difference-between-counsel-and-agent/, last visited on 2021-9-30.

形”测试关系密切，但是歧视性意图并非违反 NT 条款的必要条件。[1]“S. D. Myers v. Canada 案”裁决也指出，虽然意图很重要，但是保护主义意图本身并非决定性考量。换言之，如果有关措施不会对投资者造成不利影响，那么有利于东道国国民而歧视外国投资者的意图不构成违约。[2]这也进一步提高了投资者的举证难度。

（3）“相似情形”标准的精细化发展更有利于东道国抗辩

随着国际投资法对东道国规制权关注度的提高，IIAs 中的“相似情形”标准呈现出精细化发展态势。这为东道国基于所有制区别对待本国国有企业和外国投资者提供了有力的法律支持。例如，印度在 2015 年 BIT 范本中对 NT 中的“相似情形”附加了脚注说明，即“相似情形的要求承认缔约方区分投资的各种合法理由，包括但不限于……（c）投资是公共的、私人的、国有的或者国家控制的；（d）规制投资所面临的实际挑战。东道国区分投资者和投资的要素和决定应该获得根据第 14.5 条或第 15.2 条组成的仲裁庭的实质性尊重。”[3]在《泛非洲投资法草案》（PAIC）中，“相似情形”概念要求逐案全面审查投资的所有情况，例如，“投资对第三方和当地社区或对当地、区域或国家环境、人口健康或全球公共资源的影响，投资者活跃的部门、所涉措施的目的或公司规模等。”[4]尽管这份清单并非详尽无遗，但是它采取了普遍性的观点，不同于一些仲裁实践仅审查比较对象

---

〔1〕 Corn Products International Inc. v. United Mexican States, ICSID Case No. ARB (AF) /04/1, Decision on Responsibility, 15 January 2008, para. 138.

〔2〕 S. D. Myers, Inc. v. Government of Canada, UNCITRAL, Partial Award, 13 November 2000. para. 254.

〔3〕 Model Text for the Indian Bilateral Investment Treaty (Draft) (2015), Art. 4.

〔4〕 Draft Pan-African Investment Code (2016), Arts. 7.3 and 9.3.

是否处于同一“经济”部门或“商业”部门。[1]《美墨加三国协议》（USMCA）第14.4（4）条规定：“为了更大的确定性，是否在本条规定的‘相似情形’下给予待遇取决于所有情况，包括给予投资者或投资的相关差别待遇是否以合法的公共福利目标为基础”。[2]

2. FET条款难以规制东道国国有企业的竞争优势

有学者指出，当NT条款明确排除对政府补贴行为的适用时，若投资者因东道国政府补贴其国内投资者而受到损害可以诉诸FET条款。[3]然而仲裁实践表明这一目标很难实现。

（1）仲裁庭赋予东道国政府补贴措施以较大的自由裁量权

既有案例表明，仲裁庭倾向于赋予东道国政府补贴措施以较大的自由裁量权。例如，“Saluka v. Czech Republic案”仲裁庭指出，FET标准不能被轻易认为包括全面禁止国家援助（state aid）。财政援助（financial assistance）是各国用来实施商业政策的工具，尽管往往会产生扭曲竞争的效果，破坏公平竞争环境，但是不能认为各国因此普遍受制于国际法的约束而不得使用这一工具。虽然欧盟签署的国际协定明确规定禁止国家援助，但是类似的禁止性条款不能被解读为类似于FET条款的一般原则。因此，投资者不能因东道国向其竞争对手提供国家援助而诉诸FET

---

〔1〕 M. M. Mbengue and M. H. Negm, “An African View on the CETA Investment Chapter”, in M. M. Mbengue and Stefanie Schacherer eds., *Foreign Investment Under the Comprehensive Economic and Trade Agreement (CETA)*, Springer, 2018, p. 250.

〔2〕 USMCA (2018), Art. 14.4 (4).

〔3〕 Zdenek Drabek and Petros C. Mavroidis eds., *Regulation of Foreign Investment: Challenges to International Harmonization*, World Scientific Publishing Company, 2013, p. 226; Tsuyoshi Kawase, “Trans-Pacific Partnership Negotiations and Rulemaking to Regulate State-Owned Enterprises”, available at https://voxeu.org/article/trans-pacific-partnership-negotiations-and-rulemaking-regulate-state-owned-enterprises, last visited on 2021-7-29.

条款寻求保护。[1]

（2）仲裁庭否认禁止反竞争行为构成习惯国际法

“UPS v. Canada 案”管辖权裁决否认禁止反竞争行为构成 FET 条款中的习惯国际法要素。“UPS v. Canada 案”是为数不多涉及东道国国有企业反竞争行为的投资仲裁案件。在该案中，UPS 公司的核心诉请为加拿大和加拿大邮政在非垄断邮政服务市场上存在反竞争行为，而加拿大政府未能制止这种行为。[2]对此，加拿大提出管辖权异议，抗辩理由之一为否认 NAFTA 第 1105 条 FET 条款与反竞争行为存在相关性。

根据 2001 年 NAFTA 自由贸易委员会对于 NAFTA 第 1105 条的解释可知，FET 和完全保护与安全待遇（FPS）的范围仅限于习惯国际法中的外国人最低待遇标准。据此，仲裁庭通过考察是否存在禁止反竞争行为的习惯国际法规则来确定 NAFTA 第 1105 条的相关性。仲裁庭从国内立法实践和国际缔约实践两个层面考察是否存在习惯国际法中的国家实践要素。就不同国家的国内竞争立法而言，当时许多国家没有竞争法并且不同国家的竞争立法存在显著差异反映出各国独特的经济、社会和政治环境，任何国内竞争立法皆非出自国家的国际法义务。多边条约的制定和编纂过程也不存在与规制反竞争行为相关的规则，世界贸易组织（WTO）规则、《关于国家对外侨受损害所负国际责任的哈佛公约草案》等即为例子。此外，申请方未进一步提供材料证明一般国际法（general international law）已经朝着要求各国禁止或管理反竞

〔1〕 Saluka Investments BV（The Netherlands）v. Czech Republic, UNCITRAL, Partial Award, 17 March 2006. paras. 445-446. 尽管如此，仲裁庭也强调东道国在提供国家援助时，明显有义务不违背投资者的合法期待，不采取不公平或不平等待遇的方式提供财政援助。

〔2〕 United Parcel Service of America Inc. v. Government of Canada, ICSID Case No. UNCT/02/1, Award on Jurisdiction, 22 November 2002, para. 10.

争行为的方向发展。有鉴于此，仲裁庭认为，不存在禁止或管理反竞争行为的习惯国际法规则。[1]

3. 征收国有化条款难以规制东道国国有企业的竞争优势

在2016年裁决的"Rusoro v. Venezuela案"中，投资者卢索罗公司（Rusoro）以委内瑞拉的国有化法令使委内瑞拉国有企业获得歧视性竞争优势为由提出诉请。申请方主张，委内瑞拉出台的国有化法令导致只有委内瑞拉国有企业才能从事黄金勘探和开采活动，而卢索罗公司则被排除在黄金行业之外，东道国措施构成对卢索罗公司的歧视。然而，仲裁庭指出，委内瑞拉黄金部门的其他私人投资者也同样受到国有化法令的影响。诚然，委内瑞拉的国有企业确实没有受到国有化法令的负面影响，但这是对私人企业和国有企业并存的生产部门国有化的必然结果。在这种情况下，尽管私人企业被征收而国有企业不受影响，但是这种待遇上的差异并不构成歧视。[2]

由上可见，既有投资仲裁实践似乎表明，IIAs中的非歧视待遇条款尚未且很难规制国有企业的竞争优势。这一结论也可能因既有仲裁实践样本"稀缺"而存在局限性，尚不知未来仲裁实践是否会作出"突破性"的解释。据笔者考察，目前两起正在进行中的案件存在类似诉请：一是在2019年诉诸国际投资争端解决中心（ICSID）仲裁的"IC Power Ltd. and Kenon Holdings Ltd. v. Peru案"。该案申请方的诉请之一即为秘鲁的矿产能源监管者秘鲁能源和矿业投资监督局（Osinergmin）修改了输电线路收费，导致申请方的国有竞争对手秘鲁国家电力公司

[1] United Parcel Service of America Inc. v. Government of Canada, ICSID Case No. UNCT/02/1, Award on Jurisdiction, 22 November 2002, paras. 85-92.

[2] Rusoro Mining Ltd. v. Bolivarian Republic of Venezuela, ICSID Case No. ARB (AF) /12/5, Award, 22 August 2016, paras. 395-397.

（Electroperu）处于竞争优势地位。[1] 二是2019年底美国投资者阿美克·福斯特·韦勒（Amec Foster Wheeler）等公司将哥伦比亚政府诉至ICSID仲裁，诉请中包括哥伦比亚财政当局给予其国有企业国有炼油厂（Reficar）的待遇优于合资企业，违反了《美国与哥伦比亚FTA》中的NT条款。[2] 尚不知上述案件仲裁庭在面对东道国国有企业竞争优势问题时，是否会对传统IIAs中的"非歧视待遇条款"作出"创新性"解读，使之发挥出规制效果。

（二）国际投资法规制东道国国有企业竞争优势之解释进路

上述仲裁实践表明，既有IIAs中的"非歧视待遇条款"似乎难以规制东道国国有企业的竞争优势。然而，本书认为随着经济合作与发展组织（OECD）层面和FTAs中规范东道国国有企业竞争优势规则的体系化发展，这些条款可能对投资仲裁庭解释IIAs产生重要影响，进而实现对东道国国有企业竞争优势之规制。有鉴于此，本部分拟梳理当前与规制东道国国有企业竞争优势相关的四种国际规范及其未来对投资仲裁之可能影响。

1. 竞争中立条款

"竞争中立条款"主要可见于澳大利亚缔结的FTAs。例如，2003年生效的《澳大利亚与新加坡FTA》"竞争政策"章节的第

---

〔1〕 Lisa Bohmer, "Singaporean Power Generation Companies Make Good on Earlier Threats to Initiate ICSID Arbitration Against Peru", available at https://www.iareporter.com/articles/singaporean-power-generation-companies-make-good-on-earlier-threats-to-initiate-icsid-arbitration-against-peru/, last visited on 2021-6-28.

〔2〕 See "Amec Foster Wheeler USA Corporation, Process Consultants, Inc., and Joint Venture Foster Wheeler USA Corporation and Process Consultants, Inc. v. Republic of Colombia (ICSID Case No. ARB/19/34)", available at https://www.italaw.com/cases/8638, last visited on 2021-6-29.

12.4 条规定："各方应采取合理措施，确保不会仅仅因为任何政府所有的企业而为其提供任何竞争优势。本条适用于国有企业的商事（business）活动，不适用于非商事和非商业（non-commercial）活动。"〔1〕该条旨在专门规制政府为其国有企业提供不公平竞争优势的行为。这一条款通常附有例外规定，如"任何一方均可豁免本章规定的具体措施或部门，只要这种豁免是透明的并且源于公共政策或公共利益的考量。"〔2〕

"竞争中立"（competitive neutrality）概念最早出现于澳大利亚 1993 年的竞争政策报告中，要求政府不得利用其立法或财政权力使政府所有的企业相较于私人企业享有竞争优势。〔3〕若政府以这种方式使政府所有企业获得优势，将扭曲竞争过程、降低效率。当国有企业在技术方面不如私人企业竞争者时，这种扭曲将更为严重。〔4〕随后，"竞争中立条款"开始被纳入澳式 FTAs 的缔约实践之中。〔5〕值得注意的是，尽管澳大利亚是"竞争中立"概念的缔造者和推广者，其自身的缔约实践也尚不存在一致性。例如，2005 年《美国与澳大利亚 FTA》第 14 章中，仅有澳大利亚单方作出了竞争中立承诺。〔6〕2005 年生效的《澳大利亚与泰国 FTA》、

---

〔1〕 Singapore-Australia FTA（2003）, Art. 12.4.

〔2〕 Singapore-Australia FTA（2003）, Art. 12.5.

〔3〕 Matthew Rennie and Fiona Lindsay, "Competitive Neutrality and State-Owned Enterprises in Australia: Review of Practices and Their Relevance for Other Countries", OECD, 2011, p. 7.

〔4〕 "Competitive Neutrality and State-Owned Enterprises: Challenges and Policy Options", OECD, 2011, p. 5.

〔5〕 例如 2015 年生效的《日本与澳大利亚 EPA》第 15 章"竞争与消费者保护"中第 15.4 条国有企业条款的规定。

〔6〕 在《美国与澳大利亚 FTA》第 14 章"与竞争相关的事项"（Competition-Related Matters）项下，第 14.4 条规定了国有企业和相关事项：第 14.4.1（b）条是国有企业"非歧视条款"；第 14.4.2 条是美国承诺其联邦以下的国有企业也受到国家反垄断法的约束；第 14.4.3 条是澳大利亚作出竞争中立的承诺。

2010年生效的《东盟、澳大利亚、新西兰FTA》（AANZFTA）和2013年生效的《澳大利亚与马来西亚FTA》第14章“竞争”中并没有纳入与竞争中立条款或与国有企业直接相关的规定。2015年生效的《中国与澳大利亚FTA》甚至没有纳入与竞争和国有企业相关的任何条款。〔1〕

2. 禁止非商业援助条款

禁止非商业援助条款载于CPTPP/USMCA的国有企业章节，是规制国有企业竞争优势的最新缔约成果。根据CPTPP第17.6（1）条规定，“任一缔约方不得以向其任何国有企业提供直接或间接非商业援助的方式对另一方利益造成负面影响”。〔2〕根据CPTPP第17.1条规定，非商业援助是指因国有企业的政府所有权或控制权而对其提供的援助。在这一条款中，与东道国国有企业竞争优势相关的非商业援助包含两种情形：其一，政府向国有企业直接转移资金或潜在转移资金或债务。例如，政府向国有企业提供赠款或减免其债务，或者以更优惠的条件向国有企业提供贷款、贷款担保或其他形式的援助，或者向国有企业提供与私人投资者投资惯例不一致的股本（equity capital）。其二，政府以更优惠的条件向国有企业提供货物或服务，包括缔约方政府不得直接或间接向国有企业提供非商业援助。当上述行为造成不利影响时需要受到规制。〔3〕与CPTPP相比，USMCA第22.1条和第22.6条作出了更为严格的规定，在CPTPP第17.1条的基础上新增了“禁止向主要从事除电力以外的商品生产或销售的国有企业

〔1〕“The China-Australia Free Trade Agreement（ChAFTA）”, available at https://dfat.gov.au/trade/agreements/in-force/chafta/official-documents/Pages/official-documents.aspx, last visited on 2020-11-12.

〔2〕CPTPP（2018）, Art. 17.6（1）.

〔3〕CPTPP（2018）, Art. 17.1.

提供非商业援助”的三种情形。[1]

与“竞争中立条款”一样，“非商业援助条款”也存在适用例外。一方面，“非商业援助”不包括公司集团内部交易，国有企业之间符合私营企业商事交易惯例的其他交易，养老金、退休金等资金转移；另一方面，缔约方可以在附件中列出不适用“非商业援助条款”的国有企业名单，从而排除该条款对这些国有企业的适用性。[2]

3. 国家援助条款

FTAs 中国家援助条款的起源可追溯至《欧盟运作条约》（*Treaty on the Functioning of the European Union*，TFEU）第 107.1 条的规定，即“除非条约另有规定，否则，由某一成员方提供的或借由各种形式的国家资源给予的任何援助，只要通过给予某些企业或某些商品的生产以优惠，从而扭曲竞争或产生相关威胁，只要影响到成员方之间的贸易，均与内部市场不符。”TFEU 第 107.2 条和第 107.3 条规定了例外情况。与竞争中立条款和非商业援助条款明确强调规制国有企业竞争优势相比，这一条款的规制范围更加广泛，不仅限于国有企业，还涉及对受国家援助的私人企业的规制。欧盟和欧洲自贸区国家在磋商 FTAs 时，往往倾向于纳入与 TFEU 中“国家援助”条款类似的竞争政策

---

〔1〕 See USMCA（2018），Art. 22.1，22.6. USMCA 在“非商业援助”部分新增了下列内容：“禁止向主要从事除电力以外的商品生产或销售的国有企业提供以下形式的非商业援助：(a) 缔约方国家企业（state enterprise）或国有企业向该方信誉不好的国有企业提供贷款或贷款担保；(b) 当受援助者破产或濒临破产且没有旨在使国有企业在合理的时间内恢复长期活力的可信的重组计划时，缔约方或缔约方的国家企业或国有企业向该方的国有企业提供的非商业援助；(c) 在不符合私人投资者惯例的情况下，缔约方或缔约方的国家企业或国有企业将该方国有企业的未偿债务转换为股权。”

〔2〕 See CPTPP（2018），Art. 17.1，footnote 4，Art. 17.9.

条款。[1]

既有研究资料表明，虽然 FTAs 中均纳入了与国家援助有关的一般性纪律，但是只有大约 30%的 FTAs 将这一规范纳入“竞争政策”章节。这些 FTAs 的缔约方主要是欧盟和欧洲自贸区国家，通常包含对国家援助的广泛禁止，即规制国家通过偏向特定实体而扭曲竞争的行为，类似于欧盟成员国在欧盟法下的义务。[2] 尽管这一条款并非专门针对国有企业而设计，但是国有企业往往是国家援助的重要受益方[3]，因此这一条款能够在规制国有企业不公平竞争优势中发挥出重要作用。关于国家援助条款的规定，可见于 2002 年《欧盟与约旦 FTA》、2004 年《欧盟与埃及 FTA》、2014 年《欧盟与摩尔多瓦 FTA》以及 2014 年《欧盟与乌克兰 FTA》等。

4. 透明度和信息披露规则

透明度和信息披露规则在一定程度上也可以规制国有企业的不公平竞争优势。相关规则可见于 2015 年《OECD 国有企业公司治理指引》（简称《OECD 指引》），该指引第 6 章规定：“国有企业应当按照国际公认的高质量披露标准，报告公司的重大财务和非财务信息，以及国家（作为出资人）和公众高度关注的事项……7. 任何财务援助，包括国家担保以及国家代表国有企业作出的承诺……”相关条款也可见于 FTAs 缔约实践中，例如，《美国与新加坡 FTA》第 12.5 条规定：“经一缔约方要求，另一缔约方应提供关于政府企业和指定的公共或私人垄断企业的公共信息。”在这种情形下，申请披露方需要承担一定的说明举证责任，包括指

---

[1] Jean-Pierre Chauffour and Jean-Christophe Maur, *Preferential Trade Agreement Policies for Development*: *A Handbook*, World Bank Publications, 2011, pp. 629-630.

[2] Robert D. Anderson et al., “Competition Policy, Trade and the Global Economy: Existing WTO Elements, Commitments in Regional Trade Agreements, Current Challenges and Issues for Reflection”, *Staff Working Paper ERSD*, 2018.

[3] “Roundtable on Competition, State Aids and Subsidies”, OECD, 2010, p. 9.

明所涉实体、具体说明有关的特定市场和产品，并证明这些实体可能正在从事阻碍缔约方之间贸易或投资的活动。[1]

5. 系统解释规制东道国国有企业竞争优势之可能

由上可见，规制东道国国有企业竞争优势的规范多出现于发达国家主导的 FTAs 竞争章节、国有企业章节以及 OECD 软法规范之中。本书认为，即便这些规则并未直接出现在 IIAs 之中，也不能低估这些规则对于投资仲裁庭解释 IIAs 的可能影响。上述规范既可能成为投资仲裁庭系统解释投资条约时所需考虑的“外部规则”[2]，也有可能发展成习惯国际法规范，影响仲裁裁决结果。

正如罗伯特·豪斯教授所言，重要的规范性效果可能通过跨制度解释的方式产生。忽视这种影响可能导致严重低估法律制度或机制影响的后果。以国际环境法为例，尽管其包含着大量的软法性规范，但是塑造了 WTO 上诉机构解释国际贸易法的方式。[3]再如，1992 年海牙常设仲裁法院（PCA）关于美国与英国希斯罗机场案的裁决中指出，“双方达成的谅解协议（MOU）尽管不能在本仲裁中作为执行独立法律权利和义务，但这一谅解协议可成为仲裁庭在条约解释中的潜在重要辅助工具。”如本书第一章所述，投资仲裁中已经开始出现大量适用《维也纳条约法公约》（VCLT）第 31. 3c 条系统解释投资条约的案例实践，因此不能排除仲裁庭在面对有关东道国国有企业竞争优势之诉时，将上述规范纳入考量。

不仅如此，上述规制东道国国有企业竞争优势之规范也可能发展成为习惯国际法，进而影响投资仲裁裁决。这些条款虽然表

[1] United States-Singapore Free Trade Agreement, Art. 12. 5 (3).

[2] 参见 VCLT 第 31. 3c 条，“应与上下文一并考虑者尚有：……（c）适用于当事国间关系之任何有关国际法规则。”

[3] Robert Howse and Ruti Teitel, “Beyond Compliance: Rethinking Why International Law Really Matters”, *Global Policy*, Vol. 1, 2 (2010), p. 18.

述方式不同，但是皆蕴含着规制东道国国有企业不公平竞争优势之意图。正如有学者指出，由美欧国家大力推行的竞争中立规则具有发展为习惯国际法的潜质。[1]这也为投资者主张东道国为其国有企业提供竞争优势违反了习惯国际法规则，从而诉诸 FET 标准提供了有力支持。虽然 2002 年“UPS v. Canada 案”裁决指出，反竞争并不是一项习惯国际法，但其承认习惯国际法处于不断发展中。[2]根据 2012 年联合国国际法委员会（ILC）通过的关于《习惯国际法识别》的草案规定，“条约、国际组织和政府间会议的决议、学说对于识别习惯国际法具有重要意义。”根据其中的结论 11，“一项出现于多个条约中的规则，虽然不一定，但是可能表明这一项条约规则反映了一项习惯国际法规范。”与此同时，“即时习惯国际法”学说的发展也会加速这一进程。[3]

（三）国际投资法规制东道国国有企业竞争优势之缔约进路

相较于解释路径赋予投资仲裁庭较大自由裁量权，缔约方可能更愿意在缔约文本中明确权利义务关系。尽管当前很少有投资条约包含规制东道国国有企业竞争优势之专门条款，但是 2012 年《美国 BIT 范本》对于相关条款的纳入、2019 年美国商会拟定的中美 BIT 草案、欧盟关于 TTIP 的立场文件，以及 2020 年底达成但尚未生效的中欧 CAI 国有企业规则均在一定程度上为未来缔约实践提供了“模板”。结合本章第一节的历史背景可以发现，

---

〔1〕 因其内嵌“公平竞争”理念，未来极有可能获得更多国际社会共识从而满足国际习惯规则的“实践”要素和“心理”要素，最终发展为具有普遍效力的国有企业新规则。参见刘雪红：“国有企业的商业化塑造——由欧美新区域贸易协定竞争中立规则引发的思考”，载《法商研究》2019 年第 2 期。

〔2〕 参见余劲松：“外资的公平与公正待遇问题研究——由 NAFTA 的实践产生的几点思考”，载《法商研究》2005 年第 6 期。

〔3〕 Malcolm N. Shaw, *International Law*, 8th ed., Cambridge University Press, 2018, pp. 51-95.

美国早期缔约失败并未影响其后续在投资条约层面规制东道国国有企业公平竞争优势的持续努力。

1. 2012 年《美国 BIT 范本》规制东道国国有企业竞争优势之条款

美国国务院指出，2012 年《美国 BIT 范本》"强化了对国有企业优惠待遇的规制，包括某些当地创新政策造成的扭曲……"[1]这一新范本拟通过如下条款规制东道国国有企业的竞争优势：

（1）"投资协议"定义条款

2012 年《美国 BIT 范本》第 1 条中的"投资协议"（*Investment Agreement*）定义条款明确列举了投资者与东道国间投资协议的保护范围，包括自然资源的勘探、开发、运输等，电力、电信、水资源等公共服务部门，公路、桥梁、运河等基础设施项目。[2]虽然上述条款并未提及国有企业，但是显而易见上述行业与部门往往处于国有企业主导之下。这一规定旨在保护其海外投资者在东道国国有企业主导领域获得平等保护。这一条款自 1994 年《美国 BIT 范本》中首次纳入，2004 年进一步澄清，并在 2012 年得以延续。[3]

（2）技术竞争条款

随着全球价值链的调整和技术竞争的愈演愈烈[4]，东道国

---

〔1〕 "United States Concludes Review of Model Bilateral Investment Treaty", available at https://2009-2017.state.gov/r/pa/prs/ps/2012/04/188198.htm, last visited on 2020-4-20.

〔2〕 2012 U.S. Model Bilateral Investment Treaty, Art. 1.

〔3〕 Kenneth J. Vandevelde, *U.S. International Investment Agreements*, Oxford University Press, 2009, pp. 173-174.

〔4〕 马天月："抓住全球价值链调整期的新机遇"，载 http://www.xinhuanet.com/tech/2019-10/16/c_1125109125.htm，最后访问日期：2021 年 10 月 16 日；朱锋："贸易战、科技战与中美关系的'范式变化'"，载《亚太安全与海洋研究》2019 年第 4 期。

国有企业在国际投资活动中可能获取的技术竞争优势也开始备受关注。有鉴于此，2012 年《美国 BIT 范本》纳入第 8.1 (h) 条“国内技术要求”和第 11.8 条“参与标准制定”两个条款，旨在防止东道国国有企业在技术层面获得不公平竞争优势。[1]

根据“国内技术要求”条款规定，禁止缔约方在政府采购过程中施加国内技术要求，使东道国国内投资者、国内投资或者国内技术获得竞争优势。[2]根据“参与标准制定”条款要求，外国投资者可以获得参与标准制定的权利，旨在防止东道国政府以使其国内企业和国内技术获得竞争优势，以歧视性方式制定产品标准和技术法规。[3]美国政府纳入这一条款基于如下考量：当外国市场的产品标准以不透明、不可预测或歧视性的方式生成时，美国投资者可能处于竞争劣势。当东道国政府利用这些标准或技术规范支持其国内企业和技术时，更是如此。因此，纳入这一新条款要求东道国允许投资者参与技术标准制定，以确保技术标准的非歧视性。[4]

---

〔1〕 孔庆江：“中美 BIT 谈判中的国家主导经济议题研究及我国的对策”，载《政法论坛》2014 年第 6 期。

〔2〕 参见 2012 年《美国 BIT 范本》第 8.1 (h) 条，“任何一方均不得在其境内设立、收购、扩张、管理、实施、运营或出售或以其他方式处置一方或非一方投资者的投资，强加或强制执行任何要求，或强制执行任何承诺或保证：…… (1) 在其境内购买、使用或优先考虑缔约方或缔约方人员的技术，或者 (2) 阻止在其境内购买或使用或根据偏好购买或使用特定技术，以便根据国籍向其自己的投资或投资者或缔约方或缔约方人员的技术提供保护。”

〔3〕 参见 2012 年《美国 BIT 范本》第 11.8 条，“每一方应允许另一方的人员参与其中央政府机构制定标准和技术法规。每一方应允许另一方的人员以不低于其给予其自身人员的优惠条件参与制定这些措施，并由其中央政府机构制定合格评定程序……”

〔4〕 “Fact Sheet：Model Bilateral Investment Treaty”，available at https://ustr.gov/about-us/policy-offices/press-office/fact-sheets/2012/april/model-bilateral-investment-treaty，last visited on 2020-4-4.

然而，也有学者指出，2012 年《美国 BIT 范本》虽然在规制东道国国有企业不公平竞争优势方面作出了必要的修订，但是该范本不足以有效保护美国投资者在中国、印度等国有企业大国的利益。[1]

2. 2019 年美国商会关于规制东道国国有企业竞争优势之提案

2019 年美国商会提出以独立条款或附件的方式将国有企业公平竞争条款纳入中美 BIT。如下是规制东道国国有企业竞争优势的相关提案：

（1）修订 NT 条款

该提案建议对 2012 年《美国 BIT 范本》第 3 条的 NT 条款作出如下修订："在相似情形下，每一缔约方应给予其涵盖投资不低于其对境内'任何'投资者在投资的设立、收购、扩张、管理、实施、运营、销售或其他安排方面所给予的待遇。"在条款正文部分加入"任何"二字，强调外国投资者享有的 NT 及于包括东道国国有企业在内的所有投资者享有的待遇。同时在该条款的新增脚注中阐明了"为了更大的确定性，不能仅仅因为一家企业由缔约方所有或控制，就认为其与另一缔约方企业处于'不相似情形'（in unlike circumstance）"。[2]值得注意的是，在美国 2012 年 BIT 范本磋商过程中，一些起草者就曾提出类似建议，即在 BIT 范本中澄清，"由政府'所有'的事实并不影响一家企业与另一家企业处于'相似情形'的判断。"然而，其他起草者则认为，既有 BIT 范本已经解决了这一问题，因此相关规定并未出

[1] Derek Scissors, "The New Model BIT: Necessary but Not Sufficient", available at https://www.heritage.org/trade/report/the-new-model-bit-necessary-not-sufficient#_ednref3, last visited on 2020-4-26. 例如，该学者指出，美国对于"根本安全条款"和"信息披露"条款中的"公共利益例外"规定过于宽泛，无法确保透明度的有效实现。

[2] US Chamber of Commerce and Amcham China, "Priority Recommendations for US-China Trade Negotiations", Amcham China, 2019, p. 137.

现在2012年《美国BIT范本》中。[1]

(2) 纳入公平监管条款

提案建议纳入公平监管（impartial regulation）规定。该条款旨在处理国有企业和私人行为者之间的监管公正性问题。具言之，“每一缔约方应该确保以公平的方式对所有企业实施和执行所有措施，并确保措施的实施或执行方式不会导致商业活动中的国有企业相较于其他企业享有竞争优势。”[2]

(3) 纳入补贴规定

提案建议纳入补贴规定，即“每一缔约方应避免根据货物或服务的出口绩效或以使用国内货物或服务而非进口的货物或服务为条件，给予国有企业以特定补贴。于本款而言，一项特定补贴是指：①限制某些企业的准入；②存在主观而非客观的标准或条件；③尽管补贴看起来不具有特定性，但有理由认为补贴具有事实上的特定性，因为只有特定数量企业有资格获得补贴，补贴主要为某些企业所使用，给予某些企业补贴过多，或者补贴发放当局在决定发放补贴中行使自由裁量权的方式导致补贴具有特定性。”其中，就③中的最后一种情形而言，在判断是否存在补贴时，应特别考虑的信息包括关于拒绝或批准补贴申请的频率以及作出此类决定的原因。[3]

(4) 确保国内法院对外国国有企业享有管辖权

提案建议，每一方应确保其国有企业在任何民事案件中服从另一方国内法院的管辖，虽然该国有企业在另一方领土之外的其

---

[1] Tamada Dai, “Discriminatory Application of Competition Law and International Investment Agreements”, *Economics*, p. 4.

[2] US Chamber of Commerce and Amcham China, “Priority Recommendations for US-China Trade Negotiations”, Amcham China, 2019, p. 133.

[3] US Chamber of Commerce and Amcham China, “Priority Recommendations for US-China Trade Negotiations”, Amcham China, 2019, p. 134.

他地方从事商业活动行为，但对该方造成直接影响。

(5) 赋予仲裁庭审查未披露信息的权力

该提案也建议对2012年《美国BIT范本》第29.3条作出信息披露的补充规定。《美国BIT范本》第29.3条是仲裁程序透明度条款的例外规定，即“本节中的任何规定都不要求被申请方披露符合第18条根本安全例外条款和第19条信息披露条款中受保护的信息。”为了防止有些国家滥用“国家秘密”（state secrete）以在争端解决程序中正当化其不披露相关信息的行为，提案建议纳入如下规定，以赋予仲裁庭审查未披露信息行为正当性的权力：“如果一方当事人试图在仲裁程序中拒绝提供争端当事方或仲裁庭要求的信息，仲裁庭有权确定拒绝提供信息行为的合理性。仲裁庭有权确定所涉信息是否会妨碍执法、违背公共利益或损害特定公共或私营企业的合法商业利益。”

由上可见，美国商会提案中关于规制东道国国有企业竞争优势作出了较为激进的规定，很难为国有企业大国所接受。

3. TTIP规制东道国国有企业竞争优势之欧盟提案

相较于美国“激进型”规则模式，欧盟则以多边规则为基础，即在《关税与贸易总协定》（GATT）1994国营贸易企业规则的基础上采取“渐进式”规制路径。考察欧盟既有FTAs缔约实践可知，竞争中立规则散见于国有企业、补贴和竞争章节，规则内容更加注重福利国家角色与市场公平竞争的平衡，并通过设置大量的例外条款限制国有企业规则的规制范围。[1]

中欧CAI出台之前，欧盟通过投资协定规制东道国国有企业竞争优势的缔约理念和文本提案主要可见于2015年欧盟就TTIP“国有企业和被授予特殊或专有权利或特权的企业”章节（简称

---

[1] 参见刘雪红：“国有企业的商业化塑造——由欧美新区域贸易协定竞争中立规则引发的思考”，载《法商研究》2019年第2期。

“国有企业章节”）和“反垄断、政府影响和补贴”章节（简称“补贴章节”）公开的初步立场文件。欧盟在提案中指出，“于欧盟而言，政府所有制本身并不是问题，但是必须解决政府提供的特定优势（certain advantages）。国有企业（有时甚至是私人企业）会享有竞争者不可获取的优势和豁免，因此相较于对手方享有不正当竞争优势。”[1]

国有企业章节初步立场文件中与规制东道国国有企业竞争优势相关的内容包括信息透明度要求[2]；缔约方确保其监管机构独立于其国有企业；各缔约方应确保其各级政府执法方式的一致性和非歧视性，以及豁免的有限性和透明性。[3]补贴章节初步立场文件中的相关内容包括补贴透明度要求以及受到补贴负面影响方请求磋商的权利。

4. 中欧 CAI 中规制东道国国有企业竞争优势的条款

虽然美欧 TTIP 尚未谈成且早期披露的文件仅为相关条款的雏形，但是其拟向其他国家推广的竞争立法、执法价值观和域内的高标准，成为近年来欧盟与其他国家缔约的范本。作为国有企业大国的中国也首次在中欧 CAI 中接受了国有企业规则。中欧 CAI 规制东道国国有企业竞争优势的条款主要可见于第 3 条中的

---

[1] “Textual Proposal, Possible Provisions on State Enterprises and Enterprises Granted Special or Exclusive Rights or Privileges”, available at https://trade.ec.europa.eu/doclib/docs/2015/january/tradoc_153030.pdf, last visited on 2020-4-5.

[2] 例如，“一方有理由相信其在本协议项下的利益受到另一方国有企业运营的不利影响时，可要求该方提供国有企业与执行本协议条款有关的运营信息”。“Textual Proposal, Possible Provisions on State Enterprises and Enterprises Granted Special or Exclusive Rights or Privileges”, available at https://trade.ec.europa.eu/doclib/docs/2015/january/tradoc_1530 30.pdf, last visited on 2020-4-5.

[3] “Textual Proposal, Possible Provisions on State Enterprises and Enterprises Granted Special or Exclusive Rights or Privileges”, available at https://trade.ec.europa.eu/doclib/docs/2015/january/tradoc_153030.pdf, last visited on 2020-4-5.

监管中立规则和第 8 条政府补贴透明度规则。虽然两项规则独立于中欧 CAI 中的“涵盖实体”规则，但是考虑到政府歧视性监管和政府补贴常被视为国有企业不公平竞争优势的重要来源[1]，两项规则必然会对东道国国有企业的竞争优势产生重要影响。

(1) 监管中立规则

国有企业因政府监管偏袒（regulatory favouritism）而享有的竞争优势常为理论界和实务界所诟病。[2]欧盟认为，“国有企业发挥着特定的作用，地方（甚至私营）企业和政府官员关系密切。法律决策过程受到的政治压力既包括来自地方国有企业的压力，也包括来自中央、省和市各级行政机构的压力。这些机构在决定外国投资方面享有较大的自由裁量权。”考察中国既有 FTAs 可知，其仅在竞争法的适用和执法维度作出中立性承诺。例如，《中韩 FTA》第 14 章竞争政策要求各缔约方执法符合透明、非歧视和程序正义原则，竞争法适用于各缔约方的所有经营者。[3]然而，仅仅依赖竞争法可能不足以确保国有企业与私营企业处于公平竞争环境，因为一国的立法和行政框架可能会在监管、税负等方面降低国有企业的运营成本及破产风险，扭曲国有企业与私营企业之间的公平竞争。中欧 CAI 第 3 条则未局限于竞争法范畴，要求监管机构具有公正性、非歧视性和独立性，表达出欧盟对中国缺乏可预测且安全的监管环境的担忧。其中，公正性（impartiality）要求缔约方保证任何监管机构和其他行使监管职能的机构，在监管活动中给予处于相似情形下包括国有企业在内的所有

---

〔1〕 See Antonio Capobianco and Hans Christiansen, “Competitive Neutrality and State-Owned Enterprises: Challenges and Policy Options”, *OECD Corporate Governance Working Papers*, No. 1, 2011, pp. 5–6.

〔2〕 See Alicia García-Herrero and Gary Ng, “China's State-Owned Enterprises and Competitive Neutrality”, *Policy Contribution*, Issue Np. 05/21, February 2021, p. 16.

〔3〕 See The China–Korea Free Trade Agreement (2015), Chapter 14.

企业以公正待遇。非歧视性（non-discriminatory）要求，每一缔约方应确保其对包括国有企业在内的所有实体以非歧视的方式执法。与 CPTPP 相比，中欧 CAI 进一步强调监管机构与国有企业之间的相互独立性（independence），避免监管机构与国有企业在治理结构上的双重身份。〔1〕

（2）政府补贴透明度规则

欧盟企业认为，中国对其国有企业补贴政策使在中国投资的欧盟企业处于不公平竞争环境。政府对国有企业的补贴或其他支持常被视为国有企业获得不正当竞争优势的重要原因。因此反补贴规则作为国有企业竞争中立规则的重要内容，构成使国有企业获得身份独立的重要手段。〔2〕

在欧盟看来，补贴透明度要求是缔约方审查彼此行为、执行规则的重要前提。中欧 CAI 并未构建专门针对国有企业的补贴规则，主要在 WTO《补贴与反补贴协定》的基础上，将补贴透明度要求扩大至服务领域。相较于 CPTPP 中的“非商业援助”条款对政府补贴及国有企业补贴的严格限制，中欧 CAI 延续欧式反补贴规则的框架性规定，相对较为宽松〔3〕，仅要求政府有义务应请求披露其对国有企业的补贴，公布补贴的目的、法律基础、形式、预算数额、受补贴的对象，而未明确提及补贴主体、对象、行为与结果之间的因果关系等问题。根据中欧 CAI 第 8.6 条和第 8.7 条规定，受到负面影响的利益范围限于投资协定中的投资利益，而不包括贸易利益。

---

〔1〕 叶斌：“《中欧全面投资协定》与监管权：战略机遇及外部风险”，载《国际法研究》2021 年第 6 期。

〔2〕 刘雪红：“国有企业的商业化塑造——由欧美新区域贸易协定竞争中立规则引发的思考”，载《法商研究》2019 年第 2 期。

〔3〕 刘雪红：“国有企业的商业化塑造———由欧美新区域贸易协定竞争中立规则引发的思考”，载《法商研究》2019 年第 2 期。

二、东道国国有企业给惠行为之国际投资法规制

外国投资者在东道国处于竞争劣势的原因不仅在于东道国国有企业享有的竞争优势，也可能源于商事活动中东道国国有企业的歧视性给惠行为，如东道国国有企业在东道国境内的购销行为以及东道国国有企业提供的非商业援助等。本部分拟探析国际投资法规制东道国国有企业给惠行为之既有仲裁实践和未来规制可能。

（一）国有企业“非歧视条款”难以规制东道国国有企业的给惠行为

1. 国有企业“非歧视条款”仅构成投资章节下的“软”义务

由上可知，国有企业“非歧视条款”主要可见于 NAFTA 的国有企业章节和 ECT 的国有企业条款之中。根据 NAFTA 第 11 章争端解决第 1116.1 条规定，只有当缔约方或其国有企业违反第 1502.3（a）条和第 1503.2 条规定时，投资者才能将东道国诉诸投资者与东道国争端解决（ISDS）仲裁。[1]这两个条款的适用要求包括国有企业行使政府权力且行为可归因于国家。从文本层面看，NAFTA 排除了根据第 1501.1 条、第 1502.3（b）（c）（d）条和第 1503.3 条这些规制国有企业给惠行为的“非歧视条款”诉诸 ISDS 仲裁之可能，也未就违反上述条款的情形设置强制性争端解决程序。因此，也有学者将这一条款视为不具有约束力的宣示性规范。[2]即便如此，这并不意味着国有企业“非歧视条款”与投资章节毫无联系。既有案件仲裁庭皆承认违反 NAFTA 第 1502.3（b）（c）（d）条和第 1503.3 条会导致对 NAFTA 投资章节下义务的违反，但同时也指出该条款不具有可仲裁性。

---

〔1〕 North American Free Trade Agreement，Art. 1116. 1.

〔2〕 杨秋波：“国企条款透视：特征、挑战与中国应对”，载《国际商务（对外经济贸易大学学报）》2018 年第 2 期。

（1）“UPS v. Canada 案”

“UPS v. Canada 案”仲裁庭在管辖权阶段指出，第 1502. 3（b）（c）（d）条和第 1503. 3 条的规定并不要求国有企业行使 NAFTA 缔约方授予其的权力，相反侧重于规制国有企业的商事行为。该条款也要求各缔约方确保其国有企业商事行为的非歧视性。但是仲裁庭也指出，“这些规定虽然要求缔约方负有实体义务，但是未就这些条款引发的争议提供争端解决机制，尤其是投资者不能依据这些条款将缔约方诉诸仲裁。”〔1〕在该案实体审理阶段，仲裁庭承认上述与国有企业商事公平竞争相关的条款构成缔约方在投资章节中的特定义务，但是这些义务不属于投资仲裁的管辖范围。〔2〕换言之，根据 NAFTA 规定，国有企业的歧视性商事行为虽然会导致缔约方违反其在投资章节中的义务，但是并不会引发其在投资仲裁中的责任。

接着，仲裁庭进一步阐释了 NAFTA 第 11 章和第 15 章的关系：NAFTA 第 11 章和第 15 章对“缔约方”与“垄断企业和国有企业”进行了明确区分。NAFTA 的缔约方并未简单将第 11 章下相当笼统的义务适用于垄断企业、国有企业以及其本身。相反，他们另行起草了一套与竞争、垄断和国有企业相关的详细规则，并将其作为 NAFTA 的一个独立章节，即第 15 章。NAFTA 第 15 章的规定表明，其规制的义务主体仍然是缔约方，而不是垄断企业或国有企业。〔3〕

在“UPS v. Canada 案”中，投资者基于如下理由主张 ISDS 机制的管辖权可以扩张至国有企业“非歧视条款”的适用：首

〔1〕 United Parcel Service of America Inc. v. Government of Canada, ICSID Case No. UNCT/02/1, Award on Jurisdiction, 22 November 2002. para. 20.

〔2〕 Id., para. 59.

〔3〕 United Parcel Service of America Inc. v. Government of Canada, ICSID Case No. UNCT/02/1, Award on the Merits, 24 May 2007. para. 59.

先，根据 NAFTA 第 1502. 3（a）条规定，每一缔约方应确保其垄断企业在行使某些政府授权时，以不违背该方所负条约义务的方式行事。该条款表明，其覆盖了该缔约方在整个 NAFTA 中的义务，而不仅限于其在第 11 章或第 15 章中的义务。因此仲裁庭一旦确立了管辖权，管辖权也将通过 NAFTA 第 1502. 3（a）条中的一般规定延伸至整个 NAFTA。因此，根据 NAFTA 第 11 章设立的 ISDS 机制可对基于第 1502. 3（d）条的诉请享有管辖权，该诉请仅涉及交叉补贴或其他反竞争行为，而不涉及任何违反 NT 条款或其他违反第 11 章规定的行为。其次，根据 NAFTA 第 1112 条规定，当其他章节与第 11 章相冲突时，应该优先考虑其他章节的规定。投资者认为，由于 NAFTA 第 1116. 1 条争端解决条款与第 15 章之间存在冲突，第 15 章应优先适用。NAFTA 第 1502. 3（d）条并未被明确排除在 ISDS 机制管辖权之外，表明 NAFTA 缔约方的意图并非如此，因此 NAFTA 第 1502. 3（d）条可诉诸 ISDS 仲裁。[1]这一观点意味着，缔约方违反 NAFTA 第 1102 条的行为将为违反 NAFTA 任何条款的行为开启诉诸 ISDS 仲裁的大门。

然而仲裁庭指出，NAFTA 第 1116. 1 条和第 15 章之间不存在冲突，尤其是第 1501 条和第 1502. 3（d）条。相反，无论 NAFTA 第 1116. 1（b）条的性质为何，它是授予仲裁庭管辖权的规定，与第 15 章中的实体条款并无关系。NAFTA 其他章节的实体条款与管辖权条款之间并不存在矛盾，即便前者规定的义务范围广于后者解决争端的范围也是如此。[2]

此外，“UPS v. Canada 案”仲裁庭也对 NAFTA 第 1501 条

[1] United Parcel Service of America Inc. v. Government of Canada, ICSID Case No. UNCT/02/1, Award on the Merits, 24 May 2007, paras. 49-56.

[2] United Parcel Service of America Inc. v. Government of Canada, ICSID Case No. UNCT/02/1, Award on Jurisdiction, 22 November 2002, para. 62.

“竞争法”条款的可仲裁性作了解释。其认为，“NAFTA 缔约方非常明确地将第 1501 条视为一项潜在的开放性义务（open-ended obligation），可构成一系列广泛背景下的诉请基础。尽管缔约方承认这一义务可通过国家间磋商程序解决，但是根据 NAFTA 第 1501.3 条，缔约方明确将 NAFTA 第 1501 条义务排除在国家间争端解决程序之外。NAFTA 注释（note）43 进一步排除投资者依据 NAFTA 第 1501 条将争端诉诸 ISDS 仲裁的可能性。”〔1〕

（2）“Mesa v. Canada 案”

在“Mesa v. Canada 案”中，仲裁庭对 NAFTA 第 11 章（投资章节）和第 15 章（国有企业章节）进行了区分。仲裁庭指出，“NAFTA 第 11 章和第 15 章区分了 NAFTA 缔约方对自身行为负有的条约义务（第 11 章具体规定）和 NAFTA 缔约方对其国有企业行为负有的条约义务（第 15 章具体规定）。就后者而言，根据 NAFTA 第 1503.2 条规定，NAFTA 缔约方必须确保其企业的行为不违背 NAFTA 第 11 章和第 14 章中的缔约方义务。根据 NAFTA 第 1503.3 条规定，缔约方还必须确保其国有企业在销售货物或服务时给予非歧视待遇。因此，NAFTA 缔约方无需对其企业的每一个行为负责，其责任限制在 NAFTA 第 1503.2 条和第 1503.3 条范围内。此外，NAFTA 第 1116.1 条将第 11 章投资仲裁庭审理范围限于对第 11 章 A 节的违反或依据第 1503.2 条的诉请。”〔2〕

---

〔1〕 United Parcel Service of America Inc. v. Government of Canada, ICSID Case No. UNCT/02/1, Award on Jurisdiction, 22 November 2002, para. 61; Canfor Corporation and Others v. United States of America, UNCITRAL, Decision of Preliminary Question, 6 June 2006, footnote 265.

〔2〕 Mesa Power Group, LLC v. Government of Canada, UNCITRAL, PCA Case No. 2012-17, Award, 24 March 2016, para. 361.

（3）“Mercer v. Canada 案”

在“Mercer v. Canada 案”中，仲裁庭在解释 NAFTA 第 1108. 7 条中的政府采购问题时，也对第 1503. 3 条进行了解读。仲裁庭指出，“如果 NAFTA 缔约方的任何国有企业在其领土内作为另一缔约方投资者在其领土内投资的货物或服务的卖方，则缔约方必须根据第 1503. 3 条的规定，确保这些国有企业给予买方以非歧视待遇。在这种情况下，国有企业作为争议货物或服务的卖方或提供者，在给予买方投资者以歧视性待遇时，确实可以导致东道国违反其在 NAFTA 第 1102 条、第 1103 条、第 1107 条和第 1503 条中的义务。”〔1〕但这并不意味着投资者可依据 NAFTA 第 1503. 3 条将东道国诉诸投资仲裁。

2. ECT 下国有企业“非歧视条款”的可仲裁性尚未得到检验

不同于 NAFTA 第 1116. 1 条，ECT 的争端解决条款并未限制投资者将国有企业“非歧视条款”诉诸 ISDS 仲裁。因而，从文本层面理解，如果东道国的外国投资者因东道国国有企业提供的商品或服务存在歧视性，可以根据 ECT 中的非歧视待遇条款诉诸 ISDS 仲裁。然而，理论界和实务界均表示，ECT 第 22 条能否引发 ECT 第三部分的涵盖义务、投资者可否依据 ECT 第 26 条提请 ISDS 仲裁尚不确定。〔2〕然而，经过 20 多年的实践，ECT 第 22 条的可仲裁性仍未得到检验。〔3〕

〔1〕 Mercer International Inc. v. Government of Canada, ICSID Case No. ARB（AF）/ 12/3, Award, 6 March 2018, para. 6. 38.

〔2〕 T. W. Waelde and P. K. Wouters, “State Responsibility in a Liberalised World Economy: ‘State, Privileged and Subnational Authorities’ Under the 1994 Energy Charter Treaty: An Analysis of Articles 22 and 23”, *Netherlands Yearbook of International Law*, Vol. 27, 1996, p. 161.

〔3〕 Mohammad Ammar Al-Bahloul v. The Republic of Tajikistan, SCC Case No.（V064/ 2008）, Partial Award on Jurisdiction and Liability, 2 September 2009, paras. 171-172.

“Petrobart v. Kyrgyz 案”仲裁庭承认，根据 ECT 第 22.1 条，KGM 公司作为吉尔吉斯共和国的一家国有企业，吉尔吉斯共和国应对 KGM 公司开展的商事行为负有特定义务。然而，仲裁庭无法认定吉尔吉斯共和国未能确保 KGM 公司以符合 ECT 第三部分义务的方式开展业务。[1]

“AMTO v. Ukraine 案”仲裁庭认为，即便国有实体未履行其与“投资”（即外国投资者的子公司）有关的合同义务，ECT 第 22 条也未要求国家为此承担责任。相反，这一条款仅规定国家负有“确保”国有实体开展活动的一般义务，即国家通过治理、管理和组织使国有实体能够遵守 ECT 第三部分规定的义务。[2]

在随后的“Al-Bahloul v. Tajikistan 案”中，仲裁庭首先承认，根据 ECT 第 22.1 条和第 22.2 条的规定，国有企业的不公平竞争行为可以引发缔约方在投资部分的义务。但随后指出，必须认识到 ECT 第 22 条并未包含在 ECT 第三部分（即投资部分）之中（尽管它确实交叉引用了第三部分的义务）。仲裁庭提及“AMTO v. Ukraine 案”的裁决结论，但是并未予以评价。鉴于该案并不存在指控国有企业的充分事实证据，仲裁庭并未进一步处理 ECT 第 22 条的可仲裁性问题。[3]

（二）国际投资法规制国有企业给惠行为之争端解决可能

1. FTAs 中的国有企业给惠行为条款均不可诉诸 ISDS 仲裁

自 1994 年美国 IIAs 中规制东道国国有企业给惠行为的“非歧视条款”被移至 NAFTA 和 ECT 中以来，开始发展为“非歧视+

[1] Petrobart Limited v. The Kyrgyz Republic, SCC Case No. 126/2003, Arbitral Award, 29 March 2005, para. VIII. 8. 25.

[2] Limited Liability Company AMTO v. Ukraine, SCC Case No. 080/2005, Award, 26 March 2008, para. 112.

[3] Mohammad Ammar Al-Bahloul v. The Republic of Tajikistan, SCC Case No. (V064/2008), Partial Award on Jurisdiction and Liability, 2 September 2009, paras. 171-172.

商业考虑”条款。本书也称之为国有企业给惠行为条款。NAFTA第1502.3（b）（c）（d）条和第1503.3条即为例子，其中前三项要求东道国政府确保国有垄断企业在购买和销售商品或服务时基于非歧视原则和商业考虑行事。而NAFTA第1503.3条仅要求东道国政府确保其国有企业在向该国境内的其他企业销售其货物或服务时要给予外国投资者非歧视的待遇。这一规定的原理在于防止东道国国有企业将政府补贴“转移”至东道国其他企业，进而使这些企业“间接”获得政府补贴，从而导致外国投资企业处于竞争劣势。这一条款也被视为国内“竞争中立”制度的延伸。〔1〕

在随后缔结的美国双边FTAs中，2004年《美国与智利FTA》和2012年《美国与韩国FTA》几乎原封不动地植入了NAFTA第15章的条款。2009年《美国与智利FTA》在此基础上还增加了“缔约双方认为，国有企业的经营不得给贸易和投资制造障碍。”此外，有的FTAs在NAFTA式的“非歧视+商业考虑”条款的基础上纳入了“定价差异”（Differences in Pricing）条款，作为“商业考虑”的补充性规定。例如，2005年《澳大利亚与美国FTA》第14.5条“定价差异”条款规定：“第14.3条和第14.4条不得解释为阻止垄断企业或国有企业在不同市场或同一市场收取不同价格，只要这种差别源于正常的商业考虑，如供求条件。”〔2〕这也相当于对国有企业行为补充了“商业考虑”义务。《美国与韩国FTA》第16.4条也作出同样规定。〔3〕

---

〔1〕石伟：《“竞争中立”制度的理论和实践》，法律出版社2017年版，第49页。

〔2〕鉴于两国都有健全、发达的法律体系来解决外国投资者与政府之间的争端，该协定不包括任何投资者与国家之间的争端解决条款。

〔3〕在东道国国有企业从事购买或销售服务时的“商业考量义务”不同于国有企业投资者的非商业目标。国有企业投资者的非商业目标可能会威胁东道国的国家安全，而东道国国有企业的“商业考量”义务是关于东道国国有企业可能引发的不公平竞争问题。

“非歧视+商业考虑”条款也可见于2018年出台的USMCA第22.4条和CPTPP第17.4条。与之前NAFTA式的条款相比，USMCA和CPTPP进一步完善了对国有企业的规定，在NAFTA的基础上特别要求国有企业根据“商业考虑”行事并规定国有企业在购买货物或服务时基于非歧视行事。

值得注意的是，与NAFTA相同，上述其他FTAs中规制东道国国有企业给惠行为的条款仍不可诉诸ISDS仲裁，除非东道国国有企业行为可归因于东道国。例如，尽管《美国与新加坡FTA》第12章未排除援引第12.3条“指定垄断和国有企业”诉诸FTA中争端解决章节的可能性。〔1〕然而，与NAFTA投资章节争端解决条款一致，《美国与新加坡FTA》投资章节第15.2条规定，只有当东道国国有企业行使政府权力时，投资者才能将东道国诉诸ISDS仲裁。同样，CPTPP和USMCA也未允许将东道国国有企业违反“非歧视+商业考虑”条款的行为直接诉诸ISDS仲裁，只有当CPTPP中的任何争端都能够归结为投资者与东道国政府之间的争端时，才可诉诸ISDS仲裁。〔2〕也有的FTAs虽然未排除争端解决机制对于“非歧视条款”的管辖，但是缔约方并未将ISDS机制纳入争端解决章节。例如，2005年《澳大利亚与美国FTA》就没有纳入ISDS机制。〔3〕当这些FTAs中规制东道国国有企业给惠行为的条款进入投资仲裁时，仲裁庭可能会作出与早前NAFTA和

---

〔1〕《美国与新加坡FTA》第12.7条仅将第12.2条、第12.4条或第12.6条的争议，即反竞争商事行为、合作和咨询排除在争端解决机制之外。

〔2〕冯辉、石伟：《贸易与投资新规则视野下的竞争中立问题研究：国企改革、贸易投资新规则与国家间制度竞争》，格致出版社、上海人民出版社2018年版，第68—70页。

〔3〕《澳大利亚与美国FTA》第14.11条争端解决条款中，并没有排除争端方基于第14.4.1条（非歧视条款）和第14.8条（透明度）提出的诉请，“对于第14.2条、第14.4.2条、第14.4.3条、第14.6条、第14.7条、第14.9条或第14.10.2条产生的任何事项，任何一方均不得诉诸本协议项下的争议解决”。

ECT 仲裁实践相一致的裁决，即承认东道国国有企业违反上述条款构成对投资章节中义务的违反，但是不能诉诸投资仲裁。

2. 将东道国国有企业给惠行为条款纳入 IIAs

虽然历史上东道国国有企业给惠行为条款被移除在 IIAs 之外，但是如上文既有投资仲裁实践所承认的，该条款即便不能诉诸投资仲裁，东道国国有企业的给惠行为也可能构成对投资章节义务的违反。因此该条款不仅出现在 FTAs 缔约实践之中〔1〕，而且可见于美国商会提出的中美 BIT 草案、TTIP 国企章节的欧盟提案和中欧 CAI 之中。中欧 CAI 作为首个纳入国有企业给惠行为条款的投资协定，与晚近美国 FTAs 缔约实践一致，将商业考虑作为独立于非歧视待遇的义务，对从事商事活动的国有企业施加全面的竞争法义务。同时，中欧 CAI 第 3.4（a）条规定了详尽的透明度规则〔2〕，便于一缔约方对另一缔约方的国有企业活动进行

〔1〕 例如，2015 年 OECD 报告显示，43 个国家中有 42 个国家签订的 FTAs 中均纳入了专门针对国有企业和反竞争行为的条款。See Przemyslaw Kowalski and Kateryna Perepechay, "International Trade and Investment by State Enterprises", OECD, 2015, p. 44.

〔2〕 若一缔约方利益因另一缔约方国有企业行为受到负面影响，该缔约方有权请求另一缔约方披露该国有企业相关信息。应请求披露其国有企业信息的政府既包括投资者母国政府，也包括投资东道国政府。受到负面影响的利益是指中欧 CAI 第 3 条下的公平竞争利益，包括商事活动中的非歧视待遇和商业考虑。就披露内容而言，包括非常详尽的企业信息：①该缔约方和/或缔约方的国有企业在该实体中累计拥有的股份比例、累计持有的投票权比例，以及企业的所有制和投票权结构；②对该缔约方、其国有企业或指定垄断持有的任何特殊股份或特别投票权或其他权利的说明，只要这些权利不同于该实体普通股份所附权利；③企业的组织结构、董事会或在该企业中行使控制权的任何其他同等管理机构的组成，以及与涵盖实体的交叉持股和其他法律安排（如果与评估本条规定的遵守情况相关）；④企业年收入或总资产，或两者均提供；⑤根据被请求方法律和条例，该企业可获得的任何免除、豁免或同等措施；⑥说明负责对企业的行使政府所有权职能的主管当局，负责监管企业的活动的政府部门，如果适用，说明这些部门、主管当局规定的报告要求，以及主管当局可能参与任命、解雇高管和董事会成员或企业任何其他同等管理机构的方式。

彻底审查，确认存在违反商业考虑和非歧视义务的行为。[1]中欧CAI的东道国国有企业给惠行为条款并不包括CPTPP第17.6（2）条中关于将国有企业视为非商业援助主体的规定。

尽管美国商会在2019年中美BIT的提案中建议将所有国有企业的义务纳入ISDS机制的管辖范围之内[2]，但是本书认为，允许依据国有企业给惠行为条款将东道国诉诸ISDS仲裁管辖这一方案很难实现。因为这要么意味着直接将国有企业行为等同于国家行为，但这显然与习惯国际法（即《ILC草案》中的归因规则）相冲突[3]，要么违背了ISDS机制的管辖权基础，即被申请方应为主权国家。此外，当前很多IIAs已将ISDS机制排除在外。例如，在USMCA中，美国和加拿大之间的投资争端解决就排除了对ISDS机制的适用，中欧CAI中也尚未纳入ISDS机制。这在某种程度上预示着国际投资法下其他替代性争端解决机制的发展，如国家间争端解决机制或者不具有约束力的协商和调解等友好型争端解决机制。

3. 利用国家间争端解决机制

根据联合国贸易和发展会议（UNCTAD）数据显示，纳入国家间争端解决（SSDS）机制的IIAs数量比纳入ISDS机制的IIAs还要多。[4]然而，与近千起诉诸ISDS仲裁的案件相比，仅有3

---

〔1〕 陈瑶、应力："CPTPP国有企业章节的评价与中国应对"，载《宁波大学学报（人文科学版）》2021年第2期。See Julien Sylvestre Fleury and Jean-Michel Marcoux, "The US Shaping of State-Owned Enterprise Disciplines in the Trans-Pacific Partnership", *Journal of International Economic Law*, Vol. 19, 2 (2016), p. 462.

〔2〕 US Chamber of Commerce and Amcham China, "Priority Recommendations for US-China Trade Negotiations", Amcham China, 2019, p. 132.

〔3〕 参见第二章。

〔4〕 截至2022年2月16日，UNCTAD数据显示，在当前IIA计划的2574个投资条约中有2556个投资条约中纳入了SSDS机制，有2440个投资条约纳入了ISDS机制。

起案件诉诸 SSDS 仲裁，因此 SSDS 机制也被视为“被遗忘”的机制。[1]如何有效利用 SSDS 机制处理 ISDS 裁决的不一致性，增强投资争端解决的可预测性也成为当下研究的热点问题。国有企业在全球市场中的不断涌现极有可能助力 SSDS 机制的发展，并促进 SSDS 机制与 ISDS 机制间的互动。[2]例如，CPTPP 为“非商业援助”条款和“非歧视+商事考虑”条款提供了两种争端解决机制：一是第 28 章中的 SSDS 机制，二是第 9 章中的 ISDS 机制。当投资者因东道国或其国有企业的不公平竞争行为受到损害时，如果因“归因”障碍而导致投资者无法诉诸 ISDS 仲裁时，可以由投资者母国诉诸 CPTPP 第 28 章下的 SSDS 仲裁寻求救济。CPTPP 第 28 章下的争端解决机制为 ISDS 机制不能解决的投资争端提供了新的救济进路。在某种程度上，也可以将 SSDS 机制看作是对 ISDS 机制的补充与发展。CPTPP 第 28 章允许将东道国国有企业给惠行为诉诸 SSDS 仲裁的缔约实践，以及根据中欧 CAI 规定，当东道国国有企业给惠行为违反非歧视待遇或商业考虑时，当事方可以诉诸第十部分 SSDS 仲裁，均为国际投资法中的 SSDS 机制的发展提供了启示和契机。

4. 适用友好型争端解决机制

CPTPP 首次尝试独立设置国有企业章节，并赋予其 SSDS 这一强制性实施机制。然而在缺少先例的情况下，本书认为缔约方可能更倾向于在非强制性争端解决机制之下适用这些“新规则”，如协商、调解（mediation）、调停等友好型争端解决机制。CPTPP 第 17.2 条中的国有企业和指定垄断委员会的设置即遵循

〔1〕 朱明新：“‘被遗忘’的机制：投资争端解决的国家——国家仲裁程序研究”，载《国际法研究》2016 年第 5 期。

〔2〕 “State-Owned Enterprises as Global Competitors：A Challenge or an Opportunity?”，OECD，2016，p. 78.

这一逻辑。[1]根据CPTPP规定，委员会的职能包括“审议和考虑本章的实施和运用；应一缔约方请求，对国有企业章节下产生的任何事项进行协商；视情况推动缔约方合作，在自贸区内促进本章纪律所体现的原则，并为在两个或更多缔约方参与的其他区域和多边机构制定类似纪律作出贡献；开展该委员会可能同意的其他活动”。[2]根据2015年数据显示，OECD的43个成员方中已有15个国家在其FTAs中为国有企业争议事项提供了磋商机制。[3]与此同时，在新近的国际投资缔约实践中，友好型争端解决机制也获得了缔约方的关注与发展。[4]巴西作为推动这一进程的“先行者”，在其最新缔约实践中“抛弃”了ISDS机制，取而代之以创设联合委员会（The Joint Committee）和监察专员（The Focal Point or Ombudsman）作为争端当事方磋商、谈判和调解的平台。[5]

有鉴于此，本书认为由于国有企业通常与政府存在密切联系，将国有企业公平竞争问题置于强制性争端解决机制处理可能

---

〔1〕 Jaemin Lee, “Trade Agreements' New Frontier-Regulation of State-Owned Enterprises and Outstanding Systemic Challenges”, *AJWH*, Vol. 14, 2019, p. 64.

〔2〕 漆彤、窦云蔚：“论《跨太平洋伙伴关系协定》国有企业透明度规则”，载《武大国际法评论》2016年第2期。

〔3〕 See Przemyslaw Kowalski and Kateryna Perepechay, “International Trade and Investment by State Enterprises”, OECD, 2015, p. 45.

〔4〕 See Michelle Ratton Sanchez Badin and Fabio Morosini, “Navigating Between Resistance and Conformity with the International Investment Regime”, *Reconceptualizing International Investment Law from the Global South*, Cambridge University Press, 2017, pp. 188-217; Natali Cinelli Moreira, “Cooperation and Facilitation Investment Agreements in Brazil: The Path for Host State Development”, available at http://arbitrationblog.kluwerarbitration.com/2018/09/13/cooperation-and-facilitation-investment-agreements-in-brazil-the-path-for-host-state-development/, last visited on 2018-9-13; 刘万啸：“投资者与国家间争端的替代性解决方法研究”，载《法学杂志》2017年第10期。

〔5〕 See Brazil-Ethiopia CFIA (2018), Art. 17, 18, 23; Brazil-Surinamese CFIA (2018), Art. 18, 19, 24.

会引发缔约方的利益担忧，而这种不具有约束力的争端解决方案更有可能受到缔约方青睐。在未来的投资条约磋商过程中，缔约方很有可能更重视这种“非冲突性”的友好型争端解决机制，在条约中为之起草更为详细且清晰的规则，并将它作为处理国有企业公平竞争问题的优先平台。

第三节　国有企业投资者公平竞争问题之国际投资法规制

不同于 IIAs 规制东道国国有企业公平竞争问题的悠久历史和相对丰富的投资仲裁实践，直至 2008 年金融危机之后国有企业投资者的公平竞争问题才引起理论界和实务界的广泛关注。本书认为，在国际投资法语境下，国有企业投资者的公平竞争问题包括两个方面：其一，国有企业投资者受到东道国国内法的不公平审查，引发 IIAs 能否为国有企业投资者的准入权提供救济之讨论；其二，国有企业投资者因其“国有”属性往往被认为会从其母国获得不正当的竞争优势，扭曲东道国投资环境，这也引起能否适用国际投资法规制国有企业投资者透明度和母国措施之探索。有鉴于此，本节拟围绕上述两个问题进行分析。

一、外国国有企业投资审查之国际投资法规制

实证研究表明，国有企业投资与私人企业投资相比更倾向于进入东道国的“敏感”行业和“战略”部门，这也导致东道国往往对外国国有企业投资者适用更为严格的投资准入审查标准。[1]

---

〔1〕 Roberto Echandi and Pierre Sauvé eds., *Prospects in International Investment Law and Policy*: *World Trade Forum*, Cambridge University Press, 2013, p. 64, p. 71.

其中，最常见的就是国家安全审查机制。然而，就“国家安全”概念而言，不仅不存在明确、统一的内涵，而且其外延正在从传统意义上的军事安全向技术安全、网络安全、产业安全、环境安全、个人信息安全等新安全领域扩张。[1]这也导致东道国可能以“国家安全审查”之名，行“投资保护主义”之实。在这一过程中，国有企业投资者可能因歧视性国内审查，而无法在投资准入阶段与其他私人投资者享有平等待遇。例如，在澳大利亚、加拿大、美国、俄罗斯、越南和冰岛的国内外资法中，均包含针对外国国有企业投资者的特别审查机制。[2]既有投资仲裁实践和条约文本设计表明，国有企业投资者很难根据相关条款诉诸投资仲裁寻求救济。换言之，国际投资法很难规制东道国对于国有企业投资者的不公平审查行为。

（一）东道国增强审查国有企业投资者之力度

除本书第一章已提到的美国不断强化其对外国国有企业投资者的安全审查标准之外，加拿大、澳大利亚及欧盟等国也纷纷增强了其域内法对外国国有企业投资者及其投资的审查力度。

1. 加拿大“净收益”审查

为应对外国国有企业投资的持续增长，加拿大于 2007 年 12 月发布了关于国有企业投资加拿大的指引，具体阐释 1985 年生效的《加拿大投资法》（*Investment Canada Act*，ICA）中的“净

---

〔1〕 J. Benton Heath，“The New National Security Challenge to the Economic Order”，*The Yale Law Journal*，Vol. 129，4（2019），pp. 11-19.

〔2〕 Przemyslaw Kowalski and Kateryna Perepechay，“International Trade and Investment by State Enterprises”，OECD，2015，p. 39；Kathryn Gordon and April Tash，“Foreign Government-Controlled Investors and Recipient Country Investment Policies：A Scoping Paper”，OECD，2009，p. 18. 例如，在俄罗斯，涉及外国国有企业在国内公司少数股权的交易必须获得批准，但如果存在多数参与的意图则禁止这种交易。See UNCTAD，*World Investment Report 2017*，2019，pp. 93-94.

收益”（net interest）审查标准如何适用于国有企业。[1] 2009 年的 ICA 修订案将国有企业宽泛界定为“受政府或政府代理人直接控制、间接控制、直接影响或间接影响的实体”。[2] 同年，ICA 修订案增加了《投资国家安全审查条例》（*National Security Review of Investments Regulations*）附件。[3] 然而，附件中并未界定“国家安全”的内涵，因此赋予国内投资审查机关以较大的自由裁量权。[4]

2012 年 12 月 7 日，加拿大政府在批准中国国有石油公司 CNOOC 收购尼克森公司（Nexen）的同一天，发布了关于外国国有企业投资的声明。[5] 一方面，该声明限制外国国有企业对加拿大油砂产业的收购。加拿大产业部门指出，未来只有在例外情况下，外国国有企业收购加拿大油砂业务的控制权才能符合“净收益”标准。[6] 另一方面，加拿大提高了对外国私人投资者的审查门槛，但对国有企业仍适用原来较低的审查门槛。具言之，私人投资者的资产价值超过 10 亿美元才需要进入审查程序，而资产

[1] “Government of Canada Clarifies Rules on Foreign Investment for State-Owned Enterprises”, available at https://www.canada.ca/en/news/archive/2007/12/government-canada-clarifies-rules-foreign-investment-state-owned-enterprises.html, last visited on 2020-12-1.

[2] “An Act to Amend the Investment Canada Act”, available at https://laws-lois.justice.gc.ca/eng/annualstatutes/2013_ 33/page-11.html#h-35, last visited on 2020-1-2.

[3] “National Security Review of Investments Regulations, SOR/2009-271”, available at https://laws-lois.justice.gc.ca/eng/regulations/SOR-2009-271/page-1.html#h-750846, last visited on 2020-2-1.

[4] Ming Du, “When China’s National Champions Go Global: Nothing to Fear but Fear Itself?”, *Journal of World Trade*, Vol. 48, 6 (2014), p. 1145.

[5] “Statement Regarding Investment by Foreign State-Owned Enterprises”, available at https://www.ic.gc.ca/eic/site/ica-lic.nsf/eng/lk81147.html, last visited on 2022-2-7.

[6] Paul Boothe, “State-Owned Enterprises and Foreign Investment in Canada”, available at https://iveybusinessjournal.com/publication/state-owned-enterprises-and-foreign-investment-in-canada/, last visited on 2020-2-1.

价值超过3.3亿美元的国有企业投资者就需要接受审查。[1]

2. 澳大利亚"国家利益"审查

澳大利亚外资审查法规包括《1975年外国收购接管法案》(*Foreign Acquisitions and Takeovers Act 1975*)和《澳大利亚外国投资政策》,以及在某些"敏感"部门或针对某类企业的特殊立法。澳大利亚外国投资审查委员会(FIRB)根据国家利益标准(national interest test),审查须申报的投资。《澳大利亚外国投资政策》将外国投资者区分为"非政府投资者"和"政府投资者",对后者设置了更为严格的审查标准。对于符合非政府投资者要求的外国国有企业,无论其规模大小,在澳大利亚收购(acquiring)直接利益(通常至少10%股份,或者具有影响、参与或控制被收购方的能力)、新设企业或者收购土地利益之前,都必须事前向政府申报并获得其事前批准。若外国国有企业想要在矿产、生产或勘探实体中获得10%以上的股份也需要获得政府批准。[2] FIRB在批准程序中会对国有企业的投资性质进行审查,以确定投资是仅基于商业考虑,还是旨在追求更广泛的政治或战略目标,进而判定国有企业投资是否与国家利益相冲突。

3. 欧盟外资审查机制

当前在欧盟层面主要存在三套外资审查机制:一是外资反垄断审查机制;二是欧盟外商直接投资审查机制;三是外国补贴监管机制。与私人投资者相比,外国国有企业投资者在三套机制中难免会受到更为严格的审查。

---

〔1〕 Ming Du, "When China's National Champions Go Global: Nothing to Fear but Fear Itself?", *Journal of World Trade*, Vol. 48, 6 (2014), p. 1145.

〔2〕 "Australia's Foreign Investment Policy", available at https://firb.gov.au/guidance-resources/policy-documents, last visited on 2020-1-5.

(1) 外资反垄断审查机制

欧盟委员会（简称“欧委会”）主要依据《欧盟并购条例》(*EU Merger Regulation*，EUMR) 审查国有企业的并购行为。根据该条例序言规定，“……为控制集中而引入的安排应尊重公共和私营部门之间的非歧视原则。因此，在计算公共部门某次集中所涉的企业营业额时，需将组成一个具有独立决策权的经济单位的所有企业考虑在内，无论其资本的持有方式或所适用的行政监督规则为何。”〔1〕这一规定通常被视为 EUMR 中审查国有企业并购的特殊规则〔2〕，也被称为“市场测试”。实践中，欧委会对外国国有企业适用的审查标准愈发严格。〔3〕

通常，欧委会对于外资并购的审查需依据交易各方在欧盟的营业额确定管辖权。一般而言，交易双方是指收购方与被收购方。当每一方在全球范围内的营业额合计超过 50 亿欧元且在欧盟的营业额超过 2.5 亿欧元时，或者当每一方在全球范围内的营业额合计达到 25 亿欧元以上且每一方在欧盟的营业额达到 1 亿欧元时，需将交易申报欧委会审查。

2016 年 4 月，中国国有企业中国广核集团有限公司（简称“中广核公司”）在欧盟的并购案中，由于中广核公司自身在欧盟的营业额并未达到 2.5 亿欧元，欧委会依据该国有企业是否拥有独立于中国政府的自主决策权进行分析。欧委会为确立管辖

〔1〕“Council Regulation (EC) No 139/2004 of 20 January 2004 on the Control of Concentrations Between Undertakings (the EC Merger Regulation)”, available at https://eur-lex. europa. eu/eli/reg/2004/139/oj, last visited on 2020-1-2.

〔2〕Geneviève Lallemand-Kirche, Caroline Tixier and Henri Piffaut, “The Treatment of State-Owned Enterprises in EU Competition Law: New Developments and Future Challenges”, *Journal of European Competition Law & Practice*, Vol. 8, 7 (2017), p. 295.

〔3〕［德］伦纳·库尔姆斯著，任宏达译：“中国对外投资与东道国政策”，载《国际法研究》2019 年第 1 期。

权，计算了中国国务院国资委监管下能源领域的所有国有企业营业额的总和。上述实践意味着，即使国有企业在欧盟没有营业额或营业额很少，也可能负有向欧委会申报的义务。[1]如果不申报，未来该国有企业被欧委会认定为不构成独立实体时，将面临巨额罚金。审慎起见，参与交易的外国国有企业应该主动申报。然而这意味着国有企业需要填写信息量巨大的申报表格[2]，包括向欧委会提供自身的运营信息、同一市场或关联市场中其他国有企业的经营活动信息，以及标的公司与收购方母国的横向关系和纵向关系。[3]这也大大增加了国有企业并购的时间成本。

（2）欧盟外商直接投资审查机制

2019 年 4 月生效并于 2020 年 10 月 11 日付诸实施的《欧盟外商直接投资审查条例》（*The EU FDI Screening Regulation*）序言（13）规定："在确定外国直接投资是否可能影响安全或公共秩序时，成员方和欧委会可以考虑所有相关因素，包括对关键基础设施、技术（包括关键扶持技术）的影响，以及对安全或维护公共秩序至关重要的投入……成员方和欧委会也应该考虑外国直接投资的背景和情况，特别是外国投资者是否受到第三国政府直接或间接控制。其中，这种控制可能表现为第三国政府向投资者提供包括补贴在内的大量资金，或者该投资者正在实施国家主导的对

---

〔1〕 刘成："中国国有企业境外交易面临更高欧盟合并审查要求"，载 https://www.kwm.com/zh/cn/knowledge/insights/chinese-soe-transactions-may-unexpectedly-trigger-an-eu-merger-notification-20160426，最后访问日期：2020 年 4 月 26 日。

〔2〕 邓志松、戴健民："国企走出去面临的反垄断监管挑战：欧盟经营者集中申报独立性问题"，载《中国市场监管报》2019 年 9 月 3 日。

〔3〕 Ming Du, "When China's National Champions Go Global: Nothing to Fear but Fear Itself?", *Journal of World Trade*, Vol. 48, 6 (2014), p. 1150.

外项目或方案。”[1]这意味着欧盟成员方可以在其“威胁评估”中考虑外国政府，包括国家机构或武装部队是否通过所有权结构或“重要融资”（significant funding）直接或间接控制收购方。这一额外标准被视为对国有企业支持的投资和国家支持的资金，特别是来自中国的资金数量增加的回应。[2]这一新出台的外资审查条例的监管力度远高于反垄断审查标准。[3]

（3）外国补贴监管机制

随着欧盟成员方对加强外国国有企业投资审查的呼声高涨，例如，荷兰政府提议全面改革欧洲竞争法，赋予欧盟以更大的审查权力。2019 年 12 月欧盟负责竞争事务的最高官员玛格丽特·维斯塔格（Margrethe Vestager）表示，欧委会在研究相关办法遏制外国国有企业的不公平竞争优势。2020 年 6 月 17 日欧委会发布了《针对外国补贴促进公平竞争白皮书》（*White Paper on Levelling the Playing Field as Regards Foreign Subsidies*）。经过与利益相关方的充分讨论后，欧委会于 2021 年 5 月 5 日通过了一项关于《针对扭曲内部市场的外国补贴条例》（*Regulation on Foreign Subsidies Distorting the Internal Market*）的立法提案。

---

〔1〕“Regulation（EU）2019/452 of the European Parliament and of the Council of 19 March 2019 Establishing a Framework for the Screening of Foreign Direct Investments Into the Union, PE/72/2018/REV/1”, available at https://investmentpolicy.unctad.org/investment-laws/laws/286/european-union-regulation-establishing-a-framework-for-the-screening-of-foreign-direct-investments-into-the-union, last visited on 2020-3-4.

〔2〕Tobias Heinrich, Tilman Kuhn and Mark Powell, “Foreign Direct Investment Reviews 2019: European Union——A New European Foreign Direct Investment Regulation Harmonizing Investment Controls Came Into Force”, available at https://www.whitecase.com/publications/insight/foreign-direct-investment-reviews-2020-european-union, last visited on 2019-12-17.

〔3〕［德］伦纳·库尔姆斯著，任宏达译：“中国对外投资与东道国政策”，载《国际法研究》2019 年第 1 期。

如前所述，EUMR 旨在处理外资收购中的市场垄断问题；《欧盟外商直接投资审查条例》意在处理战略性行业被外国国有资本控制引发的安全问题。而新发布的《针对扭曲内部市场的外国补贴条例》（草案）作为前两项制度的补充，拟赋予欧委会以更大的审查权力，以应对外国政府或国有企业的战略性投资与高新技术企业在欧经营问题。〔1〕具有国资背景的企业本已在外资安全审查和反垄断审查中受到特别关注，再加上外国补贴审查，相当于通过三重审查变相将国有企业排除在收购欧洲战略性投资和高新技术产业之外。〔2〕

值得注意的是，即便有些国家国内法并不存在对国有企业投资者进行额外审查的明确规定，也不能排除他们在审查过程中事实上歧视外国国有企业投资者。例如，尽管英国指出，投标人的所有制不会影响对其投标方式的考量，但表示“政府所有制可能会影响英国对投标是否引起公共利益关切的评估”，尤其是对投资者“是否受到政府影响以非商业方式追求政治目标的担忧”。同样，德国表示将考虑外国投资企业的所有制及其战略利益。〔3〕

在上述各国日益严苛的投资准入审查机制中，当外国国有企业投资者受到歧视性审查时，能否诉诸 IIAs 和 ISDS 仲裁寻求救济也开始成为学界讨论的热点问题。

（二）国有企业投资者难以诉诸“投资鼓励和促进”条款寻求救济

1. IIAs 中的“投资鼓励和促进”条款

大多数 IIAs 中皆载有“投资鼓励和促进”条款，缔约方负有

---

〔1〕 叶斌：“欧盟《外国补贴白皮书》的投资保护问题刍议”，载《国际法研究》2020 年第 6 期。

〔2〕 胡子南、高拴平：“欧盟推出外国财政补贴新监管机制的动向、影响和应对”，载《国际贸易》2021 年第 4 期。

〔3〕 Kathryn Gordon, “Foreign Government-Controlled Investors and Recipient Country Investment Policies: A Scoping Paper”, OECD, 2009, p. 19.

“促进”或以其他方式“鼓励”投资的一般义务。这类条款存在多种不同的表述方式，包括“应（shall）鼓励”“应促进和鼓励”“应尽可能促进”以及“应接受、鼓励和提供法律保护”。[1]然而，这项义务的范围通常会受到东道国国内法或外国投资政策的限制。[2]当国有企业投资者在准入前阶段遭受东道国歧视性审查时，投资者以东道国违反“投资鼓励和促进”条款为由诉诸ISDS仲裁能否获得救济？虽然尚不存在国有企业投资者基于上述情形诉诸ISDS仲裁的案件，但是根据ISDS机制对于“投资鼓励和促进”的解释，本书认为很难实现这一目的。

2. 仲裁庭对“投资鼓励和促进”条款的解读

尽管仲裁庭承认“投资鼓励和促进”条款下的义务范围尚存争议[3]，但是更强调东道国国内法的效力[4]，否认该条款赋予投资者以实体权利。例如，“White v. India案”裁决指出，就印度是否违反了BIT的投资促进条款（或者说准入前义务）而言，既有案例很少处理这一义务，尚不确定“鼓励和促进有利条件”的义务范围。仲裁庭支持学者纽康姆（Newcombe）和帕拉德利（Paradell）的观点，这一投资促进条款的规定不会创设实体性权利，

---

[1] See Ethiopia - Tunisia BIT (2000), Art. 8. 1; Albania - Qatar BIT (2011), Art. 3. 1; Australia-Malaysia FTA (2012), Art. 12. 13; Rwanda-United Arab Emirates BIT (2017), Art. 3. 1.

[2] Andrew Paul Newcombe and Lluís Paradell, *Law and Practice of Investment Treaties: Standards of Treatment*, Kluwer Law International, 2009, pp. 126-127.

[3] 在“Jan de Nul v. Egypt案”裁决中，仲裁庭就缔约方能否借助BIT中的投资促进条款确立一项积极义务（positive duty）表示怀疑，认为可以留待以后讨论。See Jan de Nul N. V. and Dredging International N. V. v. Arab Republic of Egypt, ICSID Case No. ARB/04/13, Award, 6 November 2008, para. 274.

[4] “MTD v. Chile案”仲裁庭强调国内法的效力。该裁决指出，BIT缔约方并不限制东道国根据其国内法律或政策行使权力，除非这种权力行使会违反BIT条款中的义务。See MTD Equity Sdn. Bhd. and MTD Chile S. A. v. Republic of Chile, ICSID Case No. ARB/01/7, Award, 25 May 2004, para. 99.

也不构成实体待遇。因为BITs促进投资的义务通常很弱并且需要遵守东道国国内法规定。在大多数BITs中，促进和鼓励投资是投资实体性和程序性保护的假定副产品。一般的促进和鼓励义务不会实现投资准入和投资设立的自由化，也不要求各国采取具体措施促进外国直接投资。因此，仲裁庭支持东道国的主张，认为BIT第3.1条中的准入前义务缺乏实体内容〔1〕，不构成缔约方对投资者实体权利作出的独立和积极承诺。〔2〕

（三）国有企业投资者难以诉诸“准入前NT”条款寻求救济

随着国际投资自由化要求的提高，有些BITs和FTAs的投资章节将准入前非歧视待遇条款纳入其中。然而，这一条款在实际适用中不仅面临着传统上准入后NT和MFN条款中认定“相似情形”等固有难题，而且条款本身的设计也限制了条款效力。

1. IIAs中的准入前非歧视待遇条款

准入前非歧视待遇通常规定在两类条款中：一是“投资者”和“投资”的定义条款。例如，在2018年《中美洲与韩国FTA》投资章节的定义条款中，缔约方不仅纳入宽泛的、以资产为基础的“投资”的定义，而且将“投资者”定义为“试图开展（seeks/attempts to make）、正在进行（is making）或已经（has made）投资”的主体。〔3〕这一“试图开展”语词可为投资者获得准入前

〔1〕《澳大利亚与印度BIT》第3.1条规定：“缔约一方应为缔约另一方投资者在其境内投资提供鼓励和促进的有利条件。每一缔约方应根据其偶尔适用的法律和投资政策允许此类投资进入。”

〔2〕 White Industries Australia Limited v. Republic of India, UNCITRAL, Final Award, 30 November 2011, paras. 9.2.5-9.2.13.

〔3〕 Free Trade Agreement Between the Republic of Korea and the Republics of Central America (2018), Art. 9.29. See also Investment Agreement of the Mainland and Hong Kong Closer Economic Partnership Agreement (2017), Art. 2 (2).

保护提供依据。二是 IIAs 中常见的准入前非歧视待遇条款，即"准入前 NT"条款和"准入前 MFN"条款。前者的常见表述为，"每一缔约方应给予另一方投资者不低于其在相似情形下给予其投资者在其境内投资的设立、收购、扩张、管理、行为、运营、销售或其他处置的优惠待遇"。[1]后者则通常规定为，"缔约一方的投资者在缔约另一方的领土内，在有关投资准入问题上，应享有不低于任何第三国投资者的待遇"。[2]

当国有企业投资者在准入阶段受到东道国歧视性投资安全审查时，上述条款似乎为投资者诉诸 ISDS 仲裁寻求救济提供了理论可能。[3]

2. 投资者寻求救济之实践阻碍

本书认为，基于如下原因，在实践中，投资者很难诉诸准入前非歧视待遇条款获得救济。

第一，载有准入前非歧视待遇条款的条约仍占少数且均列有负面清单。根据 UNCTAD 数据显示，在 2574 个 IIAs 中，只有 158 个包含准入前 NT 条款，182 个包含准入前 MFN 条款。[4]包含准入前非歧视待遇条款的条约通常附有涉及国家安全或国民产业利益的负面清单，包括金融、电信、交通运输和国防等行业。而在现实中，这些正是国有企业热衷于投资的领域，却被排除在 IIAs 保护之外。

---

〔1〕 See e. g. , Korea, Republic of Turkey Investment Agreement (2015), Art. 1. 4; Rwanda-United States of America BIT (2008), Art. 3. 1; Kuwait-Mauritius BIT (2013), Art. 4, etc.

〔2〕 Bangladesh-Japan BIT (1998), Art. 2. 2.

〔3〕 Rudolf Dolzer and Christoph Schreuer, *Principles of International Investment Law*, 2nd ed. , Oxford University Press, 2012, p. 90. 如果条约明确规定了准入前权利，而国内规则与这一权利不一致，国际仲裁庭将根据东道国的国际义务作出裁决。

〔4〕 UNCTAD, "Mapping of IIA Content", available at https://investmentpolicy.unctad.org/international-investment-agreements/iia-mapping. , last visited on 2022-2-16.

第二，缔约方通常会在 IIAs 中限制自身的投资准入前义务。包括明确“投资者”定义中“试图开展投资”的内涵，限制对该语词的宽泛解释。[1]例如，为了明确“试图开展”的定义，《中美洲与韩国 FTA》在该条脚注中作出如下说明：“只有当投资者已经采取了开展投资所必需的具体步骤时，才构成‘试图开展投资’的投资者。例如，当投资者已经正式申请了开展投资所需的许可证或执照，或者已经获得了设立投资的融资时”。[2]同样的限制性说明也可见于 CPTPP。[3]类似效果的缔约实践也可见于《综合经济与贸易协定》（CETA）的相关条款设计。CETA 第 8.6 条和第 8.7 条虽然规定了准入前 NT 和准入前 MFN，但是第 8.18 条将与投资“设立”和“收购”活动相关的争端排除在了 ISDS 机制管辖范围之外。

第三，缔约方倾向于排除 ISDS 机制对国家安全审查决定的管辖。例如，2012 年《中国与加拿大 BIT》在附录 D 中明确排除了 ISDS 机制对加拿大根据国内投资法进行投资安全审查的管辖权。CETA 也规定，成员方可以对国内安全审查程序进行保留。于加拿大而言，CETA 第 8.45 条和附件 8-C 明确将加拿大根据 ICA 作出的审查决定排除在 ISDS 机制管辖之外。2005 年《冰岛与墨西哥 BIT》第 23 条规定：“第 2 章的争端解决条款不适用于一缔约方出于国家安全原因，根据其国内立法，禁止或限制另

---

〔1〕 Vrinda Vinayak, “The Pre-Establishment National Treatment Obligation: How Common Is It?”, available at https://efilablog.org/2019/01/14/the-pre-establishment-national-treatment-obligation-how-common-is-it/, last visited on 2020-1-14.

〔2〕 Free Trade Agreement Between the Republic of Korea and the Republics of Central America (2018), Art. 9.29, footnote 14.

〔3〕 CPTPP 的脚注 12 明确了“投资者”定义中“试图进行投资”的含义，即指“当投资者已经采取具体行动或系列行动进行投资时，如为设立企业输送资源或资本，或申请许可证或执照”。

一缔约方的投资者在其领土上获得由其国民所有或控制的投资”。[1] 1998 年《墨西哥与荷兰 BIT》第 12 条规定：“本安排中的争端解决条款不适用于缔约方出于国家安全原因通过的决议。”[2] NAFTA 中也存在类似规定。CPTPP 的附件 9-H 也明确将澳大利亚、加拿大、墨西哥和新西兰的投资安全审查决定排除在该协定第 28 章和 ISDS 机制处理的争端范围之外。[3] 有学者指出，根据 CETA 和 CPTPP 的缔约实践，类似例外条款很可能会出现在欧洲与各亚洲国家的 FTAs 缔约实践之中。[4]

第四，即便缔约方未排除 ISDS 机制对国内审查的管辖权，IIAs 中也缺乏调查和审理东道国国内审查机制的相应程序和标准。例如，有学者指出，根据美国哥伦比亚特区联邦巡回上诉法院关于《外国投资与国家安全法》中正当程序权利的法理，投资者享有的最低待遇标准还应该包括对美国外国投资委员会（CFIUS）的审查和调查。然而，IIAs 并未就国家安全审查程序设定相应的调查和审理标准。[5] 这也表明缔约方不愿将其国内审查受制于仲裁庭的自由裁量权之内。此外，因外资安全审查程序通常缺乏透明度，导致申请方面临举证难题。例如，CFIUS 的审议记录通常不公开，因此仲裁庭很难评估 CFIUS 的行事动机

---

〔1〕 Iceland-Mexico BIT (2005), Art. 23.

〔2〕 Mexico-Netherlands BIT (1998), Art. 12.

〔3〕 CPTPP (2018), Chapter 9, Annex 9-H.

〔4〕 Locknie Hsu, “An Asian View on the CETA Investment Chapter”, in Makane Moïse Mbengue and Stefanie Schacherer eds., *Foreign Investment Under the Comprehensive Economic and Trade Agreement (CETA)*, Springer, 2018, p. 280. 因为 CPTPP 的缔约方包括一些亚洲国家，CPTPP 的达成表明这些国家接受将东道国投资安全审查机制排除在争端解决程序之外的缔约实践。

〔5〕 [德] 伦纳·库尔姆斯著，任宏达译：“中国对外投资与东道国政策”，载《国际法研究》2019 年第 1 期。

或依据。[1]

(四) 外国国有企业投资审查之 IIAs 发展可能

当前，关于将东道国对外国国有企业投资审查问题纳入 IIAs 的倡议和实践主要可归结于两个相互对立的目标。

第一，出于维护东道国国家安全或公平竞争环境之目的，利用 IIAs 强化对国有企业投资者及其投资的审查。就维护东道国国家安全而言，一些商业观察员要求美国政府在 2012 年 BIT 范本中纳入如下两项内容：一是针对国有企业投资的审查机制；二是监管国有企业投资者的商业竞争活动。然而，美国政府在最终范本中并未采纳这一建议，理由在于 IIAs 应以保护投资者免受国家不当监管为目标，而不应被用作限制外国投资者权利的平台。因此，当时的奥巴马政府将对在美外国投资进行监管的控制权留给了国内立法和行政部门。[2]本书认为，既有缔约和仲裁实践表明，东道国在规制国有企业投资者过程中已然处于优势地位，并无利用 IIAs 强化国家安全审查之必要。

以维护东道国市场公平竞争环境为重要内容的中欧 CAI，一方面，从外部信息披露和内部公司治理两个层面对国有企业政府提出透明度要求，方便外国监管者获取国有企业投资者的相关信息；另一方面，通过纳入补贴透明度规则，为缔约方审查彼此行为、执行规则提供必要基础。此外，中欧 CAI 中的补贴规则并不

---

〔1〕 有学者指出，事实上 CFIUS 所依赖的信息通常具有机密性和高度敏感性。这类信息很可能包括收集的参与交易者的数据和通过秘密手段收集的信息。美国几乎不可能向投资仲裁庭提供这种信息，并且可能会主张其没有这样做的国际义务（特别是在相关条约明确保护信息不被披露的情况下）。See Karl P. Sauvant, Lisa E. Sachs and Wouter P. F. Schmit Jongbloed, *Sovereign Investment: Concerns and Policy Reactions*, Oxford University Press, 2012, p. 350.

〔2〕 Mark Kantor, "Little Has Changed in the New US Model Bilateral Investment Treaty", *ICSID Review–Foreign Investment Law Journal*, Vol. 27, 2 (2012), pp. 374–375.

妨碍欧盟采取单边措施规制中国国有企业投资者，为欧盟采取单边自主措施，发展更严格的补贴规则留下了必要空间。[1]

第二，出于保护投资者的目的，利用 IIAs 澄清国内审查机制，减少国有企业投资者遭受不公平审查之担忧。[2]就外资安全审查而言，尤其是国家安全审查通常涉及较强的政治考虑，很难利用 IIAs 改变东道国国家安全审查程序之于国有企业投资者的特殊规制。[3]然而，随着各国对外资安全审查制度的强化，国家安全可能成为东道国用于限制外资的“万金油”。鉴于国家安全语词本身的模糊性，东道国审查机关掌握着较大的自由裁量权，可以借此回避“净收益标准”“反垄断审查”中的棘手问题。[4]对此，有学者建议，可以考虑在 IIAs 中要求缔约方增强国内安全审查程序的透明度，适当披露审查程序和证据；增加缔约方国内安全审查机制在一定日期内向被审查投资者提供“书面建议”等程序性要求。[5]虽然理论上可考虑移除 IIAs 中限制国内安全审查决定诉诸 ISDS 仲裁之障碍，但是实践中很少有国家愿意将国家安全问题完全交由投资仲裁庭自由裁量。本书认为，可以考虑在 IIAs 中纳入类似于 CPTPP 中的国有企业和指定垄断委员会的机构，为在准入阶段遭受歧视性审查的国有企业投资者提供磋商性质的救济平台。

---

〔1〕 石静霞、陈晓霞：“《中欧全面投资协定》：我国商签经贸条约的新范式”，载《国际法研究》2021 年第 5 期。

〔2〕 C. Fred Bergsten et al.，“Toward a US-China Investment Treaty”，available at https://www.piie.com/publications/piie-briefings/toward-us-china-investment-treaty，last visited on 2020-2-4.

〔3〕 Id.

〔4〕［德］伦纳·库尔姆斯著，任宏达译：“中国对外投资与东道国政策”，载《国际法研究》2019 年第 1 期。

〔5〕 C. Fred Bergsten et al.，“Toward a US-China Investment Treaty”，available at https://www.piie.com/publications/piie-briefings/toward-us-china-investment-treaty，last visited on 2020-2-4.

此外，就外国补贴审查而言，东道国的补贴审查决定是否构成间接征收或是否达到征收的程度，可能构成未来投资争端解决实践中的争议点，解决方案之一是澄清中欧 CAI 中的“征收”内涵。[1]

二、国有企业投资者母国措施之国际投资法规制

母国措施（Home Country Measures）是指，投资者母国政府或该政府设立的公共机构为其海外投资和投资者的设立、收购及扩张提供特定的利益。[2]与前文中东道国国有企业获得的竞争优势类似，随着国有企业投资者大规模海外扩张，其从母国措施中获得的竞争优势也引起了广泛关注。由于国有企业投资者所获得的优惠贷款、直接补贴等可能会扭曲东道国的投资环境，其境内其他投资者处于竞争劣势。[3]当前关于国有企业投资者母国措施的研究尚处于萌芽阶段，本部分拟从历史角度出发，探析国际投资法规制国有企业投资者母国措施之既有实践与未来发展。

（一）投资者母国措施之地位转型

1. “被遗忘”的母国措施

过去，投资者享有的母国措施或者说母国对投资者的激励措施很少受到关注。长期以来，关于“投资激励”和“投资补贴”的研究多集中于东道国为吸引外国投资所采取的税收、补贴优惠等激励措施。[4]传统上，国际投资法更关注于投资者保护和对东

---

〔1〕 叶斌：“欧盟《外国补贴白皮书》的投资保护问题刍议”，载《国际法研究》2020 年第 6 期。

〔2〕 Andrea Bjorklund, *Yearbook on International Investment Law & Policy 2012–2013*, Oxford University Press, 2014, p. 11.

〔3〕 Julien Chaisse and Tsai-Yu Lin, *International Economic Law and Governance: Essays in Honour of Mitsuo Matsushita*, Oxford University Press, 2016, p. 240.

〔4〕 See UNCTAD, “Home Country Measures”, 2001, p. 50; Zdenek Drabek and Petros C. Mavroidis eds., *Regulation of Foreign Investment: Challenges to International Harmonizatio*, World Scientific Publishing Company, 2013, pp. 197–231.

道国规制权的限制，聚焦于东道国激励措施与外资之间的关系，而忽视了母国措施的影响。

2. 鼓励适用母国措施

随着时代发展，21 世纪初，国际社会开始注意到投资者母国措施对于外国投资流动的影响。这一时期的国际投资主要源于发达国家，为了防止外国投资者在考虑投资目的地时对发展中国家造成不利影响，相关研究开始关注如何利用母国措施促进资本流入发展中国家以促进其经济发展。由于 IIAs 中与投资促进相关的条款均为不具有约束力的“政策声明”，发达国家是否采取母国措施推动其投资者进入发展中国家予以经济援助，很大程度上取决于发达国家的意愿和利益。[1]有鉴于此，2001 年 UNCTAD 报告曾提出，利用 IIAs 将母国措施条款的性质从“政策声明”转变为附有详细实施计划和监督机制的“约束性承诺”的方案，以提高母国措施在影响东道国发展中的透明度、可预测性和稳定性。[2]2007 年 UNCTAD 报告也进一步指出，“增强 IIAs 对于投资的促进作用有助于实现更加平衡的条约，大力强调投资保护显然更有利于资本输出方。因为事实上，资本输出方所获得的条约权利大于其受到的义务约束。更加重视投资促进可以建立一种平衡，因为人们会期望投资促进也成为外国投资者母国的一项任务，所以在 IIAs 中给予投资促进和投资保护以平等考虑有助于在缔约方间建立更稳定、更和谐的关系。”[3]由上可见，当时国际社会对于投资者的母国措施持有积极态度，并试图利用 IIAs 使母国措施在促进投资中发挥出更大作用。

---

[1] UNCTAD, “Home Country Measures”, 2001, p. 55.

[2] UNCTAD, “Home Country Measures”, 2001, pp. 53-55.

[3] “Investment Promotion Provisions in International Investment Agreements”, UNCTAD, 2007, pp. 82-83.

3. 限制适用国有企业母国措施

随着国际投资格局的变化，2008 年金融危机后新兴市场主权投资的兴起，导致国际社会对于“母国措施”的态度也发生了较大转变。在鼓励促进投资流向最不发达经济体的过程中，母国措施对其海外投资者的支持会在多大程度上扭曲东道国市场的投资环境开始吸引更多关注。[1]这是因为，尽管一国同时向其国内的国有企业和私人企业提供普适性的母国措施可以实现国内的竞争中立，但是在跨国投资活动中，这可能构成对竞争中立原则的违背。例如，在东道国的收购活动中，获得母国政府优惠融资的投资者相较于东道国国内的其他收购方会享有竞争优势。[2]这也是国有企业投资者所享有的母国措施获得特别关注的原因所在。[3]例如，2011 年时任美国副国务卿霍马茨指出，国有企业（和国家支持企业）从母国措施中享有某些优势可以使这些投资者在美国市场、第三国市场以及投资者母国市场上享有其不应享有的竞争优势。这可能会阻碍外国企业或外国商品和服务的市场准入，或者极大地提高准入成本。这既是一个重要的贸易问题，也是一个重要的投资问题，需要全面的贸易和投资规则予以

〔1〕 Rodrigo Polanco Lazo and Azernoosh Bazrafkan, “Investment Promotion and Facilitation for LDCs”, in M. Elsig, M. Hahn and G. Spilker eds., *The Shifting Landscape of Global Trade Governance: World Trade Forum*, Cambridge University Press, 2019, pp. 295-322.

〔2〕 Andrea Bjorklund, *Yearbook on International Investment Law & Policy 2012-2013*, Oxford University Press, 2014, p. 99.

〔3〕 因为国有企业可能会从母国措施中获得更多利益，如更快的批准程序。See Karl P. Sauvant and Michael D. Nolan, “China's Rising Outward FDI, Its Reception in Host Countries and Implications for International Investment Law and Policy”, in Benjamin L. Liebman and Curtis J. Milhaupt eds., *Regulating the Visible Hand? The Institutional Implications of Chinese State Capitalism*, Oxford University Press, 2015, p. 288.

规范。[1]

(二) 国际投资法构建母国投资补贴制度之规制进路

1. 母国投资补贴构成国有企业投资者的不公平竞争优势

在国有企业投资者获得的母国措施中，母国政府补贴是其不公平竞争优势的主要来源。具言之，国有企业可能从其政府享有很多竞争优势。然而，关键问题在于，这些优势在多大程度上能为国有企业在其海外市场所用。这些国有企业从国内补贴（包括直接补贴与间接补贴）获得的任何低成本优势都可被用于补贴出口或实施掠夺性策略压低其在国外的商品价格。但国有企业在其母国所享有的特权，如税收豁免、法律豁免或垄断权不会轻易被国有企业的子公司带到国外，除非他们能从东道国经济中获取同样的特权或豁免。因此，在国有企业国际化进程中，母国补贴自然成为主要问题。特别是，直接补贴和通过较低成本获得资本的间接补贴可被国有企业用于跨国并购。[2]自 2000 年以来，投资激励措施的总体使用频率有所增加，其中主要是东道国以提供补贴的方式吸引外资。值得注意的是，如果在东道国为吸引外资提供补贴的同时，母国对其外国投资者也提供补贴，投资者所享受的“双重补贴”更有可能扭曲东道国内部市场[3]，包括加剧对东道国投资市场的扭曲。

2. 规制母国投资补贴的国际规则供给不足

国内竞争机构通常承认，其在解决政府补贴问题上的无效性或执行工具的有限性。虽然一些地域内（如欧盟）的竞争部门可以实

[1] Robert D. Hormats, “Ensuring a Sound Basis for Global Competition: Competitive Neutrality”, available at http://2007-2017-blogs.state.gov/stories/2011/05/06/ensuring-sound-basis-global-competition-competitive-neutrality.html, last visited on 2020-5-6.

[2] Roberto Echandi and Pierre Sauvé eds., *Prospects in International Investment Law and Policy: World Trade Forum*, Cambridge University Press, 2013, p. 61.

[3] Id., p. 62.

施国家援助规则，但是欧盟只是少数情况。因此，规制母国补贴的主要依据通常是国际贸易法等其他法律规则而不是竞争法。〔1〕但是，国际贸易法规制的主要是贸易补贴，如WTO禁止出口补贴，而绝大多数国际法规范都没有明确禁止投资补贴。〔2〕

在此，有必要对投资补贴和贸易补贴进行简要区分。尽管母国投资补贴与《补贴与反补贴措施协定》（简称《SCM协定》）中的“贸易补贴”存在很多相似之处，但是两者也存在差异。区别之一在于两者目标不同，贸易补贴旨在推进贸易目标，而母国投资补贴旨在促进对外投资。当然，不排除贸易补贴也可能会影响国际投资流动。区别之二在于两者会引发不同的经济担忧。在贸易领域，补贴风险会扭曲比较优势和贸易模式。在投资领域，母国补贴则会导致外国直接投资的低效性并可能造成对东道国市场中其他投资者的挤出效应。〔3〕区别之三在于两者受到的国际规制不同。WTO《SCM协定》仅规制贸易补贴，而并不会规制与外国直接投资相关的补贴。母国投资补贴一般不会受到规制。〔4〕有学者提出投资仲裁可能是处理投资补贴的更好平台，投资仲裁庭应该审慎处理与投资补贴相关事宜，不要遵循《SCM协定》的补贴逻辑。〔5〕然而，传统上以保护投资为目的的国际投资法并不存

〔1〕 Antonio Capobianco, “Competition Law and Foreign-Government Controlled Investors”, OECD, 2009, p. 4.

〔2〕 Roberto Echandi and Pierre Sauvé eds., *Prospects in International Investment Law and Policy: World Trade Forum*, Cambridge University Press, 2013, p. 62.

〔3〕 Zdenek Drabek and Petros C. Mavroidis eds., *Regulation of Foreign Investment: Challenges to International Harmonization*, World Scientific Publishing Company, 2013, pp. 200-201.

〔4〕 Andrea Bjorklund, *Yearbook on International Investment Law & Policy 2012-2013*, Oxford University Press, 2014, p. 12.

〔5〕 Zdenek Drabek and Petros C. Mavroidis eds., *Regulation of Foreign Investment: Challenges to International Harmonization*, World Scientific Publishing Company, 2013, pp. 200-201.

在规制母国补贴的直接规范，更难将之诉诸投资仲裁。

既有投资缔约和仲裁实践均表明，在不存在特别规定时，国际投资法既不禁止东道国的补贴行为，也不妨碍母国的补贴措施。具言之，当前很多IIAs的NT和MFN例外条款中均包含政府补贴的例外规定。"Saluka v. Czech Republic案"仲裁庭也指出，IIAs中的FET标准并不禁止东道国的补贴行为。正如有学者所言，这表明在不存在特别规定的情况下，如果允许东道国通过补贴国内投资者来扭曲竞争，那么很难理解为什么不允许母国补贴其海外投资者。因此，想要适用国际投资法规制母国投资补贴行为，需要在IIAs中纳入专门的条款。[1]

3. 国际投资法规制国有企业投资者母国补贴之缔约实践

在过去20年中，政府对制定规则规制投资激励措施并未表现出多少政治兴趣，反而倾向于为政府保留充分的政策空间，通过投资补贴实现其战略目标和经济目标。[2]但是随着国际经济形势的变迁和国有企业的海外扩张，美欧开始积极推动这一领域规则的发展。从理论层面看，支持发展或者强化规制投资者母国措施的依据主要有两方面：一是母国补贴可能会导致较为贫穷的发展中国家的企业在与受母国支持的外国投资者竞争中处于明显的劣势地位；二是母国补贴对于国有企业海外投资中的影响会与日俱增，进而扭曲东道国的竞争环境。[3]

就美国政府而言，其在2012年BIT范本中拒绝纳入规制国有企业投资者竞争优势条款，到了2016年却试图将TPP国有企业

---

〔1〕 Roberto Echandi and Pierre Sauvé eds., *Prospects in International Investment Law and Policy: World Trade Forum*, Cambridge University Press, 2013, p. 88.

〔2〕 Pierre Sauvé and Marta Soprana, "Mission Impossible? The Political Economy of Disciplines on Investment Incentives", *Journal of World Trade*, Vol. 52, 2 (2018), p. 222.

〔3〕 Pierre Sauvé and Marta Soprana, "Mission Impossible? The Political Economy of Disciplines on Investment Incentives", *Journal of World Trade*, Vol. 52, 2 (2018), p. 224.

章节纳入中美*BIT*。[1]具言之，在2012年《美国BIT范本》草案的讨论阶段，有提案建议在该范本中纳入专门条款规制在美国投资的国有企业，以确保在美国投资生产性资产的国有企业不会以低于市场利率的价格获得融资和投入，也不会获得外国政府的其他反竞争性补贴。[2]然而，最终美国政府以投资条约的主要目的是保护投资为由，拒绝了这一提案。有评论指出，这项提议被否决意味着，在美国市场投资生产性资产的国有企业会从其母国政府获得低于市场利率的融资或其他利益（如赠款、股权注入、低于市场价格的投入），而不受美国法律中商业考虑规则的约束。这将对美国市场造成破坏性扭曲，使之无法为所有竞争者创造一个公平竞争的环境。

随后，美方的实践似乎与其前述立场背道而驰。2014年美中贸易全国委员会（USCBC）指出，中美BIT将禁止中国政府给予国有企业和中国私营企业以优惠待遇。[3]随后2018年生效的CPTPP/USMCA中纳入"非商业援助条款"对该问题进行规制，并且2019年美国商会提出的中美BIT草案也纳入了规制投资补贴的条款。[4]

于欧盟而言，欧盟认识到其境内投资的中国国有企业因不像

---

〔1〕 Julien Chaisse ed., *China's International Investment Strategy: Bilateral, Regional, and Global Law and Policy*, Oxford University Press, 2019, p. 195.

〔2〕 Sarah Anderson, "The New U. S. Model Bilateral Investment Treaty: A Public Interest Critique", available at https://webcache.googleusercontent.com/search? q=cache:k5N_J3dgU8cJ; https://ips-dc.org/the_new_us_model_bilateral_investment_treaty_a_public_interest_critique/+&cd=1&hl=zh-CN&ct=clnk&gl=us, last visited on 2020-5-9.

〔3〕 USCBC, "Bilateral Investment Treaties: What They Are and Why They Matter", available at https://www.uschina.org/reports/bilateral-investment-treaties-what-they-are-and-why-they-matter, last visited on 2021-10-11.

〔4〕 US Chamber of Commerce and Amcham China, "Priority Recommendations for US-China Trade Negotiations", Amcham China, 2019, p. 134.

欧盟企业受制于严格的竞争和国家援助规则，存在扭曲欧盟域内市场之风险。因此，2020 年底谈成的中欧 CAI 直接纳入补贴透明度条款，据此母国政府有义务应请求披露其对国有企业投资者的补贴，公布补贴的目的、法律基础、形式、预算数额及受补贴的对象。

前述美国和欧盟在缔约实践中出台的相关规范为国际投资法规制国有企业投资者的母国补贴提供了缔约“模板”。然而，从文本设计和规则安排来看，美国在缔约中明确将“非商业援助条款”纳入国有企业章节，强调对国有企业投资者母国补贴的专门规制。〔1〕而欧盟则依据所有制中性原则，倾向于将补贴规则独立于国有企业规则/章节，使之可适用于所有潜在投资者的规则，不论其所有制结构为何。学者对前述两种缔约路径存在不同看法，有学者认为，专门针对国有企业的规范可能会对国有企业和私人企业之间进行不必要且可能引发政治争议的区分。更为重要的是，考虑到政府对外国直接投资的财政和金融支持往往是在非歧视的基础上提供的，两者均可能引发不公平竞争问题。欧盟偏好的不区分所有制的规定可以涵盖因激励措施引发的所有竞争扭曲。〔2〕然而，也有学者认为，国有企业的竞争优势催生了对具体规则的需求。虽然私人行为者也可以采取各种反竞争做法，但是国有企业的自身特点放大了反竞争做法的影响。例如，他们更容易获得资金和优惠待遇，以及在市场上的强势地位。更具体地说，竞争优势通过降低国有企业固定或可变的生产成本，相当于为国有企业提供了直接或间接补贴。〔3〕

---

〔1〕 See CPTPP (2018), Art. 17.6 (3).

〔2〕 Pierre Sauvé and Marta Soprana, “Mission Impossible? The Political Economy of Disciplines on Investment Incentives”, *Journal of World Trade*, Vol. 52, 2 (2018), p. 225.

〔3〕 Ines Willemyns, “Disciplines on State-Owned Enterprises in International Economic Law: Are We Moving in the Right Direction?”, *Journal of International Economic Law*, Vol. 19, 3 (2016), p. 661.

结合上述分歧，本书认为，未来 IIAs 中规制国有企业投资者母国补贴具体条款的表现形式可能分为两种：一是专门针对国有企业投资者竞争优势的规制条款。例如，CPTPP 国有企业章节中“非商业援助”条款规定：“缔约方政府不得向其在另一缔约方投资的国有企业提供非商业援助”。二是不区分所有制的规制条款。例如，中欧 CAI 并未构建专门针对国有企业的补贴规则，主要在 WTO《SCM 协定》的基础上，将补贴透明度要求扩大至服务领域。相较于 CPTPP 中的“非商业援助”条款对政府补贴及国有企业补贴的严格限制，中欧 CAI 延续欧式反补贴规则的框架性规定，相对较为宽松[1]，仅要求政府有义务应请求披露其对国有企业的补贴，公布补贴的目的、法律基础、形式、预算数额、受补贴的对象，而未明确提及补贴的主体、对象、行为与结果之间的因果关系等问题。根据中欧 CAI 第 8.6 条和第 8.7 条规定，受到负面影响的利益范围限于投资协定中的投资利益，而不包括贸易利益。

然而，达成任何约束母国措施的国际协议是非常困难的，主要原因在于，各国政府通常在支持其跨国企业获得国际竞争力方面寻求灵活的政策空间。他们期望通过本国冠军企业在开展海外投资活动过程中提高其国内的经济绩效。[2] 有鉴于此，本书认为，IIAs 对于母国措施的初期规制更有可能表现为“宣示性”条款，辅以软性执行机制，减轻政府的履约压力。中欧 CAI 补贴透明度规则的争端解决即为例子，若一方的补贴行为已经或可能对另一方的投资利益产生负面影响，双方只能通过协商努力达成共

---

〔1〕 刘雪红：“国有企业的商业化塑造——由欧美新区域贸易协定竞争中立规则引发的思考”，载《法商研究》2019 年第 2 期。

〔2〕 Andrea Bjorklund, *Yearbook on International Investment Law & Policy 2012 - 2013*, Oxford University Press, 2014, p. 102.

同解决方案，而不得诉诸 SSDS 机制。[1]

4. 国际投资法规制国有企业投资者母国补贴之争端解决路径

在 IIAs 中不存在规制投资者补贴条款的情形下，也可以使国际投资争端解决机制发挥出一定的规制效果。

(1) 投资争端解决路径

在 IIAs 中不存在规制投资者补贴条款的情形下，东道国为避免其国内投资者遭受不公平竞争可能采取三种路径处理补贴问题：其一，东道国要求母国不向其海外国有企业投资者提供补贴，这种情形可能会引发国家间仲裁。其二，东道国与国有企业投资者签订合同，要求其承诺在并购或其他投资项目中不接受母国补贴，否则需承担相应责任。在这种情形下，当国有企业投资者未遵守承诺时，东道国可能会撤销对国有企业并购的批准。东道国也可能要求国有企业投资者将履行承诺作为其诉诸 ISDS 仲裁的前提条件，若投资者未能履行不接受母国补贴的承诺，就不能诉诸 ISDS 仲裁。东道国也可能以国有企业投资者违反合同承诺为由将其诉诸投资仲裁。[2]其三，将"补贴"纳入 NT 和 MFN 条款的"相似情形"要素分析之中。即若东道国给予国有企业投资者以歧视性待遇，国有企业投资者依据 NT 或 MFN 条款诉诸投资仲裁时，东道国可以国有企业投资者享有"母国投资补贴"为由，主张其与竞争对手方并非处于"相似情形"。上述实践意味着赋予了投资仲裁庭以较大的自由裁量权。[3]

---

〔1〕"Q&A：EU-China Comprehensive Agreement on Investment（CAI），30 December 2020"，available at https://ec.europa.eu/commission/presscorner/detail/en/qanda_20_2543，last visited on 2021-3-4.

〔2〕Yingying Wu，"Treatments of State-Owned Enterprises Under the Canada-China Bilateral Investment Treaty（CCFIPPA）"，*North Carolina Journal of International Law*，Vol. 42，2016，p. 399.

〔3〕Id.，p. 397.

(2) 将 ICSID 作为审查投资补贴的平台

有学者认为，作为世界上大多数外国直接投资的目的地，美国和欧盟在面对主权投资的公平竞争问题时可能会持有类似的观点〔1〕，因此在 TTIP 中有希望达成规制国有企业母国投资补贴的相关条款。美国和欧盟发布的联合公报可以成为多边谈判的起点。一旦就投资补贴达成国际协议，国际商会（ICC）、ICSID、PCA 等仲裁机构均可以作为审查母国投资补贴程度的重要平台。当企业面对补贴竞争对手的不公平竞标时，他们可以根据补贴规则向上述机制投诉。这一制度设计相当于将评估投资补贴的职能委托给一个独立国际机构，从而避免政治动机引发的裁决风险。〔2〕

(三) 国际投资法利用透明度条款之规制可能

在构建投资补贴制度（包括补贴透明度规则）之外，国际投资法也可能利用 IIAs 中既有的透明度条款规制国有企业投资者从母国措施中获得的不公平竞争优势。传统上，国际投资法对于透明度的关注一直以保护投资者权利和限制东道国权力为目的，从而促进更多的资本流入缔约国。然而，新一代 IIAs 开始越来越多地关注投资者的透明度问题。国有企业投资者与母国关系的不透明性也可能会推动 IIAs 中透明度条款的发展。

1. 既有 IIAs 中的投资者透明度条款

截至 2022 年 2 月，UNCTAD 数据显示，共有 70 个协定纳入了直接规制投资者透明度的条款，如《以色列与日本 BIT》、CETA、

〔1〕 Julien Chaisse, "State Capitalism on the Ascent: Stress, Shock, and Adaptation of the International Law on Foreign Investment", *Minnesota Journal of International Law*, Vol. 27, 2 (2018), p. 343.

〔2〕 Gary Hufbauer, Thomas Moll and Luca Rubini, "Investment Subsidies for Cross-Border M&A: Trends and Policy Implications", United States Council Foundation, 2008, p. 16.

《中国与韩国 FTA》等。〔1〕这些 IIAs 纳入投资者透明度条款旨在强调企业社会责任和实现可持续发展。在 IIAs 的序言和核心实体条款中提及企业社会责任最佳实践，这表明各国期望外国投资者自愿开展更多的可持续投资报告。这种报告将有助于东道国审查潜在的投资者并维系既有投资者。〔2〕

既有 IIAs 文本主要以四种方式规定投资者的透明度义务〔3〕：一是在 IIAs 序言条款中纳入《OECD 跨国企业准则》〔4〕，该准则第三节的内容即包括企业透明度的规定〔5〕；二是要求投资者遵守东道国国内法，从而间接规制投资者的透明度责任；三是赋予国家收集信息的权力〔6〕；四是国家同意以合作的方式要求投资

---

〔1〕 UNCTAD, "Mapping of IIA Content", available at https://investmentpolicy.unctad.org/international-investment-agreements/iia-mapping, last visited on 2022-3-1.

〔2〕 UNCTAD, *Transparency: UNCTAD Series on Issues in International Investment Agreements II*, 2012, p. 55.

〔3〕 Id., pp. 31-35.

〔4〕 Norway's Draft Model BIT (2015). Art. 31. 例如，在 2015 年《挪威 BIT 范本》第 31 条企业社会责任条款中规定："缔约双方同意鼓励投资者按照《OECD 跨国企业准则》开展投资活动……"在 2005 年《可持续发展国际投资协定范本》序言中指出："认可（affirming）……《OECD 跨国企业准则》……"

〔5〕 "要求企业及时公布与其活动、结构、财务状况、业绩、所有权和治理情况有关的重大事项的准确信息。这些重大信息包括但不限于：公司的财务和业务绩效；企业目标；主要股权和投票权，包括企业集团的结构和集团内部关系，以及强化控制机制；董事会成员和主要执行官的薪酬制度，以及董事会成员的资料，其中包括资质、遴选过程、在其他企业董事会当中的任职情况以及董事会是否认为其成员享有独立地位；相关方交易；可预见的风险因素；治理结构和政策，特别是公司治理守则或政策的文本及其执行过程等。同时，在该节的说明中，强调的信息涉及两个领域的信息公开。第一组信息公开建议与《OECD 跨国企业准则》提出的信息公开项目完全相同。相关说明提供了进一步指南，应对照说明来解释该准则提出的各项建议。第一组信息公开建议可与第二组建议相互补充，鼓励企业接受这些建议。信息公开建议主要针对的是公开上市企业。假如这些建议适用于企业的性质、规模和所在地，还应作为实用的工具，改善私人企业或国有企业等非上市交易企业的公司治理情况。"

〔6〕 参见 2007 年《阿塞拜疆与克罗地亚 BIT》第 3 条规定和《澳大利亚与美国 FTA》第 11.14 条规定。

者承担这种责任。

2. 国有企业透明度条款与东道国义务之可能冲突

当东道国国内监管机构要求国有企业投资者披露治理结构和投资计划，以评估国有企业投资者的动机时，这种透明度要求可能会与缔约方在IIAs中的义务相冲突。有的仲裁庭认为投资者负有合作义务并向金融当局提供信息，例如，“Aven v. Costa Rica案”仲裁裁决指出，由于申请方对于被申请方和仲裁庭负有善意和透明度的义务，仲裁庭要求申请方披露其向第三方出售项目财产的情况。[1]但是也有的仲裁庭认为，披露投资项目的长期计划不能作为评估投资者是否具有善意的标准。例如，“Saluka v. Czech Republic案”仲裁庭指出，要求投资者披露其通过购买股票或其他方式进行特定投资的最终目标既不合理也不现实。因为最终目标具有高度的推断性，也不会得到精确表达，而且会随着时间的推移而发生变化。[2]

对此，有学者指出，如果东道国希望国有企业遵守具体的透明度要求，就需要提供合理的论据。因为国有企业并不是唯一拥有不透明治理结构和投资策略的投资者，如果对冲基金或私人股本投资者不受类似披露要求的约束，那么将引发歧视性规制国有企业投资者的问题。此外，不良的透明度记录可能更多源于母国的企业文化，而并非取决于投资者是否受到政府所有或控制。这也意味着，东道国国内法对于国有企业投资者特殊的透明度要求可能会被认为构成武断或歧视而受到投资仲裁庭的严格审查。[3]

---

〔1〕 David R. Aven and Others v. Republic of Costa Rica, ICSID Case No. UNCT/15/3, Final Award, 18 September 2018, para. 286.

〔2〕 Saluka Investments B. V. v. The Czech Republic, UNCITRAL. Partial Award, 17 March 2006, para. 232.

〔3〕 Roberto Echandi and Pierre Sauvé eds., *Prospects in International Investment Law and Policy*: *World Trade Forum*, Cambridge University Press, 2013, pp. 84-85.

3. 有效利用透明度条款的未来缔约方案

（1）在序言中纳入专门规制国有企业透明度的软法规范

仿照既有 IIAs 在序言条款纳入《OECD 跨国企业准则》的缔约实践，可在序言中纳入专门规制国有企业透明度的软法规范。当前出台的很多软法性文件都包含与国有企业透明度相关的内容，除了上文提及的具有普适性的《OECD 跨国企业准则》，还包括与国有企业存在共性问题的、适用于主权财富基金（SWF）的《圣地亚哥原则》，专门适用于国有企业的《OECD 指引》以及这一指引在国有企业跨国经营中的适用指南，等等。若 IIAs 中明确提及这些原则可能会影响争端解决结果，诚然，这些义务仅具有"尽最大努力"的性质，出于某些必要原因它们的内容可能含糊不清，但如果将这些条款纳入 BITs 或 FTAs 的序言条款，就可被视为发出了一个明确的信号，即基于国际公认的公司治理标准的监管应该构成国有企业投资者"合理期待"（legitimate expectation）的一部分。有学者认为，推进这一实践有助于进一步平衡 IIAs 中国有企业投资者的权利与义务。[1]

（2）纳入独立的透明度条款

国际可持续发展机构（The International Institute for Sustainable Development，IISD）于 2005 年发布的《IIA 范本》中纳入了关于投资者透明度的独立条款，如第 15 条公司治理和实践（Corporate Governance and Practices）中的第 1 款就是关于透明度的要求："根据投资的规模和性质……投资应符合或高于所涉部门的国家和国际公认的公司治理标准，特别是透明度和会计实务标准……"诚然，纳入信息披露和透明度条款旨在为缺乏统一规则的公司治理问题设置一个最低标准。然而，不可否认这一条款能够发挥出规

〔1〕 Roberto Echandi and Pierre Sauvé eds., *Prospects in International Investment Law and Policy: World Trade Forum*, Cambridge University Press, 2013, p. 86.

制国有企业投资者“竞争优势”的效果。同时，根据该范本第28.1条规定，“东道国有权要求潜在投资者或其母国提供与其公司治理的历史及其作为投资者实践的相关信息，包括在其母国国内的投资。”2018年IISD建议在IIA中纳入更为详细的投资者披露义务，包括“投资者及其投资应……确保及时准确地披露与公司相关的所有重大事项，包括公司的财务状况、绩效、实益所有权（beneficial ownership）和治理、与环境责任相关的风险以及符合相关法规和要求的任何其他事项。”根据上述条款，国有企业投资者显然承担较高的披露义务。

（3）引入母国补贴披露制度

这一方案与中欧CAI中补贴透明度规则可同时适用于东道国和母国相区别，旨在引入专门针对母国补贴的披露制度。有学者提出，将母国补贴披露制度纳入IIAs，外国投资者应该披露收购前3年获得的所有补贴。其中，只有当补贴涉及低于市场条件提供的资本时，总计5%或更多的收购以及真正的竞争对手参与了投标的情形下，补贴才可以诉诸争端解决机制。最后，关于补贴是否实际上对某一投标产生特定影响的分析可能需要几个月的时间。因此如果仅确定补贴存在，而不是补贴对市场的影响，那么这种方法将更受欢迎。

值得注意的是，如果投资补贴在法律或事实上不以外国收购为条件，可能进一步减少对投资补贴的限制，但是具体规定不能仅因存在投资补贴即阻止收购。当然，如果公司没有披露足够的信息来排除这种可能性，那么仲裁庭在考虑收购合法性时应予以考量。这意味着，当私人投资者对收购标的进行善意出价时，东道国可以自由阻止国有企业、SWF或拥有大量补贴（即收购的5%或更多）的投资者的竞争性出价。但是，东道国不得阻止仅获“少量补贴的”投资者投标；在缺少真实对手方的情形下东道国也不得阻止补贴投资者或主权投资者投标，当然存在安全领域或特定部门的除外。这一披露制度可以附件的形式纳入 IIAs。[1]

（4）赋予透明度条款以约束力

当前，IIAs 中的透明度条款仅表现为软法规则，不存在强制执行机制。即便如此，仍呈现出一种趋势，即探索或“设计”（modelling）更具直接约束效果的投资者透明度义务条款。国有企业投资者的兴起可能会推动这一进程。例如，有学者指出，欧洲投资条约范本中可能会纳入关于国有企业或 SWF 的透明度义务规定。[2]在 2013 年斯特拉斯堡中欧 BIT 磋商中，欧盟议会的决议第 12 条强调通过该协定为欧盟和中国之间的公平竞争建立先决条件的重要性。为此，建议委员会就透明度和公平竞争谈判强有力（strong）和有约束力的（binding）条款，以便在国有企业和 SWF 投资实践中实现公平竞争环境。[3]然而，既有中欧 CAI 文本表明，不仅第 3 条项下的透明度条款中未要求受请求方负有遵守请求条款进行披露的直接义务[4]，第 8 条补贴透明度规则也缺少强制执行力。由此可见，透明度条款作为高水平国际承诺，缔约方更倾向于保留该条款的“宣誓性”。

---

[1] Roberto Echandi and Pierre Sauvé eds., *Prospects in International Investment Law and Policy: World Trade Forum*, Cambridge University Press, 2013, pp. 88-89.

[2] Marc Bungenberg, “The Scope of Application of EU (Model) Investment Agreements”, *The Journal of World Investment and Trade*, Vol. 15, 2014, p. 414.

[3] “European Parliament Resolution of 9 October 2013 on the EU-China Negotiations for a Bilateral Investment Agreement”, available at https://www.europarl.europa.eu/sides/getDoc.do?pubRef=-//EP//TEXT+TA+P7-TA-2013-0411+0+DOC+XML+V0//EN, last visited on 2020-10-9.

[4] Jürgen Kurtz and Baihua Gong, “The EU-China Comprehensive Agreement on Investment: A Model for Investment Coverage in the World Trade Organization?”, *RSC Working Papers*, 2021, p. 7.

本章小结

在国际投资法语境下，鉴于国有企业在国际投资中的“双重角色”，公平竞争问题也包括两个方面：其一，于东道国国有企业而言，其所获得的不公平竞争优势和歧视性给惠行为均可导致外国私人投资者在东道国市场中处于不利地位；其二，于国有企业投资者而言，其在东道国的投资既可能受到东道国的歧视性审查，也可能因母国补贴而扭曲东道国市场竞争环境。鉴于已生效的绝大多数 IIAs 中并不存在专门规制国有企业公平竞争的规定，本章遂从早期美国 IIAs 中国有企业公平竞争条款入手，解释该条款从产生到“消亡”的历史进程。接着，从东道国国有企业和国有企业投资者两个维度，考察既有投资仲裁实践、探析国际投资法规制国有企业公平竞争问题之难题，并结合国际经贸规则中公平竞争条款的体系化发展探析未来的规制可能。研究结论如下：

第一，就国际投资法规制东道国国有企业竞争优势而言，传统 IIAs 中的非歧视待遇条款难以规制东道国国有企业的竞争优势。但是 FTAs 中竞争中立条款、禁止非商业援助条款、国家援助条款、透明度和信息披露规则既可能构成投资仲裁庭系统性解释时所考量的“外部规则”，又可能被纳入 IIAs（如中欧 CAI 国有企业规则），也可能发展成规制东道国国有企业竞争优势的习惯国际法规则。此外，2012 年《美国 BIT 范本》、2019 年美国商会拟定的中美 BIT 草案、TTIP 的欧盟提案以及中欧 CAI 中的国有企业规则，皆为未来国际投资缔约实践提供了“模板”。

第二，就国际投资法规制东道国国有企业给惠行为而言，FTAs 中国有企业“非歧视条款”的不可仲裁性限制了 ISDS 机制对于该行为的规制可能。但是中欧 CAI 纳入“非歧视待遇与商业考虑规则”揭示该条款被重新纳入IIAs并辅之以国家间仲裁机制或友好型争端解决机制实施之可能。

第三，就国际投资法规制东道国对外国国有企业投资审查而言，面对东道国严苛且不透明的国内审查机制，国有企业投资者难以诉诸IIAs中的“投资鼓励和促进”条款、“准入前NT”条款寻求救济。本书认为，未来可以考虑利用IIAs要求缔约方增强国内投资审查机制的透明度等程序性标准，也可纳入类似CPTPP中的国有企业和指定垄断委员会这样的磋商平台，缓解国有企业投资者遭受不公平安全审查之担忧。

第四，就国际投资法规制国有企业投资者母国措施而言，出于对国有企业投资者扭曲东道国投资环境之担忧，美欧等发达经济体开始强调对母国投资补贴的规制。虽然绝大多数IIAs中尚不存在明确规制国有企业投资者母国措施的规则，但是中欧CAI纳入的补贴透明度规则以及既有IIAs中的透明度条款有潜力成为IIAs规制国有企业投资者母国措施的重要工具。

第四章

国际投资法规制国有企业之中国因应

自1978年改革开放以来，与中国从重要的资本输入国转型为兼具资本输入国和资本输出国“双重身份”相一致[1]，中国国有企业参与国际投资的过程也经历了从单方面“引进来”到“引进来”和“走出去”并重的过程。[2]中国国有企业在全球经济中占有的巨大比重、国有经济在中国特色社会主义市场中的重要作用[3]以及中国国有企业在战略资源部门的集中性[4]均使其在参与国际投资活动中更容易引发身份问题和公平竞争问题。尽管中国的私营部门开始成为经济发展的推动力量，促进了计划经济向竞争性市场经济的转型，但是国有企业尤其是中央国有企业仍然在诸如能源、交通、银行、电信和钢铁等战略部门居于主导

---

〔1〕 韩秀丽：“后危机时代国际投资法的转型——兼谈中国的状况”，载《厦门大学学报（哲学社会科学版）》2012年第6期；王彦志：“中国在国际投资法上的身份转换与立场定位”，载《当代法学》2013年第4期。

〔2〕 刘建丽：“国有企业国际化40年：发展历程及其制度逻辑”，载《经济与管理研究》2018年第10期。

〔3〕 Joshua P. Meltzer and Neena Shenai, “The US-China Economic Relationship: A Comprehensive Approach”, available at https://www.brookings.edu/wp-content/uploads/2019/02/us_china_economic_relationship.pdf, last visited on 2020-2-13; Luyao Che, *China's State-Directed Economy and the International Order*, Springer, 2019, p. 177.

〔4〕 Yuwen Li, Tong Qi and Cheng Bian eds., *China, The EU and International Investment Law*, Routledge, 2019, p. 198.

地位。[1]在经济逆全球化浪潮下，国际投资法规制虽在一定程度上有助于提升中国国有企业改革成效，促进统一、公平的国际投资市场的形成，但也可能成为发达国家用作遏制中国及中国国有企业发展的重要工具，因此本章拟结合中国投资缔约和仲裁实践，就国际投资法规制中国国有企业身份问题和公平竞争问题提供应对策略。

第一节　国际投资法规制国有企业身份问题之中国因应

根据联合国贸易和发展会议（UNCTAD）数据统计，从 1982 年与瑞典签署的第一个双边投资条约（BIT）至今，中国共签署了 146 个 BITs（包括已经失效和尚未生效的 BITs），24 个包含投资章节的自由贸易协定（FTAs）。绝大多数国际投资协定（IIAs）都是 2008 年之前签署的。2008 年至今共签署了 14 个 BITs 和 17 个包含投资章节的 FTAs。[2]其中，绝大多数 IIAs 对于国有企业身份问题“缄默不语”。本书认为，一方面在于，中国支持“所有制中立”原则，认为国际投资法无需差别对待国有企业和私人企业。另一方面在于，由于绝大多数中外投资条约缔结于国有企业投资者兴起之前，中国及缔约对手方并没有给予国有企业投资者过多关注。[3]

---

〔1〕 Xu Yi-Chong, *The Political Economy of State-Owned Enterprises in China and India*, Palgrave Macmillan Limited, 2012, pp. 1-2.

〔2〕 “China Bilateral Investment Treaties（BITs）”, available at https://investment-policy. unctad. org/international-investment-agreements/countries/42/china, last visited on 2022-2-23；“China Treaties with Investment Provisions（TIPs）”, available at https://investmentpolicy. unctad. org/international-investment-agreements/countries/42/china, last visited on 2022-2-23. UNCTAD 统计数据中并未包括中欧 CAI，本书将中欧 CAI 计算在内。

〔3〕 Yuri Shima, “The Policy Landscape for International Investment by Government-Controlled Investors：A Fact Finding Survey”, OECD, 2015, p. 11.

国际投资活动中，中国国有企业的身份问题既可出现在中国作为东道国的情况下，也可体现在中国作为投资者母国的情形中。有学者指出，国有企业的存在本身就模糊了国家的边界，在以“国家资本主义”为特征的国家，更难划清其国有企业与国家的界限，因为在这些国家，国有企业可能同时追求经济、社会和政治等一系列目标。[1]

一、中国作为东道国时中国国有企业身份问题及其因应

中国早期缔结的绝大多数 IIAs 中皆未纳入有关东道国国有企业身份认定的特别条款，但是自 2009 年起开始有协定纳入默认式条款。[2]诚然，在中国政府作为被申请方的已知仲裁案件中，尚未涉及中国国有企业的身份认定问题。然而，随着中国国有企业混合所有制改革的推进和外资准入领域的持续放宽，会吸引越来越多的外资参与国有企业的重组改制，与国有企业开展合资合作。[3]在外国投资者与中国国有企业发生投资争端时，很可能依据中外 IIAs 将中国政府诉诸投资仲裁。有鉴于此，本书拟从现存中外 IIAs 中条款的适用、未来条款的纳入以及国家实践三个方面为中国政府提供因应之策。

（一）积极援用中外 IIAs 中的既有国企归因条款

据本书考察，目前至少有 8 个中外 IIAs 中载有与国有企业归

〔1〕 Shaheeza Lalani and Rodrigo Polanco eds., *The Role of the State in Investor-State Arbitration*, Brill Nijhoff, 2015, pp. 402-403.

〔2〕 默认式条款是指：虽未明确提及国有企业，但明显包含国企行使权力情形在内。例如，《加拿大与尼日利亚 BIT》第 2.2 条规定：“B 节中的实体性义务应适用于行使该缔约方授予的任何监管、行政或其他政府权力的行为者。” See Canada-Nigeria BIT (2014), Art. 2.2. See also Canada-Mongolia BIT (2016), Art. 2.2; Canada-Hong Kong, China SAR BIT (2016), Art. 2.2.

〔3〕 “外资准入持续放宽”，载 http://www.xinhuanet.com/money/2019-12/19/c_1125363248.htm，最后访问日期：2020 年 12 月 19 日。

因相关的条款，即“国企行使政府授权”条款。这些条款的表述和性质存在些许差异：有的被纳入IIAs“措施”定义条款之中，有的被置于IIAs的范围条款项下，有的则出现在FTAs的初始条款之中（见表4-1）。虽然这些条款中均未明确提及国有企业，但是国有企业显然是“非政府机构”的应有之义。值得注意的是，在中外IIAs语境下，UPS v. Canada案中加拿大成功援用NAFTA第1503.2条排除《ILC草案》第4条的适用，使其作为国家机关的加拿大邮政负责的“名场面”不会“重演”。因为既有中外IIAs在纳入“国企行使政府授权”条款的同时，也通常纳入了要求一国需要为其国家机关行为负责的条款。[1]换言之，这些条款对国家责任的限制效果主要表现为排除《ILC草案》第8条中的归因情形。

表4-1　中外IIAs中“国企行使政府授权”条款示例

条款定位	条款表述示例	相关条约示例
IIAs的定义条款	“措施”是指一方采取的影响投资者和/或投资的任何法律、法规、规则、程序或普遍适用的决定或行政行为，缔约方包括：……（2）行使中央、地区或地方政府和机关授权的非政府机构	《中国与东盟投资协定》（2009年）第1（g）条；《区域全面经济伙伴关系协定》（RCEP）（2020年）第10.1（h）（ii）条；中欧《全面投资协定》（简称中欧CAI）（2020年）第2条

〔1〕 See e. g., ASEAN-China Investment Agreement (2009), Art. 1 (g) (i). “‘措施’是指，一缔约方包括其（i）中央、地区或地方政府和机关……采取的影响投资者和/或投资的任何法律、法规、规则、程序或普遍适用的决定或行政行为。” CAI (2020), Art. 2. “‘一缔约方的措施’或‘一缔约方的待遇’是指：(i) 中央、地区或地方政府和机关采取的措施或待遇……”

续表

条款定位	条款表述示例	相关条约示例
IIAs 的范围条款	一缔约方的义务在 A 节下的义务应适用于……（b）任何行使缔约方授予监管、行政或其他政府权力的非政府机构	《中国与毛里求斯 FTA》（2019 年）第 8.2（2）（b）条；《中国与加拿大 BIT》（2012 年）第 2.2 条
FTAs 的初始条款	每一缔约方应确保其各自的区域和地方政府、机关，以及行使中央、区域和地方政府或机关授予政府权力的非政府机构遵守本协定下的所有义务和承诺	《中国与瑞士 FTA》（2013 年）第 1.4 条；《中国与秘鲁 FTA》（2009 年）第 4 条

于作为东道国的中国政府而言，应积极援用“国企行使政府授权”条款作为限缩国家责任的抗辩事由。当外国投资者依据《国家对国际不法行为的责任条款草案》（简称《ILC 草案》）第 8 条要求中国政府为其非国家实体（包括国有企业和其他实体）不法行为负责时，应在抗辩中积极适用中外 IIAs 中的默认式条款排除《ILC 草案》归因规则适用。既有仲裁实践表明，如果被申请方不提出，仲裁庭通常不会主动适用条款排除《ILC 草案》中更宽泛归因规则的适用；当被申请方提出时，皆获得仲裁庭支持。

（二）未来中外 IIAs 国企归因条款的纳入策略

晚近中外 IIAs 缔约实践中频繁出现“国企行使政府授权”条款似乎预示着该条款极有可能成为未来中外 IIAs 文本的“标配”。一方面，从中国国企改革进程来看，中国政府在未来缔结或修订 IIAs 时，确实有必要纳入“国企行使政府授权”条款。“十三五”期间，中国国有企业全面完成了公司制改制，从法律上厘清了政府与企业的职责边界，解决了长期以来政企不分的问题。[1]这意味着客观上降低了国有企业行为被认定为行使政府授权之可能。2020 年 8 月正式启动国企改革三年行动，未来国有企业混合所有制改革的范围将逐渐扩大，改革力度也将进一步深化。[2]随着外资准入负面清单的连年缩减，外资将更多地参与国企混改。在这一过程中，外国投资者与中国国有企业的摩擦概率无疑会大幅提高。由于中国国有企业在高铁、电信、能源等重要行业和关键领域保持着主导地位，加上多份中央政策文件和多次领导人讲话中强调党的领导在国企改革中的重要作用，国有企业的行为很有可能被认定为受“政府指示、指挥或控制”，并依据《ILC 草案》第 8 条要求政府为其不法行为负责。[3]因此，国企混改进程中，在中外 IIAs 中纳入“国企行使政府授权”条款可以起到“安全阀”的作用，排除《ILC 草案》第 8 条的适用，为政府与特定市场之间关系的转型以及国有企业党委领导的制度完善提供必要的“缓冲期”。[4]

另一方面，不能忽视这一条款的纳入可能会削弱 IIAs 对中国海外投资者的保护。因此，未来中国在缔结或更新 IIAs 时，也需要“双向”评估中国投资者在东道国当地投资的行业或领域受政府控制的情况，以及该国投资者在中国投资的行业或领域是否存

〔1〕 姚坤森：“‘十三五’期间国企改革取得哪些成果？权威解答来了”，载 https://politics.gmw.cn/2021-02/23/content_34636991.htm，最后访问日期：2022 年 2 月 20 日。

〔2〕 陈奥：“【国企改革盘点及展望】以三年行动为主线 国资国企改革迎来‘十四五’新起点”，载 http://news.xinhua08.com/a/20201231/1970451.shtml，最后访问日期：2022 年 2 月 18 日。

〔3〕 参见中共中央办公厅印发的《关于在深化国有企业改革中坚持党的领导加强党的建设的若干意见》。

〔4〕 参见王少棠：“国家与国有企业关系——论归因规则在国际投资仲裁中的适用”，载《北京仲裁》2019 年第 2 期。

在大量国有企业。例如，若中国与南非双方打算更新1997年的《中国与南非BIT》，应综合考察中国投资者在南非拥有大量国有企业的电力、交通、能源、通信等领域的投资情况[1]以及南非投资者在中国投资行业的国有企业体量，再决定是否纳入“国企行使政府授权”条款。

此外，关于未来纳入“国企行使政府授权”条款的表述宜坚持默认式并澄清其与《ILC草案》归因规则之间的适用关系。中方已正式申请加入的《全面与进步跨太平洋伙伴关系协定》（CPTPP）在投资章节范围条款下载有明确提及“国有企业”的“国企行使政府授权”条款[2]，这种传统上的美式条款从未出现在中外IIAs之中。虽然不少学者认为这一条款会对我国国有经济构成巨大的潜在威胁[3]，但是既有实践表明该条款会产生限缩国家责任的效果，于中国而言具有可接受性。[4]诚然，是否明确提及“国有企业”并不会影响该条款的适用效果，但是本书认为中国在未来的缔约实践中宜坚持“所有制中性”立场，不对国有企业和私人企业进行区别对待，坚持采纳与RCEP、中欧CAI和《中国与加拿大BIT》相一致的表述。同时在纳入这类条款时也应阐明该条款与《ILC草案》归因规则之间的适用关系。例如，通

---

〔1〕“南非国企改革为中企投资带来商机”，载https://www.caetexpo.org.cn/html/2020/headlines_0211/1223.html，最后访问日期：2022年2月18日。

〔2〕“中方正式提出申请加入《全面与进步跨太平洋伙伴关系协定》（CPTPP）”，载http://www.mofcom.gov.cn/article/news/202109/20210903199707.shtml，最后访问日期：2022年2月18日。

〔3〕参见单文华、张生：“美国投资条约新范本及其可接受性问题研究”，载《现代法学》2013年第5期。类似观点也可见于韩冰：“美国对外投资政策法律新进展——基于2012年美国双边投资协定范本的分析”，载《国际经济评论》2013年第5期；王秋雯：“‘一带一路’背景下国有企业海外投资的法律挑战与中国因应”，载《东南学术》2019年第4期。

〔4〕详见张金矜：“论IIAs中‘国有企业行使政府授权’条款对国家责任范围的限缩”，载《国际经济法学刊》2021年第4期。

过脚注的形式指出，本条的适用（不）排除《ILC 草案》第 8 条的适用。在充分保障中国海外投资者利益的同时，为 IIAs 的“升级”与“完善”贡献中国智慧。

（三）在官方声明和新闻报道中审慎界定国有企业身份

诚然，将国有企业特别归因规则纳入 IIAs 能够有效降低国有企业行为引发东道国责任之风险，但是考虑到当前绝大多数中外 IIAs 中并不存在相关规范，而从条约的磋商、缔结到生效往往并非“一蹴而就”，甚至有的协定从缔结到生效历时 13 年之久。[1] 有鉴于此，在中外 IIAs 中尚未全面纳入“国企行使政府授权”条款的现实背景下，为降低中国国有企业被认定为“受政府指示、指挥或控制”之可能，中国政府应注意其在官方声明或新闻报道中对于国有企业身份的认定。因为既有仲裁实践表明，这些官方声明或新闻报道都有可能构成仲裁庭将国有企业行为归因于国家的有力证据。[2]

二、中国作为母国时中国国有企业身份问题及其因应

随着中国国有企业投资者向海外大规模扩张，其在国际投资仲裁中的诉请资格也开始遭受质疑，如“Beijing Urban Construction v. Yemen 案”和“Beijing Shougang and Others v. Mongolia 案”。尽管既有投资仲裁实践尚未出现否认国有企业投资者诉请资格之先

---

〔1〕 大多数 IIAs 从缔结到生效即需要 1—2 年时间。See ASEAN-Hong Kong, China SAR Investment Agreement (2017), Mexico-United Arab Emirates BIT (2016). 有的 BITs 从缔结到生效甚至经历了 13 年之久。Guyana-Switzerland BIT (2005), Date of Signature: 13/12/2005, Date of Entry into Force 02/05/2018. See UNCTAD, “Mapping of IIA Content”, available at https://investmentpolicy.unctad.org/international-investment-agreements/iia-mapping, last visited on 2022-3-1.

〔2〕 如“Deutsche Bank v. Sri Lanka 案”“Flemingo DutyFree v. Poland 案”“UABE Energija v. Latvia 案”和“CC/Devas v. India 案”。

例，但是随着关于考察国有企业投资者“目的要素”呼声的不断高涨，可能会加剧国有企业投资者受保护地位的不确定性。本书认为，为了尽可能减小这种不确定性，中国的最佳缔约方案是将国有企业纳入受IIAs保护的范围之内；在诉诸投资者与东道国争端解决（ISDS）仲裁之前评估国有企业投资者与东道国政府之关系，选择合适的投资仲裁机制。此外，应该审慎处理国有企业主权豁免与ISDS诉请资格之间的关系。

（一）明确将国有企业纳入投资者定义

在中国早期缔约实践中，绝大多数IIAs均未将国有企业纳入投资者定义，而且存在“非对称投资者定义”〔1〕和“不统一投资者定义”的缔约实践。〔2〕不可否认，从条约有效解释角度来看，由于20世纪末中国绝大多数对外投资者均为国有企业〔3〕，即便中国当时缔结的IIAs中并未明确将国有企业纳入被保护的投资者定义，也应该视为其应有之义，否则将违背互惠原则，导致条约无效。〔4〕如果说过去中国在投资缔约实践中未将国有企业纳入“投资者”定义，可以中国海外投资者几乎全由国有企业构成强调“投资者”包含国有企业投资者的必然性。那么，考虑到晚近中国海外私人投资者数量的大幅增长（见图4-1）中国再缔结

〔1〕 所谓非对称投资者，是指在同一个投资条约中，缔约一方将国有企业明确纳入投资者的定义，而另一缔约方并未作出类似规定。See China-Ghana BIT (1989), Art. 1. China-Qatar BIT (1999), Art. 1.

〔2〕 同一国家在与不同国家缔结IIAs时，有时明确将“国有企业”纳入投资者定义，有时仅使用较为宽泛的语词，如“经济实体”。See China-Mongolia BIT (1991), Art. 1. 2.

〔3〕 在1978—1991年改革开放初期，中国对外直接投资的主体是清一色的国有企业。在1992—2000年这一时期，能源矿产类企业对外投资仍占据投资流量的绝大部分。参见刘建丽：“国有企业国际化40年：发展历程及其制度逻辑”，载《经济与管理研究》2018年第10期。

〔4〕 Shaheeza Lalani and Rodrigo Polanco eds., *The Role of the State in Investor-State Arbitration*, Brill Nijhoff, 2015, p. 385.

IIAs 时，有必要将国有企业纳入“投资者”定义，以降低投资仲裁庭对中国国有企业投资者地位作出不利解释或不利推定之风险。不仅如此，即便中国国有企业在中国企业对外投资中的比例在下降，但是也占据着“半壁江山”，如果中外 IIAs 不能有效保护中国国有企业投资者，那么将大大降低条约的有效性。[1]

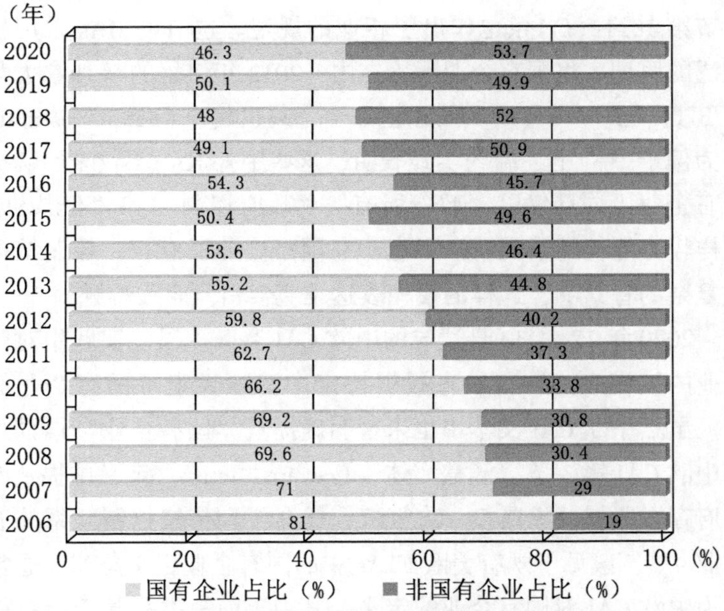

图 4-1　2006—2020 年中国国有企业和非国有企业对外非金融类直接投资存量占比情况

2008 年之后，中外 IIAs 缔约实践已经开始将国有企业纳入投资者定义。虽然未直接纳入“国有企业”语词，但是在界定 IIAs 中“企业”语词范围时，纳入了“不论其是否由私人或政府所有

〔1〕 Yuwen Li, Tong Qi and Cheng Bian eds., *China*, *The EU and International Investment Law*, Routledge, 2019, p. 207.

或控制”的表述。例如，2011 年更新的《中国与乌兹别克斯坦 BIT》第 1.2 条定义部分规定：“‘企业’一词是指任何实体，包括根据任一缔约方的适用法律和条例成立或组成的公司、协会、合伙企业和其他组织，在该缔约方拥有其席位和实质性商业活动，不论其是否盈利，也不论其是由私人还是由政府所有或控制的。”2012 年签署的《中日韩投资协定》第 1.4 条和 RCEP 投资章节第 10.1（f）条也作出了相似的规定。也有的 IIAs 采用较为宽泛的语词，将国有企业涵盖在内，2012 年签署的《加拿大与中国 BIT》第 1.10（a）条规定的“公共机构”（public institution）即为例子。[1]上述缔约实践表明，这些中外 IIAs 不仅未明确提及国有企业语词且仅以“政府所有”“政府控制”和“公共机构”这样较为笼统的语词予以界定，在国有企业所有权、控制结构日益复杂的背景下，这样的模糊表达难免会引发实践难题。

2020 年 12 月 30 日达成的中欧 CAI 突破了以往实践中对国有企业的模糊表述，首次在投资协定中清晰界定了国有企业的范围。虽然中欧 CAI 文本中也未曾明确提及“国有企业”语词，但是中欧 CAI 第 3 条“涵盖实体”（covered entity）定义中提及的与政府存在股权、投票权、决策权、任命权和依法控制联系的五类企业[2]，散见于既有美欧 FTAs 中的国有企业定义条款，通常被视为中欧 CAI 对国有企业的定义。其中，前三类是基于所有权受政府控制的企业，包括：由政府直接或间接持股 50%以上的企业；由政府通过直接或间接所有者权益行使 50%以上投票权，直接或间接控制的企业；由政府通过任何其他所有者权益，包括少数所有权，直接或间接享有控制企业决策权力的企业。后两类基于政府“任命权”和“依法受政府控制”联系的定义，突破企业

〔1〕 Canada-China BIT (2012), Art. 1.10 (a).

〔2〕 See CAI, Art. 3bis. 1 (a) (b).

与政府的所有权联系，扩张至受政府事实控制的私营企业。

值得注意的是，既有美欧 FTAs 缔约实践中多以“从事商业活动”或“主要从事商业活动”作为国有企业的界定要素，中欧 CAI 并不存在类似要求。本书认为中欧 CAI 中国有企业定义条款未强调对国有企业主体提出“商业”要求的原因之一在于，中欧 CAI 国有企业定义的适用范围限于涵盖实体条款。而在其他美欧 FTAs 中国有企业章节可以优先于投资章节适用。[1]这意味着国有企业章节中的国有企业定义条款会影响适格投资者的范围，即只有从事或主要从事商业活动的国有企业才可构成投资章节中受保护的投资者，排除对行使政府职能的国有企业投资者的保护。[2]而在中欧 CAI 中并不存在类似问题，因为中欧 CAI“涵盖实体”的脚注明确指出，界定涵盖实体的目的是确定本小节的适用范围。[3]鉴于中欧 CAI 中的投资者与国家间争端解决机制有待未来进一步磋商，涵盖实体部分的国有企业定义是否会影响投资者的诉请资格尚不可知。但是本书认为，中欧 CAI“涵盖实体”定义对“由政府直接或间接所有”和“受政府直接或间接控制”类型企业的详细列举，未来很有可能成为投资争端解决机制判断投资者是否“由政府所有或控制”[4]的重要考量。

（二）选择合适的投资仲裁机制

国有企业被纳入 IIAs 的投资者定义条款并非其获得国际投资争端解决中心（ICSID）诉请资格的“保票”。因为根据布罗切斯（Broches）标准，如果国有企业投资者被认定为“政府代理人”或

---

〔1〕 See CPTPP, Art. 9. 3（1）. “如果本章与本协议的其他章节有任何不一致之处，则以其他章节为准。”

〔2〕 Mark McLaughlin, “Defining a State-Owned Enterprise in International Investment Agreements”, *ICSID Review-Foreign Investment Law Journal*, Vol. 34, 3（2019）, p. 107.

〔3〕 CAI, Art. 3 bis, footnote 5.

〔4〕 CAI, Art. 2.

者“履行政府职能”时，就不能诉诸ICSID仲裁。不仅如此，鉴于中国国有企业往往具有多重目标，若未来投资仲裁庭将“目的要素”纳入考量，则很有可能导致国有企业投资者被剥夺诉请资格。对此，本书认为，国有企业投资者在诉诸投资仲裁之前应审慎评估其是否具备《关于解决国家与其他国家国民之间投资争端公约》（简称《ICSID公约》）中的私人投资者身份，如果可通过布罗切斯标准检验，从裁决执行角度考虑还是应该优先诉诸ICSID仲裁。若评估发现国有企业投资者行为存在归因于母国政府的可能性，那么可以选择国际商会（ICC）、瑞典斯德哥尔摩商会仲裁院（SCC）、海牙常设仲裁法院（PCA）等其他争端解决机制寻求救济。

这些非ICSID仲裁机制不要求申请方必须为私人实体。由PCA裁决的“Tatneft v. Ukraine案”即为例。2014年乌克兰请求巴黎上诉法院撤销“Tatneft v. Ukraine案”的最终裁决以及2010年9月关于管辖权的部分裁决，然而被法院驳回。其中，关于投资仲裁庭对国有企业投资者的属人管辖问题，上诉法院认为，《俄罗斯与乌克兰BIT》并不要求投资者是私人实体，只要投资者并非其母国政府的“简单延伸”（simple emanation），即具有ISDS诉请资格。换言之，只要投资者享有自治性即可。该案上诉法院指出，因为俄罗斯鞑靼斯坦共和国只持有申请方36%的股份，所以其并未受到塔涅夫特公司（Tatneft）与政府关系之困扰。然而，即便鞑靼斯坦政府持有塔涅夫特公司的“黄金股份”有权否决塔涅夫特公司的某些决定，抑或鞑靼斯坦总统担任塔涅夫特公司董事会主席，仍然不会否认塔涅夫特公司享有“结构、组织和决策自主权”。[1]

---

[1] “Updated: Paris Court of Appeal Weighs in on Russia-Ukraine BIT Awards”, available at https://www.iareporter.com/articles/paris-court-of-appeal-weighs-in-on-russia-ukraine-bit-awards/, last visited on 2020-11-2.

有鉴于此，本书认为，中国国有企业投资者在诉诸投资仲裁之前，可以根据其与政治中心的距离、国家所有的程度、投资部门的特点（即是否具有市场竞争性）、国有企业的领导层特点以及国有企业的行为动机（即是反映国有企业自身利益还是反映中央政府的政策或者党中央的决策）〔1〕，选择适当的救济平台。如果国有企业的政治级别较高、国家所有水平较高（如全资国有企业），或领导层中存在政治人物，这些国有企业可以诉诸母国的正式或非正式外交支持，或者诉诸非 ICSID 争端解决机制。而那些政治影响力较小的国有企业则可以直接诉诸 ICSID 仲裁。〔2〕

（三）妥善处理豁免抗辩与 ISDS 诉请资格之间的关系

国有企业在外国国内法院主张豁免，可能会影响国有企业未来在 ISDS 中的诉请资格。例如，瑞士联邦外交部声明指出，瑞士 BITs 保护在国外投资的国家和国家实体，除非他们行使了国家的统治权（jure imperii），根据国家豁免规则享有豁免权。〔3〕中国海外投资者在东道国法院被诉时，常常会提出豁免抗辩，实践中也不乏成功的案例。〔4〕然而，这可能会导致该企业未来无法成

---

〔1〕 Shaheeza Lalani and Rodrigo Polanco eds., *The Role of the State in Investor-State Arbitration*, Brill Nijhoff, 2015, p. 399.

〔2〕 Shaheeza Lalani and Rodrigo Polanco eds., *The Role of the State in Investor-State Arbitration*, Brill Nijhoff, 2015, pp. 401-402.

〔3〕 See Claudia Annacker, "Protection and Admission of Sovereign Investment Under Investment Treaties", *Chinese Journal of International Law*, Vol. 10, 3 (2011), p. 535.

〔4〕 参见在美国法院存在中国国有企业主张国家豁免的案例。其中代表性案例有三起：彩虹集团公司阴极射线显像管反垄断案；中国建材集团有限公司石膏板产品责任案；中国航空工业集团有限公司作为共同被告从美国通用汽车公司处收购耐世特（Nexteer）投资争议案。这些中国作为被告的中国国有企业被申请方，主张自己是中国国务院国资委直属的国有企业，且没有在美国从事商业活动或者从事的商业活动不构成在美国的"直接影响"，不受《外国主权豁免法》的管辖。李庆明："论中国国有企业在美国民事诉讼中的国家豁免"，载《江西社会科学》2018 年第 11 期。

为ISDS中的适格申请方，甚至在无形中为国有企业“走出去”设置了障碍。[1]对此也有学者持不同看法，认为即便中国国有企业在外国法院不提出豁免抗辩，东道国也不会因此放宽对国有企业的准入限制。[2]考虑到中国国有企业作为国际投资的重要实体，在海外的基础设施建设、能源资源开发、国际产能合作等领域承担了重要的投资项目，未来有必要进一步妥善处理豁免抗辩与ISDS诉请资格之间的关系，在维护国有企业投资者在东道国国内法院被诉案件中的合法权益的同时，也要为国有企业投资者寻求国际救济扫清障碍。例如，当中国国有企业投资的东道国尚未与中国政府达成IIAs时，美国即为例。在这种情况下，基本上不涉及中国国有企业诉诸国际投资争端解决机制寻求救济的可能，那么在美国法院应诉时，宜积极主张豁免维护自身合法权益。而面对与中国存在IIAs缔约关系的东道国，中国国有企业在东道国法院应诉时宜审慎评估，再决定是否提起豁免抗辩。

第二节　国际投资法规制国有企业公平竞争问题之中国因应

中国国有企业具有强大的经济影响力[3]，随着其对国际投资活动的深入参与，引发了国际社会对国际投资公平竞争环境之

---

〔1〕 余缨：“国有企业在仲裁裁决执行过程中的官方豁免问题——以中煤能源案为例”，载 http://www.hnchangyan.com/lawyer/lawyerpoint_browse.php? pid=1527&py=yuying&city=14，最后访问日期：2020年11月2日。

〔2〕 李庆明：“论中国国有企业在美国民事诉讼中的国家豁免”，载《江西社会科学》2018年第11期。

〔3〕 例如，2021年《财富》世界500强企业中有82家中国国有企业登榜。SASAC, “82 Chinese SOEs Listed Among 2021 Fortune Global 500”, available at http://en.sasac.gov.cn/2021/08/03/c_7528.htm, last visited on 2022-2-22.

担忧。[1]，2015年中国国务院印发的《中国制造2025》通知进一步加剧了这种担忧。[2]近年来，美欧等发达经济体通过政府间联合宣言[3]、世界贸易组织（WTO）现代化改革提案[4]、FTAs中重塑国有企业规则[5]、域内单边立法[6]等多个平台强化对国有企业的规制，旨在消除中国国有企业的“因公优势”。国有企业公平竞争规则也成为晚近美国、欧盟与中国三大经济体分别进行双边投资协定谈判的重要议题。

面对质疑，中国一方面不断推进国有企业实质性改革。具体举措包括：①以竞争政策规范约束政府行为；②对国有企业进行分类管理，淡化商业类国有企业的所有制色彩，不因其“国有属性”即给予补贴、资源、政策等优惠或特权，要求商业类国有企业遵守高标准的透明度标准；③坚持政企分开和政资分开。[7]另

---

[1] See “5th Annual Conference on Investment Treaties and Level Playing Fields”, available at https://www.oecd.org/investment/investment-policy/OECD-Investment-Treaty-Conference-agenda-March-2019.pdf, last visited on 2020-3-4.

[2] Melissa Cyrill, “What Is Made in China 2025 and Why Has It Made the World So Nervous?”, available at https://www.china-briefing.com/news/made-in-china-2025-explained/, last visited on 2022-2-22.

[3] See e.g., “Joint Statement of the Trilateral Meeting of the Trade Ministers of Japan, The United States and the European Union”, available at https://ustr.gov/about-us/policy-offices/press-office/press-releases/2020/january/joint-statement-trilateral-meeting-trade-ministers-japan-united-states-and-european-union, last visited on 2022-2-23.

[4] “European Commission for Trade, Concept Paper, WTO Modernisation, Introduction to Future EU Proposals”, available at https://trade.ec.europa.eu/doclib/docs/2018/september/tradoc_157331.pdf, last visited on 2022-2-23.

[5] See e.g., CPTPP, Chapter 17. USMCA, Chapter 22.

[6] See e.g., “Brussels, Commission Adopts White Paper on Foreign Subsidies in the Single Market”, available at https://ec.europa.eu/commission/presscorner/detail/en/ip_20_1070, last visited on 2022-2-23.

[7] “国企改革发展要主动适应公平竞争”，载 http://www.xinhuanet.com/fortune/2018-08/08/c_1123237417.htm，最后访问日期：2020年8月8日。

一方面，中国开始积极参与国有企业国际规则谈判，不仅与欧盟在《全面投资协定》（CAI）谈判中达成了系统性国有企业规则，并正式申请加入标准更严苛的 CPTPP。中国愿意将国有企业置于国际经贸协定规制下，不仅可向世界市场传递积极信号，表明中国改善营商环境、持续推进高水平对外开放的信心和决心，而且通过参与国有企业国际规则谈判，中国可掌握规则制定的主动权。在中国积极磋商国有企业规则的背景下，为减轻国际投资法规制对中国国有企业的负面影响，本部分拟从“引进来”和“走出去”两个维度提供对策分析。

一、中国作为东道国时中国国有企业公平竞争问题及其因应

根据第三章分析可知，虽然传统 IIAs 中的非歧视待遇条款等很难发挥出规制东道国国有企业竞争优势或给惠优势的效果，但是中方愿意在中欧 CAI 中对国有企业公平竞争问题作出有约束力的国际承诺表明未来中外 IIAs 乃至整个 IIAs 体系纳入国有企业公平竞争规则都只是时间问题。本书认为未来中外 IIAs 在纳入国有企业规则时，可借鉴中欧 CAI 国有企业规则的文本设计限制国有企业规则的规制范围、确保国有企业规则的软法性，以为中国国有企业改革提供循序渐进的空间。在加入载有更严格标准的 CPTPP 时，可有效利用例外条款、过渡期条款和国有企业定义条款将政府履约的负面影响降到最低。

（一）限制国有企业规则的规制范围

本书认为，中欧 CAI 的国有企业规则设计不仅回应了欧盟的担忧，也通过限制规则的约束范围，为中国国有企业发展预留了必要空间。具言之，中欧 CAI 国有企业规则规制范围的有限性主要体现在国有企业商业规范与政府补贴规则两个层面。

第一，虽然国有企业定义扩大了商业规范适用的主体范围，

但是根据中欧 CAI 国有企业商业行为规则的范围条款，商业规范仅适用于参与商事活动且具有一定规模的国有企业。就“参与商事活动”而言，中欧 CAI 通过脚注明确将范围限定在“企业设立和涵盖投资运营过程中的货物贸易和服务贸易”[1]，并且排除规则适用于“为政府目的且不进行商业转售或供应商转售而进行的政府采购活动”“中国在附录一中根据维持的不符措施保留的部门或分部门的活动”“行使政府职能的活动”以及“支持贫困地区发展或处理自然灾害的非商业活动”。[2]简言之，国有企业商业行为规则仅适用在东道国有商业存在的外资企业的设立和运营阶段。[3]据此，相较于既有美欧缔约实践中的国有企业规则包括对国有企业投资者和东道国国有企业行为的双向约束，中欧 CAI 约束对象具有单向性。中欧 CAI 措辞表明，只有投资东道国有义务确保其国有企业在与外国投资者开展商事活动时基于商业考虑且非歧视，而并未涉及投资者母国对国有企业投资者的义务要求。这为中国国有企业“走出去”预留了必要空间。就“一定规模”而言，中欧 CAI 在范围条款中明确相关义务规则不适用于连续三个财年年收入低于 200 万元特别提款权的国有企业。

不仅如此，就国有企业商业规范的义务内容而言，与既有的美欧缔约实践相比，中欧 CAI 也降低了对东道国的义务要求。“商业考虑”义务的整体表述与 CPTPP 和《美墨加三国协议》（USMCA）基本一致，包括可获性、适销性、运输及其他购买或销售的条款和条件，或相关行业或产业中以利润为基础且受市场约束的企业在商业决策中通常考虑的其他因素。但是既有美欧实践中多要求

[1] CAI, Art. 3 bis, footnote 8.

[2] CAI, Art. 3 bis, (b) (c) (e) (f).

[3] Henry Gao, “The EU-China Comprehensive Agreement on Investment: Strategic Opportunity Meets Strategic Autonomy”, available at https://ssrn.com/abstract=3843434, last visited on 2022-5-1.

根据私营企业标准衡量国有企业行为〔1〕，即直接以“私营企业的商业考虑”〔2〕或“与相关商业或工业中的私营企业的习惯商业惯例”〔3〕作为参照对象。中欧CAI的措辞表明，国有企业也可构成以利润为基础且受市场约束的企业，从而避免“评估不同所有制企业的商业回报率”这一实践难题。〔4〕就“非歧视待遇”的义务内容而言，《欧盟与加拿大FTA》和美式缔约实践中的非歧视待遇包括国民待遇（NT）和最惠国待遇（MFN）双重内容，即要求缔约方确保其市场上所有行为主体皆应处于公平竞争环境。〔5〕然而，中欧CAI中的非歧视待遇义务范围仅限于NT，并未包括MFN要求，意味着东道国仅有义务确保市场上的缔约方双方企业处于公平竞争环境，比较对象不包括非缔约方的企业。

第二，就中欧CAI政府补贴规则而言，中欧CAI既未遵循CPTPP或USMCA纳入“非商业援助”条款直接将国有企业认定为“公共机构”，也未如《欧盟与新加坡FTA》《欧盟与越南FTA》纳入禁止补贴规则。鉴于中国国有企业补贴问题的敏感性，中欧CAI未能谈成强有力的补贴规则，中欧CAI仅对缔约方提出补贴透明度要求。

（二）确保高标准国有企业规则的软法属性

中欧CAI国有企业规则的另一个可借鉴之处在于，确保高标

〔1〕应品广：“美式国有企业规则的推行路径与逻辑谬误——基于与澳式规则的比较分析”，载《国际商务研究》2021年第5期。

〔2〕See USMCA, Art. 22.1, CPTPP, Art. 17.1.

〔3〕CETA, Art. 18.1.

〔4〕正如有学者指出，要求国有企业与私营企业具备相似的商业回报率缺乏实践可行性，因为很难评估不同所有制企业在商业回报率上的可比性，尤其是对于私营企业占比很小的行业。参见荆鸣：“《中欧全面投资协定》竞争规则初探——‘接合面制度2.0’在投资协定中的应用”，载《上海金融》2021年第5期。

〔5〕CETA, Art. 18.1.“非歧视待遇是指本协定中NT和MFN中的更优者。”

准国有企业承诺的软法性。例如，虽然中欧 CAI 中透明度规则的信息披露和公司治理要求属于国际经贸协定中的高标准要求，但是从条款措辞来看，有关透明度的两项要求对缔约方政府并不具有强制约束力，减轻了政府的履约压力，为中国国有企业循序渐进改革提供了必要空间。

信息披露要求便于一缔约方对另一缔约方的国有企业活动进行彻底审查，确认违反商业考虑、非歧视义务的行为。[1]然而，值得注意的是，似乎作为双方立场妥协的产物，该条款中并未要求受请求方负有应请求进行披露的直接义务。[2]与之相比，美式 FTAs 则明确要求缔约方政府负有应请求“迅速”披露义务之外[3]，还要求缔约方政府负有主动披露的义务。同时，公司治理与透明度良好实践要求亦不具有强制约束力。尽管欧盟认为，敦促中资企业完善公司治理机制、增加治理结构透明度，是解决政府支持企业干扰市场公平竞争问题的关键举措[4]，但是相较于欧盟其他缔约实践，中欧 CAI 对公司治理要求比较委婉，仅要求“各缔约方应努力确保其涵盖的实体尊重公司治理和透明度的国际良好做法。”[5]不仅未如欧盟其他缔约实践明确要求国有企

---

〔1〕 陈瑶、应力：“CPTPP 国有企业章节的评价与中国应对”，载《宁波大学学报（人文科学版）》2021 年第 2 期。See Julien Sylvestre Fleury and Jean-Michel Marcoux, “The US Shaping of State-Owned Enterprise Disciplines in the Trans-Pacific Partnership”, *Journal of International Economic Law*, Vol. 19, 2 (2016), p. 462.

〔2〕 Jürgen Kurtz and Baihua Gong, “The EU-China Comprehensive Agreement on Investment: A Model for Investment Coverage in the World Trade Organization?”, *RSC Working Papers*, 2021, p. 7.

〔3〕 CPTPP, Art. 17. 10 (3).

〔4〕 刘向东：“中欧双边投资协定谈判中涉及中资企业公平竞争问题及应对建议”，载《全球化》2018 年第 2 期。

〔5〕 “EU-US TTIP Negotiations, Possible Provisions on State Enterprises and Enterprises Granted Special or Exclusive Rights or Privileges”, available at https://trade.ec.europa.eu/doclib/docs/2015/january/tradoc_ 153030. pdf, last visited on 2020-3-5.

业遵守《经济合作与发展组织（OECD）国有企业公司治理准则》，而且更类似于一种宣示性条款，对缔约方不具有强制约束力。就中欧 CAI 下补贴透明度问题的争端解决而言，若一方的补贴行为已经或可能对另一方的投资利益产生负面影响，双方只能通过协商努力达成共同解决方案，而不得诉诸国家间争端解决机制。[1]

（三）有效利用豁免、过渡期和国有企业定义条款

就中美 BIT 谈判而言，2012 年《美国 BIT 范本》中并不包含专门的国有企业章节，然而在中美 BIT 谈判接近尾声时，2016 年 7 月 TPP（CPTPP 的前身）突然出台国有企业章节，导致中美 BIT 谈判拖延了 10 年。[2]据说美国政府试图在中美 BIT 中纳入一个遵循 TPP 模式的国有企业章节，这一立场也体现在 2019 年美国商会提出的中美 BIT 草案之中。诚然，这种正式的体制安排有助于减少国有企业商业活动的不确定性和冲突，但这样一个极具敏感性的新问题也导致原本就困难的谈判愈加复杂。[3]美国商会版草案甚至提议，中美 BIT 中的整个国有企业章节均可诉诸 ISDS 仲裁。[4]一些美国政界和商界人士认为，中美 BIT 将加强中国企业尤其是国有企业在竞争中的不公平优势，进而损害美国的就业和长期经济利益。从这个意义上说，中国国有企业不仅关系到美国的国家安全，也会影响到美国的经济竞争力。美国的目标

---

〔1〕 “Q&A: EU-China Comprehensive Agreement on Investment (CAI)”, available at https://ec.europa.eu/commission/presscorner/detail/en/qanda_20_2543, last visited on 2020-3-5.

〔2〕 Julien Chaisse ed., *China's International Investment Strategy: Bilateral, Regional, and Global Law and Policy*, Oxford University Press, 2019, p. 203.

〔3〕 Id., pp. 196-197.

〔4〕 US Chamber of Commerce and Amcham China, “Priority Recommendations for US-China Trade Negotiations”, Amcham China, 2019, p. 132.

是要求中国国有企业实现竞争中立，即国有企业不应因与政府的特殊联系而拥有额外的竞争优势。此外，CPTPP 国有企业章节作为美国投资立法与实践的映射，其非商业援助条款和透明度条款的要求均高于中欧 CAI 中的承诺水平。[1]因此，无论是美国商会 BIT 草案中较为激进的建议，还是 CPTPP 中更严苛的标准于中国而言均存在履约困难。

关于打破中美 BIT 谈判中国有企业僵局及在应对 CPTPP 国有企业章节的苛刻标准方面，学界提出可能的解决方案包括但不限于中国有效利用协定中的豁免制度和过渡期条款，列出长长的豁免清单并要求长时间的过渡期。[2]例如，仿照 CPTPP 缔约方文莱、加拿大、马来西亚、墨西哥、新西兰、越南等国实践，在缔约方国别例外清单中对“国有企业直接作为补贴提供者的规定”提出保留。[3]此外，也可就国有企业定义、非歧视待遇与商业考虑、国有企业信息披露等规则中的细节性规定进行澄清或重新谈判。例如，针对 CPTPP 国有企业章节的苛刻要求，有学者提出中国可利用 CPTPP 中的国有企业定义条款，通过降低企业中的政府股权、投票权比例等方式，减少受规制的国有企业范围，规避相应的义务。[4]也有学者认为，中国可以联合立场相近的缔约方如存在大量国有企业的马来西亚、越南等国，对分歧较大或有待明确的条款和语词进行重点谈判，如“商业考虑”“私人投资者的

[1] 刘彬、魏薇：“中欧投资协定‘涵盖实体’条款研究——兼析中国加入 CPTPP 的相关挑战”，载《武大国际法评论》2021 年第 6 期。

[2] Julien Chaisse ed., *China's International Investment Strategy: Bilateral, Regional, and Global Law and Policy*, Oxford University Press, 2019, pp. 196-197.

[3] 陈瑶、应力：“CPTPP 国有企业章节的评价与中国应对”，载《宁波大学学报（人文科学版）》2021 年第 2 期。

[4] 刘彬、魏薇：“中欧投资协定‘涵盖实体’条款研究——兼析中国加入 CPTPP 的相关挑战”，载《武大国际法评论》2021 年第 6 期。

通常投资实践”等语词。[1]

二、中国作为母国时中国国有企业公平竞争问题及其因应

中国国有企业“走出去”的公平竞争问题，不仅表现在中国国有企业投资者在东道国面临的严格外资审查，也体现在母国措施可能使国有企业投资者获得更优惠的待遇，扭曲东道国竞争环境。本书认为，前述关于中国作为东道国时中国国有企业公平竞争问题的因应之策在很大程度上也可适用于国有企业投资者规制。例如，为降低国有企业投资者受到非商业援助规则的负面影响，可考虑利用国有企业定义，调整国有企业的股权结构等，规避相应的义务。本部分主要从提高国内外资审查的透明度和有效利用投资协定两个层面对东道国歧视性外资审查提出应对策略。

（一）提高外资审查的透明度与互惠性

根据 2019 年 UNCTAD 报告，国有企业，尤其是来自新兴经济体的国有企业海外并购速度放缓的原因在于，欧美国家加强了对国有企业投资者的外资并购审查。虽然不能否认这种严格审查与国有企业潜在的非商业目标相关，但是也不能忽视中国外资准入市场缺少互惠性的现实。[2]换言之，中国对外资准入设置的较高门槛也是中国国有企业在“走出去”过程中受到东道国不公平对待的原因之一。欧盟企业曾表示，欧盟投资者在中国面临严重的准入障碍。[3]但是近年来中国对外资开放市场的努力是有目共

---

〔1〕 沈伟、方荔：“从接受到‘接合’：国有企业国际规制的中国话语转变”，载《国际经济法学刊》2022 年第 1 期；蒋奋、周威：“CPTPP 对国有企业的补贴规制与中国因应”，载《浙江大学学报（人文社会科学版）》2021 年第 6 期。

〔2〕 Stephen Thomsen and Fernando Mistura, “Is Investment Protectionism on the Rise? Evidence from the OECD FDI Regulatory Restrictiveness Index”, OECD, 2017, p. 6.

〔3〕 Jacques Pelkmans et al., *Tomorrow's Silk Road: Assessing an EU-China Free Trade Agreement*, Center for European Policy Studies, 2016, p. 24.

睹的。据数据显示，2014 年中国对外资限制指数约为 0.425，在所有 OECD 和二十国集团（G20）中的外资准入门槛最高。2020 年中国对外资的限制指数已经下降至 0.21[1]，但是距离 OECD 国家平均指数 0.06 仍有差距，存在进一步的改革空间。因为在大多数情况下，严格的外资股权限制仍然存在。中国应进一步加大努力，根据政治经济背景，作出适度调整。[2]

在美国等发达国家对中国国有企业享有不公平竞争优势表示担忧的同时，中国也对发达国家国内安全审查机制对中国国有企业的歧视性审查表示担忧。[3]在中美 BIT 磋商过程中，中国批评美国外国投资委员会（CFIUS）以国家安全为由对中国投资造成阻碍，对于中国国有企业投资尤为如此。与此同时，美国也对中国宽泛的国家安全概念表示关切，这一概念包括经济和社会要素。2015 年，美国和中国承诺将国家安全审查的范围限于各国国内的安全事项，不会扩展至更为广泛的公共利益或经济事宜。[4]据学者预测，中美 BIT 中的争议焦点将围绕国有企业待遇和国家投资审查展开。就前者而言，美国致力于纳入相关条款，确保国有企业与国家保持一定距离，只为商业活动服务；就后者而言，中国则要求美国国家安全审查机制提高透明度。[5]为降低中国国

---

〔1〕 "FDI Regulatory Restrictiveness Index", available at https://data.oecd.org/fdi/fdi-restrictiveness.htm, last visited on 2022-2-12.

〔2〕 Fernando Mistura and Caroline Roulet, "The Determinants of Foreign Direct Investment: Do Statutory Restrictions Matter?", OECD Working Papers on International Investment, 2019.

〔3〕 Julien Chaisse ed., *China's International Investment Strategy: Bilateral, Regional, and Global Law and Policy*, Oxford University Press, 2019, p. 121.

〔4〕 The White House, "Fact Sheet: U.S.-China Economic Relations", available at https://obamawhitehouse.archives.gov/the-press-office/2015/09/25/fact-sheet-us-china-economic-relations, last visited on 2020-11-2.

〔5〕 Julien Chaisse ed., *China's International Investment Strategy: Bilateral, Regional, and Global Law and Policy*, Oxford University Press, 2019, p. 138.

有企业投资者在东道国的投资准入门槛，中国可在考虑国家经济发展的基础上，进一步放开对外资的准入限制，以为中国国有企业换取“互惠性”准入承诺。

（二）利用投资协定回应外资审查机制

面对西方各国不断收紧的外资审查举措，中国可考虑设计并利用 IIAs 中的投资保护条款减少外资受到的歧视性规制风险。以欧盟为例，欧盟继 2019 年建立外资安全审查制度后，又于 2020 年出台《关于在外国政府补贴方面创造公平竞争白皮书》，2021 年 5 月通过《关于扭曲内部市场的外国补贴的条例草案》启动域内立法进程。这些域内外资审查制度无疑会提高中国国有企业进入欧盟内部市场的难度。目前达成的中欧 CAI 规则既未涉及也未禁止欧盟单边推进外国补贴审查新措施，这可能加剧中国投资者在欧投资活动的风险。〔1〕由于目前中欧 CAI 尚未完成投资保护和投资者与国家间争端解决的谈判，在未来谈判中可通过设计协定中的 NT 条款及其合法例外、规制权条款和征收条款以使其发挥出平衡投资者利益与东道国单方措施的效果。〔2〕

本章小结

随着中国国有企业对国际投资活动的深入参与，面对国际投资法对其身份问题和公平竞争问题之挑战，本书认为，中国政府及其国有企业可作出如下回应：

就国有企业身份问题而言，当中国作为东道国时，为降低国

〔1〕 刘彬、魏薇：“中欧投资协定‘涵盖实体’条款研究——兼析中国加入 CPTPP 的相关挑战”，载《武大国际法评论》2021 年第 6 期。

〔2〕 叶斌：“欧盟《外国补贴白皮书》的投资保护问题刍议”，载《国际法研究》2020 年第 6 期。

际投资活动中中国国有企业不法行为引发的国家责任风险，一方面，就中外 IIAs 中既有的国企归因条款的适用而言，作为东道国的中国政府应积极援引，限缩国家责任范围；另一方面，就未来中外 IIAs 中是否纳入该条款而言，取决于对中外投资关系的综合评估。若纳入，宜采用默认式，并澄清其与《ILC 草案》归因规则的适用关系。此外，在不存在相关缔约实践时，在中国政府官方声明和新闻媒体报道中应审慎界定国有企业身份，防止其成为仲裁庭将国有企业行为归因于国家之证据。当中国作为投资者母国时，为使中国国有企业投资者获得国际投资法之保护，应明确将国有企业纳入投资者定义；根据国有企业与中国政府之间的关系选择合适的投资仲裁机制；妥善处理国有企业在外国法院豁免抗辩与 ISDS 诉请资格之间的关系。

就国有企业公平竞争问题而言，中国当前已经积极参与到国有企业公平竞争规则谈判中。当中国作为东道国时，在未来中外 IIAs 国有企业规则谈判中，宜借鉴中欧 CAI 中的谈判技巧，限制国有企业规则的规制范围、维持高标准规则的软法性以为中国国有企业改革预留必要空间；面对 CPTPP 或中美 BIT 谈判中更严苛的国有企业规则时，应有效利用豁免条款和过渡期条款以及国有企业定义条款，使协定对国有企业的负面影响降至最小。当中国作为投资者母国时，为降低中国国有企业在东道国投资的准入门槛，使之免受歧视性规制，一方面可进一步增强中国外资审查的透明度与互惠性，另一方面可通过设计中外 IIAs 中的 NT 条款及其例外规定、规制权条款以及征收条款，使之发挥出平衡东道国外资审查措施与投资者权利保护之效果。

结　论

经过前文分析可知，全球范围内的国有企业无论是作为东道国国有企业，还是作为国有企业投资者参与国际投资，其所引发的身份问题和公平竞争问题都可能受到国际投资法的规制。更为重要的是，本书研究也初步解答了笔者心中的疑虑，即在国际投资法体系下，国有企业是否会受到特别规制？

本书首先承认，既有国际投资协定很少对国有企业的身份问题和公平竞争问题作出特别规定；国际投资争端解决机制中虽然涉及很多关于国有企业身份认定的案件，但是均否认“国有制”构成认定国有企业公私身份的决定性要素；在仅有的几起与国有企业公平竞争问题相关的案件中，国际投资法未能规制东道国国有企业的不公平竞争优势和歧视性给惠行为。然而即便如此，本书认为，这并不意味着未来国有企业的身份问题和公平竞争问题不会受到国际投资法的特别规制。

就身份问题而言，“国有制”通常构成仲裁庭认定身份时的重要事实考量，这尤其体现在管辖权阶段仲裁庭对于“初步证明法”的承认与适用。据此，仅因东道国国有企业的“国有制”即可作出其行为归因于国家的假定。不仅如此，在未来投资争端解决实践中，根据《全面与进步跨太平洋伙伴关系协定》和《美墨加三国协议》国有企业定义中的“从事商事活动”规定，投资仲裁庭在认定国有企业投资者诉请资格时，需要纳入行为目的考量。由国有企业的历史发展及存续基础可知，国有企业所负有的多重目标极有可能限制其诉请资格。国有企业在“国家主导经济”中的重要作用，或者说国有企业通常处于政府控制市场这一事实，也可能构成国际投资争端解决机制特别规制东道国国有企业身份的现实理由。

诚然，就身份认定而言，国际投资法对于国有企业的特别规制更多表现在事实层面，很少出现在规范之中。然而，就国有企业的公平竞争问题而言，虽然有关的投资争端解决实践尚不多见，但是随着国际投资法对于公平竞争议题关注度的提高，自由贸易协定和经济合作与发展组织文件中的公平竞争规则极有可能影响投资缔约实践和仲裁庭的争端解决实践，从而为国际投资法特别规制国有企业提供规范性基础。2020 年底出台但至今尚未生效的中欧《全面投资协定》即在某种程度上证实了上述预判，中欧《全面投资协定》虽未使用“国有企业”语词，但是其关于“涵盖实体”的定义显然包含国有企业在内，中欧《全面投资协定》载有的非歧视待遇和商业考虑条款、透明度条款、监管中立规则和补贴透明度规则等皆可溯源至美欧自由贸易协定中的国有企业、补贴、竞争规则。

有鉴于此，中国国有企业作为国际投资活动的重要参与者，有必要了解国际投资法规制其身份问题和公平竞争问题的各种可能情形，并从政府外部缔约和国企内部改革两个层面作出回应。此外，由于中国国有企业在规模、与政府关系、运营领域等方面均存在较大差异，未来也可以考虑通过与外国投资者或投资东道国签订投资合同的方式，“逐案”降低其受国际投资法规制之风险。

案例附录

附录 1： 国有企业投资者作为申请方的国际投资仲裁案件

国际投资争端解决中心案件	
1	Compagnie Minière Internationale or S. A. v. Republic of Peru, ICSID Case No. ARB/98/6
2	Compagnie Française pour le Développement des Fibres Textiles v. Côte d'Ivoire, ICSID Case No. ARB/97/8
3	Ceskoslovenska Obchodni Banka, A. S. v. The Slovak Republic, ICSID Case No. ARB/97/4
4	CDC Group plc v. Republic of Seychelles, ICSID Case No. ARB/02/14
5	Telenor Mobile Communications A. S. v. The Republic of Hungary, ICSID Case No. ARB/04/15
6	Rumeli Telekom A. S. and Telsim Mobil Telekomunikasyon Hizmetleri A. S. v. Republic of Kazakhstan, ICSID Case No. ARB/05/16
7	Hrvatska Elektroprivreda d. d. v. Republic of Slovenia, ICSID Case No. ARB/05/24
8	Abengoa S. A. y COFIDES S. A. v. United Mexican States, ICSID Case No. ARB（AF）/09/2

续表

国际投资争端解决中心案件	
9	Flughafen Zürich A. G. and Gestión e Ingenería IDC S. A. v. Bolivarian Republic of Venezuela, ICSID Case No. ARB/10/19
10	Beijing Urban Construction Group Co. Ltd. v. Republic of Yemen, ICSID Case No. ARB/14/30
11	Landesbank Baden-Württemberg and Others v. Kingdom of Spain, ICSID Case No. ARB/15/45
12	Corporación Nacional del Cobre de Chile, Exploraciones Mineras Andinas S. A. and Inversiones Copperfield SPA v. Republic of Ecuador, ICSID Case No. ARB/22/3
海牙常设仲裁法院案件	
13	BeijingShougang and Others v. Mongolia, PCA Case No. 2010-20
14	Oschadbank v. Russian Federation, PCA Case No. 2016-14
15	JSC Gazprom v. Ukraine, PCA Case No. 2019-10
16	NJSC Naftogaz of Ukraine (Ukraine) et al. v. The Russian Federation, PCA, Case No. 2017-16
瑞典斯德哥尔摩商会仲裁院案件	
17	State Enterprise "Energorynok" (Ukraine) v. The Republic of Moldova, SCC Arbitration 2012/175
18	Vnesheconombank (VEB) v. Ukraine, SCC, Emergency Arbitrator Decision, 27 August 2019
国际商会案件	
19	Kaliningrad Region v. Lithuania, ICC Case No. 14651/JHN
新加坡国际仲裁中心案件	
20	Korea Western Power Co. v. The Republic of India, Notice of Arbitration-29 Nov. 2019

续表

伦敦国际仲裁院案件	
21	DP World Limited v. Djibouti, LCIA Case No. 142732

附录2： 涉东道国国有企业的国际投资仲裁案件

国际投资争端解决中心案件	
1	Amco Asia Corporation and Others v. Republic of Indonesia, ICSID Case No. ARB/81/1
2	Wena Hotels Limited. v. Arab Republic of Egypt, ICSID Case No. ARB/98/4
3	Emilio Agustín Maffezini v. Kingdom of Spain, ICSID Case No. ARB/97/7
4	Salini Costruttori S. p. A. and Italstrade S. p. A. v. Kingdom of Morocco, ICSID Case No. ARB/00/4
5	Waste Management Inc. v. United Mexican States II, ICSID Case No. ARB (AF) /00/3
6	Impregilo S. p. A. v. Islamic Republic of Pakistan II, ICSID Case No. ARB/03/3
7	Jan de Nul N. V. and Dredging International N. V. v. Arab Republic of E-gypt, ICSID Case No. ARB/04/13
8	Helnan International Hotels A/S v. Arab Republic of Egypt, ICSID Case No. ARB 05/19
9	Saipem S. p. A. v. People's Republic of Bangladesh, ICSID Case No. ARB/05/07
10	United Parcel Service of America Inc. v. Government of Canada, ICSID Case No. UNCT/02/1
11	Ioannis Kardassopoulos v. Georgia, ICSID Case No. ARB/05/18

续表

国际投资争端解决中心案件	
12	Noble Energy, Inc. and Machalapower Cia. Ltda. v. The Republic of Ecuador and Consejo Nacional de Electricidad, ICSID Case No. ARB/05/12
13	Plama Consortium Limited v. Republic of Bulgaria, ICSID Case No. ARB/03/24
14	Bayindir Insaat Turizm Ticaret Ve Sanayi A. S. v. Islamic Republic of Pakistan, ICSID Case No. ARB/03/29
15	EDF (Services) Limited v. Romania, ICSID Case No. ARB/05/13
16	Gustav F W Hamester GmbH & Co KG v. Republic of Ghana, ICSID Case No. ARB/07/24
17	Alpha Projektholding GmbH v. Ukraine, ICSID Case No. ARB/07/16
18	GEA Group Aktiengesellschaft v. Ukraine, ICSID Case No. ARB/08/16
19	Standard Chartered Bank v. The United Republic of Tanzania, ICSID Case No. ARB/10/12
20	Bosh International, Inc. and B&P, Ltd. Foreign Investments Enterprise v. Ukraine, ICSID Case No. ARB/08/11
21	Deutsche Bank AG v. Democratic Socialist Republic of Sri Lanka, ICSID Case No. ARB/09/2
22	Electrabel S. A. v. Republic of Hungary, ICSID Case No. ARB/07/19
23	Niko Resources (Bangladesh) Ltd. v. Bangladesh Petroleum Exploration and Production Company Limited and Bangladesh Oil Gas and Mineral Corporation, ICSID Case No. ARB/10/11 and ARB/10/18
24	Tulip Real Estate and Development Netherlands B. V. v. Republic of Turkey, ICSID Case No. ARB/11/28
25	Adel AHamadi Al Tamimi v. Sultanate of Oman, ICSID Case No. ARB/11/33
26	Rusoro Mining Ltd. v. Bolivarian Republic of Venezuela, ICSID Case No. ARB (AF) /12/5

续表

国际投资争端解决中心案件	
27	Saint-Gobain Performance Plastics Europe v. Bolivarian Republic of Venezuela, ICSID Case No. ARB/12/13
28	Ampal-American Israel Corporation and Others v. Arab Republic of Egypt, ICSID Case No. ARB/12/11
29	Karkey Karadeniz Elektrik Uretim A. S. v. Islamic Republic of Pakistan, ICSID Case No. ARB/13/1
30	UAB EEnergija (Lithuania) v. Republic of Latvia, ICSID Case No. ARB/12/33
31	Mercer International Inc. v. Government of Canada, ICSID Case No. ARB (AF) /12/3
32	Unión Fenosa Gas, S. A. v. Arab Republic of Egypt, ICSID Case No. ARB/14/4
33	Saint Patrick Properties Corporation v. Bolivarian Republic of Venezuela, ICSID Case No. ARB/16/40
34	Alicia Grace and Others v. United Mexican States, ICSID Case No. UNCT/18/4
35	IC Power Ltd. and Kenon Holdings Ltd. v. Peru, ICSID Case No. ARB/19/19
36	Corporación Nacional del Cobre de Chile, Exploraciones Mineras Andinas S. A. and Inversiones Copperfield SPA v. Republic of Ecuador, ICSID Case No. ARB/22/3
海牙常设仲裁法院案件	
37	Khan Resources Inc., Khan Resources B. V. and CAUC Holding Company Ltd. v. Government of Mongolia and Monatom Co., Ltd., PCA Case No. 2011-09
38	InterTrade Holding GmbH v. Czech Republic, PCA Case No. 2009-12

续表

海牙常设仲裁法院案件	
39	Ulysseas, Inc. v. Ecuador, PCA Case No. 2009-19
40	Mesa Power Group LLC v. Government of Canada, PCA Case No. 2012-17
41	Murphy Exploration and Production Company International v. Republic of Ecuador II, PCA Case No. 2012-16
42	CC/Devas (Mauritius) Ltd., Devas Employees Mauritius Private Limited and Telcom Devas Mauritius Limited v. Republic of India, PCA Case No. 2013-09
43	Flemingo DutyFree Shop Private Limited v. Republic of Poland, PCA Case No. 2014-11
44	Windstream Energy LLC v. Government of Canada, PCA Case No. 2013-22
45	Consutel Group S. p. A. in Liquidazione v. People's Democratic Republic of Algeria, PCA No. 2017-33
瑞典斯德哥尔摩商会仲裁院案件	
46	Petrobart Limited v. The Kyrgyz Republic, SCC Case No. 126/2003
47	William Nagel v. Czech Republic, SCC Case No. 49/2002
48	Nykomb Synergetics Technology Holding AB v. The Republic of Latvia, SCC Case No. 118/2001
49	Limited Liability Company AMTO v. Ukraine, SCC Case No. 080/2005
50	Mohammad Ammar Al-Bahloul v. Republic of Tajikistan, SCC Case No. V064/2008
国际商会案件	
51	MAESSA and SEMI (formerly Consorcio GLP) v. Ecuador, Case No. UNC 161/ASM
52	Oztas Construction v. Libya, ICC Case No. 21603/ZF/AYZ

续表

国际商会案件	
53	Mağdenli Yer Hizmetleri ve Taşıma Anonim Şirketi v. Kazakhstan
伦敦国际仲裁院案件	
54	EnCana Corporation v. Republic of Ecuador, LCIA Case No. UN 3481
临时仲裁案件	
55	Republic of Italy v. Republic of Cuba
56	Mobile-Telephony Sabafon v. Yemen
57	2019 年 3 月美国投资者向哥伦比亚政府发出了仲裁意向通知

参考文献

一、中文著作（含译著）

[1] 陈安主编：《国际经济法学》（第六版），北京大学出版社 2013 年版。

[2] 冯辉、石伟：《贸易与投资新规则视野下的竞争中立问题研究：国企改革、贸易投资新规则与国家间制度竞争》，格致出版社、上海人民出版社 2018 年版。

[3] 顾功耘主编：《当代主要国家国有企业法》，北京大学出版社 2014 年版。

[4] 黄志瑾：《中国国有投资者参与国际投资的规则研究》，人民出版社 2014 年版。

[5] 侯怀霞、张慧平：《市场规制法律问题研究》，复旦大学出版社 2011 年版。

[6] 经济合作与发展组织：《OECD 国有企业公司治理指引》，李兆熙译，中国财政经济出版社 2005 年版。

[7] 李后建、张剑：《企业创新驱动影响因素实证研究》，西南财经大学出版社 2016 年版。

[8] 石伟：《"竞争中立"制度的理论和实践》，法律出版社 2017 年版。

[9] 王金存：《破解难题：世界国有企业比较研究》，华东师范大学出版社 1999 年版。

[10] 徐冬根、王国华、萧凯：《国际私法》，清华大学出版社 2005 年版。

二、英文著作

[1] Shawkat Alam, Jahid Hossain Bhuiyan and Jona Razzaque eds., *International*

Natural Resources Law, Investment and Sustainability, Routledge, 2017.

[2] Fabio Bassan ed., *Research Handbook on Sovereign Wealth Funds and International Investment Law*, Edward Elgar, 2015.

[3] Aron Broches, *Selected Essays: World Bank, ICSID, and Other Subjects of Public and Private International Law*, Martinus Nijhoff Publishers, 1995.

[4] Albert Badia, *Piercing the Veil of State Enterprises in International Arbitration*, Wolters Kluwer Law & Business, 2014.

[5] Crina Baltag, *The Energy Charter Treaty: The Notion of Investor*, Kluwer Law International, 2012.

[6] Jonathan Bonnitcha, Lauge N. Skovgaard Poulsen and Michael Waibel, *The Political Economy of the Investment Treaty Regime*, Oxford University Press, 2017.

[7] Julien Chaisse ed., *China's International Investment Strategy: Bilateral, Regional, and Global Law and Policy*, Oxford University Press, 2019.

[8] Julien Chaisse and Luke Nottage eds., *International Investment Treaties and Arbitration Across Asia*, Brill Nijhoff, 2018.

[9] Alvaro Cuervo-Cazurra, *State-Owned Multinationals: Governments in Global Business*, Palgrave Macmillan, 2018.

[10] Luyao Che, *China's State-Directed Economy and the International Order*, Springer, 2019.

[11] Leïla Chokroune ed., *Judging the State in International Trade and Investment Law: Sovereignty Modern, the Law and the Economics*, Springer, 2016.

[12] James Crawford et al. eds., *The Law of International Responsibility*, Oxford University Press, 2010.

[13] James Crawford, *State Responsibility*, Cambridge University Press, 2013.

[14] Eric De Brabandere, *Investment Treaty Arbitration as Public International Law: Procedural Aspects and Implications*, Cambridge University Press, 2014.

[15] Carlo de Stefano, *Attribution in International Law and Arbitration*, Oxford University Press, 2020.

[16] Rudolf Dolzer and Christoph Schreuer, *Principles of International Investment*

Law, 2nd ed. , Oxford University Press, 2012.

[17] Roberto Echandi and Pierre Sauvé eds. , *Prospects in International Investment Law and Policy: World Trade Forum*, Cambridge University Press, 2013.

[18] Carlos Esplugues, *Foreign Investment, Strategic Assets and National Security*, Intersentia, 2018.

[19] Julien Fouret, Rémy Gerbay and Gloria M. Alvarez eds. , *The ICSID Convention, Regulations and Rules: A Practical Commentary*, Edward Elgar Publishing, 2019.

[20] Jean E. Kalicki and Anna Joubin-Bret, *Reshaping the Investor-State Dispute Settlement System: Journeys for the 21st Century*, Brill/Nijhoff, 2015.

[21] Benedict Kingsbury et al. eds. , *Megaregulation Contested: Global Economic Ordering After TPP*, Oxford University Press, 2019.

[22] Csaba Kovács, *Attribution in International Investment Law*, Wolters Kluwer, 2018.

[23] Markus Krajewski and Rhea T. Hoffman eds. , *Research Handbook on Foreign Direct Investment*, Edward Elgar Publishing, 2019.

[24] Shaheeza Lalani and Rodrigo Polanco eds. , *The Role of the State in Investor-State Arbitration*, Brill Nijhoff, 2015.

[25] Yuwen Li, Tong Qi and Cheng Bian eds. , *China, the EU and International Investment Law*, Routledge, 2019.

[26] Lone Wandahl Mouyal, *International Investment Law and the Right to Regulate: A Human Rights Perspective*, Routledge, 2016.

[27] Aldo Musacchio and Sergio G. Lazzarini, *Reinventing State Capitalism: Leviathan in Business, Brazil and Beyond*, Harvard University Press, 2014.

[28] Peter Muchlinski, Federico Ortino and Christoph Schreuer eds. , *The Oxford Handbook of International Investment Law*, Oxford University Press, 2008.

[29] Andreas Nölke ed. , *Multinational Corporations from Emerging Markets: State Capitalism 3. 0*, Palgrave Macmillan, 2014.

[30] Polanco Rodrigo, *The Return of the Home State to Investor-State Disputes:*

Bringing Back Diplomatic Protection? Cambridge University Press, 2018.
[31] Thilo Rensmann ed., *Mega-Regional Trade Agreements*, Springer, 2017.
[32] Borzu Sabahi, Noah Rubins and Don Wallace, Jr., *Investor-State Arbitration*, 2nd ed., Oxford University Press, 2019.
[33] Jeswald W. Salacuse, *The Law of Investment Treaties*, 2nd ed., Oxford University Press, 2015.
[34] Luca Schicho, *State Entities in International Investment Law*, Nomos Publishers, 2012.
[35] Karl P. Sauvant, Lisa E. Sachs and Wouter P. F. Schmit Jongbloed, *Sovereign Investment: Concerns and Policy Reactions*, Oxford University Press, 2012.
[36] Karl P. Sauvant ed., *The Rise of Transnational Corporations from Emerging Markets: Threat or Opportunity*? Edward Elgar Publishing, 2008.
[37] M. Sornarajah, *The International Law on Foreign Investment*, Cambridge University Press, 2010.
[38] Aikaterini Titi, *The Right to Regulate in International Investment Law*, Bloomsbury Publishing, 2014.
[39] Pier Angelo Toninelli ed., *The Rise and Fall of State-Owned Enterprise in the Western World*, Cambridge University Press, 2000.
[40] Kenneth J. Vandevelde, *The First Bilateral Investment Treaties: U. S. Postwar Friendship, Commerce, and Navigation Treaties*, Oxford University Press, 2017.
[41] Kenneth J. Vandevelde, *U. S. International Investment Agreements*, Oxford University Press, 2009.
[42] Raymond Vernon and Yair Aharoni eds., *State-Owned Enterprise in the Western Economies*, Routledge, 2014.
[43] David G. Victor, David Hults and Mark C. Thurber, *Oil and Governance: State-Owned Enterprises and the World Energy Supply*, Cambridge University Press, 2012.

三、中文论文

[1] 包晋："TPP 中的竞争中立议题：反对意见及可能的解决方案"，载

《武大国际法评论》2015 年第 1 期。
[2] 陈嘉:“国际投资仲裁下国家对国有实体违约的责任承担”,载《中国流通经济》2018 年第 8 期。
[3] 陈嘉、杨翠柏:“国际投资仲裁中的国有企业投资者地位认定:构造、趋势与因应”,载《现代经济探讨》2018 年第 6 期。
[4] 陈汉、彭岳:“TPP 关于国有企业的规则研究”,载《北京化工大学学报(社会科学版)》2018 年第 1 期。
[5] 陈正健:“投资者与国家争端解决中的国家反诉”,载《法商研究》2017 年第 1 期。
[6] 崇雨晨:“国际投资仲裁中企业行为归因于国家的认定标准及其实践——以 White Industries Australia Limited v. Republic of India 案为视角”,载《北京仲裁》2016 年第 4 期。
[7] 崔航:“国家豁免中的国有企业问题研究”,载《河南师范大学学报(哲学社会科学版)》2015 年第 3 期。
[8] 蔡从燕:“公私关系的认识论重建与国际法发展”,载《中国法学》2015 年第 1 期。
[9] 陈瑶、应力:“CPTPP 国有企业章节的评价与中国应对”,载《宁波大学学报(人文科学版)》2021 年第 2 期。
[10] 冯辉:“竞争中立:国企改革、贸易投资新规则与国家间制度竞争”,载《环球法律评论》2016 年第 2 期。
[11] 韩立余:“国际法视野下的中国国有企业改革”,载《中国法学》2019 年第 6 期。
[12] 韩立余:“TPP 国有企业规则及其影响”,载《国家行政学院学报》2016 年第 1 期。
[13] 蒋奋:“反补贴语境下的国有企业定性问题研究”,载《上海对外经贸大学学报》2017 年第 1 期。
[14] 蒋奋、周威:“CPTPP 对国有企业的补贴规制与中国因应”,载《浙江大学学报(人文社会科学版)》2021 年第 6 期。
[15] 荆鸣:“《中欧全面投资协定》的公平竞争规则:关切、安排与应对”,载《中国流通经济》2021 年第 3 期。

[16] 孔庆江:“中美 BIT 谈判中的国家主导经济议题研究及我国的对策”,载《政法论坛》2014 年第 6 期。
[17] 李庆明:“论中国国有企业在美国民事诉讼中的国家豁免”,载《江西社会科学》2018 年第 11 期。
[18] 李政:“中国国有企业改革的历史回顾与评析”,载《政治经济学评论》2008 年第 2 期。
[19] 梁一新:“论国有企业在 ICSID 的仲裁申请资格”,载《法学杂志》2017 年第 10 期。
[20] 梁一新:“论国有企业主权豁免资格——以美国 FSIA、英国 SIA 和 UN 公约为视角”,载《比较法研究》2017 年第 1 期。
[21] 刘彬、魏薇:“中欧投资协定‘涵盖实体’条款研究——兼析中国加入 CPTPP 的相关挑战”,载《武大国际法评论》2021 年第 6 期。
[22] 刘雪红:“‘国家资本主义论’下的国企投资者保护——基于投资协定革新的视角”,载《法学》2018 年第 5 期。
[23] 刘雪红:“论国有企业私人投资者身份认定及启示——以 ICSID 仲裁申请人资格为视角”,载《上海对外经贸大学学报》2017 年第 3 期。
[24] 刘笋、许皓:“竞争中立的规则及其引入”,载《政法论丛》2018 年第 5 期。
[25] 刘向东:“中欧双边投资协定谈判中涉及中资企业公平竞争问题及应对建议”,载《全球化》2018 年第 2 期。
[26] 刘瑛:“《跨太平洋伙伴关系协定》国有企业章节的中国应对”,载《东方法学》2016 年第 5 期。
[27] 鲁桐:“《OECD 国有企业公司治理指引》修订及其对中国国企改革的启示”,载《国际经济评论》2018 年第 5 期。
[28] 毛志远:“美国 TPP 国企条款提案对投资国民待遇的减损”,载《国际经贸探索》2014 年第 1 期。
[29] 漆彤、窦云蔚:“论《跨太平洋伙伴关系协定》国有企业透明度规则”,载《武大国际法评论》2016 年第 2 期。
[30] 单文华、张生:“从‘南北矛盾’到‘公私冲突’:卡尔沃主义的复苏与国际投资法的新视野”,载《西安交通大学学报(社会科学版)》

2008 年第 4 期。
[31] 沈伟、方荔："从接受到'接合'：国有企业国际规制的中国话语转变"，载《国际经济法学刊》2022 年第 1 期。
[32] 屠新泉、周金凯："美国国家安全审查制度对中国国有企业在美投资的影响及对策分析"，载《清华大学学报（哲学社会科学版）》2016 年第 5 期。
[33] 王少棠："国家与国有企业关系——论归因规则在国际投资仲裁中的适用"，载《北京仲裁》2019 年第 2 期。
[34] 王绍媛、刘政："国际投资协定中的竞争中立规则审视"，载《哈尔滨工业大学学报（社会科学版）》2018 年第 5 期。
[35] 王鹏："国际投资协定的政治经济学：一项研究议程"，载《人大法律评论》2018 年第 2 期。
[36] 徐昕："国有企业国际规则的新发展——内容评述、影响预判、对策研究"，载《上海对外经贸大学学报》2017 年第 1 期。
[37] 徐昕："TPP 国有企业规则对我国的影响及其应对"，载《理论探索》2014 年第 5 期。
[38] 杨秋波："国企条款透视：特征、挑战与中国应对"，载《国际商务（对外经济贸易大学学报）》2018 年第 2 期。
[39] 叶斌："《中欧全面投资协定》与监管权：战略机遇及外部风险"，载《国际法研究》2021 年第 6 期。
[40] 余烨："TPP 国有企业的定义对中国国企分类改革的启示"，载《长安大学学报（社会科学版）》2017 年第 4 期。
[41] 张金矜："国际投资仲裁规制跨国企业人权责任的缺陷及其完善"，载《国际经济法学刊》2018 年第 4 期。
[42] 张金矜："论 IIAs 中'国有企业行使政府授权'条款对国家责任范围的限缩"，载《国际经济法学刊》2021 年第 4 期。
[43] 赵海乐："论国有企业'政府权力'认定的同源异流——国家责任、国家豁免与反补贴实践比较研究"，载《人大法律评论》2015 年第 2 期。
[44] 赵海乐："是国际造法还是国家间契约——'竞争中立'国际规则形

成之惑”，载《安徽大学学报（哲学社会科学版）》2015 年第 1 期。
[45] 张庆麟：“国际投资仲裁的第三方参与问题探究”，载《暨南学报（哲学社会科学版）》2014 年第 11 期。
[46] 郭清宝：“外资进入中国进行并购引起的风险及法律问题”，华东政法大学 2008 年博士学位论文。
[47] 黄媛媛：“我国外资立法中的利益协调问题研究”，华中师范大学 2013 年博士学位论文。
[48] 黄志瑾：“中国国有投资者境外投资法律问题研究”，华东政法大学 2013 年博士学位论文。
[49] 李军：“外国投资国家安全审查实施要件研究”，华东政法大学 2015 年博士学位论文。
[50] 施明浩：“外国投资国家安全审查立法研究”，华东政法大学 2015 年博士学位论文。
[51] 王彬：“外国投资的国家安全审查法律制度研究”，吉林大学 2017 年博士学位论文。
[52] 朱广平：“美国外国投资国家安全审查制度研究——以其对中国企业的启示为视角”，外交学院 2016 年博士学位论文。

四、英文论文

[1] Patrick Abel, “Counterclaims Based on International Human Rights Obligations of Investors in International Investment Arbitration”, *Brill Open Law*, Vol. 1, 1 (2018).
[2] Kevin Ackhurst, Stephen Nattrass and Erin Brown, “CETA, the Investment Canada Act and SOEs: A Brave New World for Free Trade”, *ICSID Review-Foreign Investment Law Journal*, Vol. 31, 1 (2016).
[3] M. Al-rashid, U. Bardyn and L. Golendukhin, “Investment Claims Amid Civil Unrest: Questions of Attribution and Responsibility”, *BCDR International Arbitration Review*, Vol. 3, 2 (2016).
[4] José E. Alvarez, “Is Investor-State Arbitration ‘Public’?”, *Journal of International Dispute Settlement*, Vol. 7, 3 (2016).

[5] Dafina Atanasova, Adrián Martínez Benoit and J. Ostřanský, "The Legal Framework for Counterclaims in Investment Treaty Arbitration", *Journal of International Arbitration*, Vol. 31, 3 (2014).

[6] Larry C. Backer, "Sovereign Investing in Times of Crisis: Global Regulation of Sovereign Wealth Funds, State Owned Enterprises and the Chinese Experience", *Transnational Law & Contemporary Problems*, Vol. 19, 1 (2009).

[7] Christopher Beus, "Sovereign Wealth Funds in the ICSID: A New Approach to Standing", *Indonesian Journal of International & Comparative Law*, Vol. 1, 2 (2014).

[8] Raj Bhala, "Exposing the Forgotten TPP Chapter: Chapter 17 as a Model for Future International Trade Disciplines on SOEs", *Manchester Journal of International Economic Law*, Vol. 14, 1 (2017).

[9] Paul Michael Blyschak, "State-Owned Enterprises in International Investment", *ICSID Review–Foreign Investment Law Journal*, Vol. 31, 1 (2016).

[10] P. Blyschak, "State-Owned Enterprises and International Investment Treaties: When Are State-Owned Entities and Their Investments Protected?", *Journal of International Law and International Relations*, Vol. 6, 2 (2011).

[11] Daniel Bodansky and John R. Crook, "Symposium: The ILC's State Responsibility Articles: Introduction and Overview", *The American Journal of International Law*, Vol. 96, 4 (2002).

[12] Anatole Boute, "Economic Statecraft and Investment Arbitration", *University of Pennsylvania Journal of International Law*, Vol. 40, 2 (2019).

[13] Fernanda Ribeiro Cahen, "Internationalization of State-Owned Enterprises Through Foreign Direct Investment", *Revista de Administração de Empresas*, Vol. 55, 6 (2015).

[14] Alvaro Cuervo-Cazurra et al., "Governments as Owners: State-Owned Multinational Companies", *Journal of International Business Studies*, Vol. 45, 8 (2014).

[15] Julien Chaisse, "State Capitalism on the Ascent: Stress, Shock, and Adaptation of the International Law on Foreign Investment", *Minnesota Journal of*

International Law, Vol. 27, 2 (2018).

[16] Efraim Chalamish, "Global Investment Regulation and Sovereign Funds", *Theoretical Inquiries in Law*, Vol. 13, 2 (2012) .

[17] Giulio Alvaro Cortesi, "ICSID Jurisdiction with Regard to State-Owned Enterprises-Moving Toward an Approach Based on General International Law", *The Law and Practice of International Courts and Tribunals*, Vol. 16, 1 (2017).

[18] James Crawford, S. C. , "Investment Arbitration and the ILC Articles on State Responsibility", *ICSID Review – Foreign Investment Law Journal*, Vol. 25, 1 (2010).

[19] C. de Stefano, "Adel A Hamadi Al Tamimi v. Sultanate of Oman: Attributing to Sovereigns the Conduct of State-Owned Enterprises: Towards Circumvention of the Accountability of States under International Investment Law", *ICSID Review–Foreign Investment Law Journal*, Vol. 32, 2 (2017).

[20] K. Duggal and Laurens H van de Ven, "The 2019 Netherlands Model BIT: Riding the New Investment Treaty Waves", *Arbitration International*, Vol. 35, 3 (2019).

[21] Peter Enderwick, "International Investment by State-Controlled Enterprises: A Source for Concern?", *Strategic Change*, Vol. 26, 3 (2017).

[22] Michael Feit, "Attribution and the Umbrella Clause–Is There a Way out of Deadlock?", *Minnesota Journal of International Law*, Vol. 21, 1 (2012).

[23] Mark Feldman, "State-Owned Enterprises as Claimants in International Investment Arbitration", *ICSID Review – Foreign Investment Law Journal*, Vol. 31, 1 (2016).

[24] Julien Sylvestre Fleury and Jean-Michel Marcoux, "The US Shaping of State-Owned Enterprise Disciplines in the Trans-Pacific Partnership", *Journal of International Economic Law*, Vol. 19, 2 (2016).

[25] D. Fraser, "The Postwar Consensus: A Debate Not Long Enough?", *Parliamentary Affairs*, Vol. 53, 2 (2000).

[26] Norah Gallagher, "Role of China in Investment: BITs, SOEs, Private Enterprises, and Evolution of Policy", *ICSID Review–Foreign Investment Law*

Journal, Vol. 31, 1 (2016).

[27] Nick Gallus, "State Enterprises as Organs of the State and BIT Claims", *Journal of World Investment and Trade*, Vol. 7, 5 (2006).

[28] James Gathii and Sergio Puig, "Introduction to the Symposium on Investor Responsibility: The Next Frontier in International Investment Law", *AJIL Unbound*, Vol. 113, 2019.

[29] Malcolm Gillis, "The Role of State Enterprises in Economic Development", *Social Research*, Vol. 47, 2 (1980).

[30] Stuart G. Gross, "Inordinate Chill: BITs, Non-NAFTA MITs, and Host-State Regulatory Freedom–An Indonesian Case Study", *Michigan Journal of International Law*, Vol. 24, 3 (2003).

[31] Jan Arno Hessbruegge, "The Historical Development of the Doctrines of Attribution and Due Diligence in International Law", *New York University Journal of International Law and Politics*, Vol. 36, 4 (2004).

[32] K. Hobér, "State Responsibility and Investment Arbitration", *Journal of International Arbitration*, Vol. 25, 5 (2008).

[33] Shixue Hu, "Clash of Identifications: 'State Enterprises' in International Law", *Business Law Journal*, Vol. 19, 2 (2019).

[34] Kalman Kalotay, "State-Owned Multinationals: An Emerging Market Phenomenon?", *The Journal of Comparative Economic Studies*, Vol. 13, 2018.

[35] Jackson Shaw Kern, "Investor Responsibility as Familiar Frontier", *AJIL Unbound*, Vol. 113, 2019.

[36] Minwoo Kim, "Regulating the Visible Hands: Development of Rules on State-Owned Enterprises in Trade Agreements", *Harvard International Law Journal*, Vol. 58, 1 (2017).

[37] Friedrich Kratochwil and John Gerard Ruggie, "International Organization: A State of the Art on an Art of the State", *International Organization*, Vol. 40, 4 (1986).

[38] Georges Kratsas and Jon Truby, "Regulating Sovereign Wealth Funds to Avoid Investment Protectionism", *Journal of Financial Regulation*, Vol. 1, 1

(2015).

[39] Yarik Kryvoi, "Economic Crimes in International Investment Law", *International and Comparative Law Quarterly*, Vol. 67, 3 (2018).

[40] Jaemin Lee, "State Responsibility and Government-Affiliated Entities in International Economic Law: The Danger of Blurring the Chinese Wall Between State Organ and Non-State Organ as Designed in the ILC Draft Articles", *Journal of World Trade*, Vol. 49, 1 (2015).

[41] Yulia Levashova, "The Accountability and Corporate Social Responsibility of Multinational Corporations for Transgressions in Host States Through International Investment Law", *Utrecht Law Review*, Vol. 14, 2 (2018).

[42] Ming Hua Li, Lin Cui and Jiangyong Lu, "Varieties in State Capitalism: Outward FDI Strategies of Central and Local State-Owned Enterprises from Emerging Economy Countries", *Journal of International Business Studies*, Vol. 45, 8 (2014).

[43] Li-Wen Lin, "China's National Champions: Governance Change Through Globalization?", *University of Pennsylvania Asian Law Review*, Vol. 11, 1 (2017).

[44] Irmgard Marboe and August Reinisch, "Contracts Between States and Foreign Private Law Persons", *Max Planck Encyclopedias of International Law*, 2021.

[45] Heikki Marjosola, "Public/Private Conflict in Investment Treaty Arbitration–A Study on Umbrella Clauses", *Helsinki Law Review*, Vol. 3, 1 (2009).

[46] Andrea Mastromatteo, "WTO and SOEs: Article XVII and Related Provisions of the GATT 1994", *World Trade Review*, Vol. 16, 4 (2017).

[47] Duncan Matthews and Simon Milnes, "Potential Investor-State Issues in Belt and Road Initiative Projects", *Asian Dispute Review*, Vol. 21, 2 (2019).

[48] MA Xili, "Advancing Direct Corporate Accountability in International Human Rights Law: The Role of State-Owned Enterprises", *Frontiers of Law in China*, Vol. 14, 2 (2019).

[49] Campbell Mclachlan, "The Principle of Systemic Integration and Article 31 (3) (c) of the Vienna Convention", *International and Comparative Law*

Quarterly, Vol. 54, 2 (2005).

[50] James E. Mendenhall, "Assessing Security Risks Posed by State-Owned Enterprises in the Context of International Investment Agreements", *ICSID Review–Foreign Investment Law Journal*, Vol. 31, 1 (2016).

[51] Peter Muchlinski, "The Changing Face of Transnational Business Governance: Private Corporate Law Liability and Accountability of Transnational Groups in a Post-Financial Crisis World", *Indiana Journal of Global Legal Studies*, Vol. 18, 2 (2011).

[52] Michael Feit, "Responsibility of the State Under International Law for the Breach of Contract Committed by a State-Owned Entity", *Berkeley Journal of International Law*, Vol. 28, 1 (2010).

[53] Simon Olleson, "Attribution in Investment Treaty Arbitration", *ICSID Review–Foreign Investment Law Journal*, Vol. 31, 2 (2016).

[54] Georgios Petrochilos, "Bosh International, Inc. and B&P Ltd. Foreign Investments Enterprise v. Ukraine: When Is Conduct by a University Attributable to the State?", *ICSID Review–Foreign Investment Law Journal*, Vol. 28, 2 (2013).

[55] Julia Ya Qin, "WTO Regulation of Subsidies to State-Owned Enterprises (SOEs) –A Critical Appraisal of the China Accession Protocol", *Journal of International Economic Law*, Vol. 7, 4 (2004).

[56] Mikko Rajavuori, "State Ownership and the United Nations Business and Human Rights Agenda: Three Instruments, Three Narratives", *Indiana Journal of Global Legal Studies*, Vol. 23, 2 (2016).

[57] Anthea Roberts, "Clash of Paradigms: Actors and Analogies Shaping the Investment Treaty System", *American Journal of International Law*, Vol. 107, 1 (2013).

[58] Paul Rose, "US Regulation of Investment by State-Controlled Entities", *ICSID Review–Foreign Investment Law Journal*, Vol. 31, 1 (2016).

[59] Philippe Sands, "Treaty, Custom and the Cross-Fertilization of International Law", *Yale Human Rights and Development Law Journal*, Vol. 1, 1998.

[60] Mavluda Sattorova, "Investor Responsibilities from a Host State Perspective: Qualitative Data and Proposals for Treaty Reform", *AJIL Unbound*, Vol. 113, 2019.

[61] Luca Schicho, "Attribution and State Entities: Diverging Approaches in Investment Arbitration", *The Journal of World Investment & Trade*, Vol. 12, 2 (2011).

[62] Judith Schönsteiner, "Attribution of State Responsibility for Actions or Omissions of State-Owned Enterprises in Human Rights Matters", *University of Pennsylvania Journal of International Law*, Vol. 40, 4 (2019).

[63] Lauge N. Skovgaard Poulsen, "States as Foreign Investors: Diplomatic Disputes and Legal Fictions", *ICSID Review-Foreign Investment Law Journal*, Vol. 31, 2 (2016).

[64] René Urueña, "Subsidiarity and the Public-Private Distinction in Investment Treaty Arbitration", *Law and Contemporary Problems*, Vol. 79, 2 (2016).

[65] Gus Van Harten, "The Public-Private Distinction in the International Arbitration of Individual Claims Against the State", *International and Comparative Law Quarterly*, Vol. 56, 2 (2007).

[66] Lu Wang and Norah Gallagher, "Introduction to the Special Focus Issue on State-Owned Enterprises", *ICSID Review-Foreign Investment Law Journal*, Vol. 31, 1 (2016).

[67] Lu Wang, "Non-Discrimination Treatment of State-Owned Enterprise Investors in International Investment Agreements?", *ICSID Review-Foreign Investment Law Journal*, Vol. 31, 1 (2016).

[68] Ines Willemyns, "Disciplines on State-Owned Enterprises in International Economic Law: Are We Moving in the Right Direction?", *Journal of International Economic Law*, Vol. 19, 3 (2016).

后　记

本书系在博士论文的基础上修订而成的。回想起从 2018 年 6 月底确定博士论文题目到 2020 年 3 月定稿，到 2022 年 3 月完成博士论文修改，再到 2023 年 4 月结合出版社意见完成内容删减和校对工作，竟已有近 5 年之久。在这些年间，我从博二学生成长为入职近 3 年的“青椒”，人生角色也日渐多元。当年完成博士论文时，很遗憾没有写“致谢”，借此次著作出版之机，以后记的方式记录我在书稿写作和修订过程中的感触与感激。

（一）博论写作：2018 年 7 月至 2020 年 3 月

1. 定题目

2018 年的夏天，我在去布拉格参加暑期实习项目之前，结合资料检索结果列了几个与国际投资法相关的题目跑去请教导师韩秀丽教授。经过和导师探讨，最终在导师的建议下选定了“国际投资法中的国有企业问题”这一研究主题，导师的肯定大大增强了我的研究信心。在读博期间，我的科研不自信很大程度上源于对自选题目的担忧，常常会担心自己所选题目的意义不大、价值不高，研究不出成果，来自导师的认可与鼓励往往是坚持科研的强心剂。很幸运在博士期间，师从于学识渊博、思想包容、态度和蔼、充满正能量的韩老师。虽然我这个“不省心的”学生没少因为学业上的困境和生活中的琐事去叨扰她，但是老师每次都耐心地听我倾诉，在我迷茫时为我指点迷津，在我不自信时对我大声鼓励，在我思维跳跃时将我拉回正轨，在我贪玩时及时点醒我要努力，在我追逐梦想时给予我最大支持。在此我要向韩老师表达衷心的感谢。

2. 写论文

2019年寒假返校后，本计划安心写博论的我，机缘巧合之下重燃出国访学的小火花。申请出国的决定虽不至于为时已晚，但也赶不上留基委的资助申请了，在得到“金主”爸妈的认可后，在师兄的指导下撰写研究计划、修改简历，烦请韩老师和陈安老师帮我写推荐信，给国外高校、教授发送邮件。终于在3月收到乔治城大学的录取通知，5月收到纽约大学的录取通知，并最终选择了竞争更激烈的纽约大学。于是，2019年8月，我在纽约大学开启了边访学、边博论的生活。说实话，当时的压力真的很大，因为妈妈允许我出国的条件是不能延期毕业。而纽约大学的访学项目要求访学博士生同其法学院一年级博士生一起上课、参与课堂讨论并作报告。课余时间我也会基于兴趣去旁听大佬云集的讲座、午餐会和国际法课程。如何在有限的时间里平衡博论写作与访学生活是我当时面临的一大难题。

访学初期，我虽已开始着手引言和第一章的写作，但是关于论文的整体写作思路和逻辑框架不是很清晰。资料少是我在写作过程中面临的主要问题，虽然国有企业补贴问题长期以来是国际贸易法领域的热点问题，研究资料颇丰，但是国际投资法中的国有企业问题直至2016年诉诸投资仲裁的北京城建诉也门案开始才引起国内学者的广泛关注，但彼时学界研究主要集中于国有企业投资者在国际投资争端解决中心仲裁中的诉请资格问题。国有企业参与国际投资引发的不公平竞争担忧虽然引起了学者的关注，但是由于当时既有的国际投资协定中罕有条款涉及相关问题，研究资料并不多见。若说对国有企业身份问题的研究是对仲裁案例、投资条约和学者论著的梳理和解读，那么对国有企业公平竞争问题的研究很大程度上是在“想象”和“推理”中预判而成的。在写作过程中，我既会“迷失”于有关国有企业身份问题的丰富论述中，又会因与国有企业公平竞争问题的资料贫乏而深陷“自我怀疑”。在这个过程中，获得逻辑认可成为我坚持研究、完成写作的原动力。备受我“折磨”的听众包括但不限于韩老师、冬冬师兄、志媛师妹。有时候我不太好意思过于频繁地打扰老师和同学，我的父母就“被迫”成为听众。我经常在和我妈视频的时候给她讲我的论文逻辑。在2020年1月父母来纽约看我的时候，游玩之余我还在滔滔不绝地同他们倾诉论文思路不通之郁闷。父母在耐心听完我的苦水后，以他们多年的执教经验，鼓励我按照自己的想法写下去。这一过程中，我既感受到观点输出对于逻辑梳理的重要性，又感激父母对我无微不至的关怀和毫无保留的付出，他们永远都是我最坚强的后盾。

2020年3月，随着新冠疫情席卷美国，图书馆关门，课程全部转为线上。最终，我在与宿舍楼下自动贩卖机中的咖啡和零食日夜作伴下，于3月中旬完成了博士论文的写作终稿。

（二）博论修订：2020年6月至2023年4月

2020年5月我成功回到祖国的怀抱并于6月顺利毕业，同年8月入职首都经济贸易大学法学院。在学院领导的关怀和教研室老师的帮助下，走上讲台，实现了从学生到教师的身份转变。

2020年底到2021年初，我针对东道国国有企业身份问题的相关内容进行修改、完善，经过深化、加工撰写出一篇小论文并发表。2021年年中我与中国政法大学出版社签订了著作出版合同，结合国有企业国际投资规则的最新发展，利用假期时间集中修订、更新论文内容。2020年12月30日谈成的《中欧全面投资协定》纳入了国有企业公平竞争规则，2021年5月欧委会发布的《关于扭曲内部市场的外国补贴的条例草案》以及欧盟连续在三起案件中针对中国在“一带一路”沿线国家的海外产业园区中的投资补贴征收反补贴税，似乎在一定程度上印证了我在博士论文中的“想象”与“预判”。《中欧全面投资协定》中的相关条款也构成我在修订书稿过程中补充的重点内容。

2022 年 3 月我将修订后的稿件交给了出版社。收到编辑部邮寄的校对稿后，我看到了从正文到脚注、从文字表述到标点符号，校对稿上不同颜色、大大小小的修订符号，其间满载着编辑老师的辛苦付出。结合编辑老师的宝贵意见和建议，我对稿件中的相关内容进行了删减与完善。

从学术小白到学术青椒，一路走来要感谢的人有很多。首先，感谢每一位指导、帮助过我的老师，他们广博的学识和勤奋严谨的治学态度深深地感染着我，为我的教学和科研工作指明了前进的方向。其次，感谢我的父母和先生，为我创造了良好的物质条件，使我可以心无旁骛地开展教学和科研工作。再其次，感谢首经贸法学院的领导班子和国际法团队各位老师在工作和生活中对我的关心与帮助，使我能快速地融入法学院大家庭之中。还要感谢那些年一起相互支持、共同成长的博士生小伙伴。最后，感谢中国政法大学出版社编辑老师们为书稿编辑、校对付出的辛苦。

书稿计划于 2023 年上半年出版，届时距离 2018 年 7 月定选题将满 5 年。期待下一个 5 年会更好！

张金矜

2023 年 4 月 6 日